JN439055

직승기가 구한 인생

김남석의 두 번째 수필집

직승기가 구한 인생

선우미디어

학암의 글과 선비 정신

엄기원
(한국아동문학연구회 회장)

학암(鶴岩) 김남석 사백이 두 번째 수필집을 상재한다니 참으로 기쁘고 반가운 일이다.

학암과 나는 고향 친구이자 초등학교 중학교 동기 동창이다. 그래서 만나면 '야, 자'하고 반말로 강릉 사투리를 토해내는 죽마지우이다.

초등학교 때 학암과 나는 선생님 말씀을 곧 법으로 여기는 모범생 노릇을 했다. 그리고 우리는 글짓기(作文)를 곧잘 해 칭찬도 듣고, 우리의 글이 교실 뒷벽 게시판에 붙기도 했다.

중 · 고등학교를 거치면서 우리의 길은 갈라졌다. 학암은 경찰의 길로, 나는 교직의 길로 들어섰다. 그러다보니 서로 멀리 떨어져 자주 만나기도 어려웠다. 그는 고등학교를 나와 경찰의 첫계급인 순경에서부터 시작하여 경찰의 꽃이라 일컫는 총경까지 올라 자신의 고향인 강릉에서 경찰서장으로 있다가 영예의 정년을 맞은 인물이다.

어느 직업 어느 직종이나 평생을 몸담고 명예롭게 정년퇴직한다는 일은 쉽지 않다. 특히 뭇사람의 범법, 범죄를 다루는 경찰의 생리는 다른 직업에 비해 몹시 차고 살벌한 분위기임에 틀림없다.

그러나 학암은 평생 경찰관 노릇을 하면서 항상 피의자, 범법자 편에 서서 억울함이 없도록 힘을 기울여 온 모범 경찰공무원이었음을 나는 확신하고 있다. 이런 사람이기에 학암을 좋은 친구로 사귄 내 자신이 행복한 것이다.

학암은 어렸을 때부터 독서와 글쓰기를 좋아한 사람이다. 그러므로 그가 수필문학으로 문단에 데뷔하여 지금 중견 문인으로 활약하고 있음은 당연한 결과라고 여겨진다.

연전에 출간했던 첫 수필집 『순라꾼의 넋두리』나 이번에 내놓는 두 번째 수필집이나 수많은 글이 잘 익은 포도송이처럼 알차고 탐스럽다. 단 한편도 문장과 내용이 허술한 데가 없다. 문장을 이루는 어휘, 토씨 하나라도 정확한 근거와 검증을 바탕으로 하는 그의 집필태도를 칭찬하고 싶다.

글을 보면 그 사람을 알 수 있다는 말이 조금도 거짓말이 아니다. 학암의 글에는 그의 곧고 깨끗한 성품이 그대로 배어 있기에 하는 말이다. 일종의 선비 정신이 배어있다고나 할까…….

한 10여 년 전, 학암이 강원도 정선경찰서장으로 재직할 때 일이다. 어느 날 밤

'이봐 기원이! 마나님 모시고 정선 산골짜기에 한번 놀러와. 잠자리, 밥 걱정하지 말고…….'

이런 전화를 받고 그해 여름 설레는 마음으로 아내와 정선을 찾아갔다. 그는 글 쓰는 고향 친구가 온다고 경찰서 현관 앞까지 나와 반갑게 맞이해 주었다.

나는 경찰서장 친구 덕분에 '경찰서'라는 기관을 난생 처음 들어가 보았다.

학암의 성품이 밴 서장실은 깨끗하면서도 소박했다. 차를 한 잔 마시고 퇴근 시간에 맞춰 밖으로 나가자, 여기저기서 경찰관들이 서장님께 거수경례를 올려붙이는 게 아닌가! 덕분에 우리 부부도 멋진 경례를 받으니 기분이 좋았다.

그날 밤 학암 부부와 우리 부부는 귀한 음식을 먹으며, 덕담을 나누며 참으로 즐거운 시간을 보냈다.

그때 학암이 보여 준 몇 편의 글을 잠자리에서 읽고, 나는 학암을 문학의 길로 안내하기로 결심했다. 단순한 우정 때문이 아니라, 그가 습작한 여러 편의 글이 차원 높은 문학의 경지에 올라 있었기 때문이다.

그리하여 얼마 후 나는 그가 수필문단에 오르도록 안내 역할을 해주었던 것이다. 학암 김남석 사백은 경찰서장 재직시에 수필가로 데뷔하여 이제까지 주옥같은 수필문을, 마치 누에고치에서 명주 실을 뽑듯이 창작해 내는 열정을 보이고 있으니 얼마나 자랑스러운가!

비록 문학의 장르는 다르지만 죽마고우 학암이 함께 문학의 길로 동행하고 있어서 고맙고 든든하다.

학암의 알찬 제2수필집에 축하의 글이랍시고, 빈 죽정이 같은 글로 횡설수설 적은 것이 부끄럽기 그지없다.

친구의 제3수필집을 기다리면서 이 책의 출간에 아낌없는 박수를 보낸다.

| 작가의 말 |

푸른 고향

고향 가는 전날 밤이면 동구 밖 산모퉁이에 어머니가 기다리는 꿈을 꾸었다. 어머니가 계시지 않은 지금은 그리움만 아련히 남아있다. 같이 놀던 벗도 떠나고 없다. 그래도 고향을 그리는 것은 변함없는 정다운 뒷동산과 멀리 서있는 안산 푸른 봉우리가 정이 들어서이다.

꿈결에 찾는 고향
떠난 지 일 갑자甲子
잠시 머문 삭주朔州 골에 어언 반 백년百年
푸른 뫼 아늑히 감싼 고향산천 그리워!

아는 길 따라 가니
집 주인은 낯이 설고
눈 익은 양지터엔 어설픈 개량주택
마주한 푸른 안산만 그 자리에 서있네!

쇠머리산 거듭 올라
맥국貊國 산천 두루 보니

소양昭陽 자양紫陽 합수되고,
남은 대룡大龍 북은 용화龍華
봄내 물 타고 온 세파 가슴을 적시네!

도시를 탈출 산간계곡을 자주 찾는 사람들은 마음을 편하게 해주는 고향 같은 푸르른 동산이 정겹게 맞아 포근히 감싸주기 때문이다. 근면의 표상인 벌의 빈번한 왕래로 생기를 돋우어 주며, 사랑의 전령인 나비가 맴돌며 반겨준다. 꾸밈없이 자라 핀 야생화 꽃이 화사하게 웃으며 맞아 준다.

도시인들은 콘크리트 벽에 가리어 산다. 푸른 산 계곡은 앞뒤 능선 너머 더 멀리 꿈이 잠긴 하늘을 바라보고, 흰 구름 지나가는 맑은 하늘이 지붕이다. 개울의 물소리는 한없는 생명의 가락이고, 이따금 바람이 불어 푸른 나뭇잎을 너울거려 생명의 발랄함을 알려준다. 이름 모를 산새가 울어 고요의 바다에 톤을 울린다.

푸른 동산에 싸여 한 부분이 되기를 갈구한다. 동서남북으로 헤매며 묻은 허물과 때를 다 벗고, 신이 만든 걸작 강산에서 계곡수 가락 들으며 자연과 하나 되어 오늘 하루를 보낸다.

푸르른 녹색만을 봄으로 세파에 찌든 눈의 망막을 보호하며, 내일은 맑은 물로 몸을 씻고 청정한 공기로 마음을 헹구리라.

지난날의 업도 씻으며 잊으려고, 널려있는 원고를 간추려 본다.

2007년 10월 일

물로산방에서 鶴岩 김남석

차례

Ⅲ. 동북공정 속에 백두산을 오르다

Ⅳ. 통일의 시기

V. 서민의 마음을 헤아리는 자가

Ⅵ. 습성이 밴 순라정신

Ⅶ. 자경대

I.

가리계의 삶

무노리

가리산(加里山 1,050m)은 그 모양이 양곡을 쌓은 노적가리 모습같이 보이므로 가리산으로 부른다고 한다.

가리산 밑 마을 춘천시 북산면 물로리로 가는 길은 육지 속의 섬을 찾는 길이다. 동양 최대의 소양댐으로 인하여 옛날 양구 방면으로 가던 국도와 주변 마을은 상전벽해로 변했다. 모두 물에 잠겨 바다 같은 크나큰 호수가 되었다. 댐 주변 마을은 소양댐 선착장에서 배편으로 통행한다. 댐 선착장은 물동량이 크나큰 항구와 같다. 고속버스 격인 쾌룡호, 댐 일원의 2층 유람선, 청평사를 오가는 도선, 동면과 북산면 오지마을로 운행하는 주민의 유일한 교통수단인 여객 도선, 행정지도선, 경찰경비정이 쉴 사이 없이 푸른 소양호 위를 물살을 가르며 운행한다. 군 함정이 운행할 때에는 영화에서 본 아편전쟁 시 중국 양자강의 영국 군함을 연상시키는 장관이다.

나는 오후 4시에 물로리 행 도선을 탔다. 큰 바다가 울렁거린다. 청산이 구름을 이고 뱃전 뒤로 세월과 같이 흘러간다. 좌우편 진녹색의 동산을 보며 푸른 물을 타고 가는 여행은 시원하고 통쾌하다. 만리 밖의 귀한 손님을 구름 속 은밀한 곳으로 안내하는가.

주변 산은 호수의 푸른 물을 함빡 먹어 더욱 검푸르다. 능선마다 활기차게 우거진 나무는 젊음의 상징인 듯하다. 능선 사이 골짝은 칡, 다래, 머루가 엉키고 섞히어서 작은 관목이 넝쿨을 머리에 이고 있는 모습은 마치 도시에서 수많은 인간이 좁은 공간에서 서로 얽매여 사는 정경을 연상케 한다.

양구로 가는 넓은 물길을 따라가다 물로리 안내판을 산허리에 두고 우측으로 돌아 수로 폭이 좁아지니 길을 재촉하듯 배가 빠르다.

물로리 선착장에 하선 승객은 비구니 스님 한 분과 둘뿐이다. 선착장에서 물로천을 따라 길 양편에는 망초가 봄에는 나물로 인간의 구미를 새롭게 돋우고, 여름에 이르러 물안개 같은 고운 꽃을 피워 한들거리며 반겨준다. 제주도 유채꽃에 비하여 아담하고 청순하다. 망초 꽃 축제라도 있었으면 하는 생각이 든다.

스님은 우측 절골로 가고, 좌측 궁병골 물길 따라 한 시간 남짓 걸어, 땀 흘리며 가슴 깊이까지 잠기었던 도시의 노폐물과 탁한 기를 신선한 가리산 공기로 교환하고 나니, 새의 둥지형국 같다는 '새덕'에 이르렀다. 가리산에서 생명의 숲을 기르는 선배의 농장과 농막이 하늘 밑 첫 집이다

물로리는 조선조 후기 정조시대正祖時代 춘천 도호부 면리 호구 조사표에 북산외면北山外面 무노리無老里이다. 1914년 행정구역 변경 때에 북산면 물로리勿老里로 되었나. 무노리나 물로리나 한자의 뜻으로 늙음이 없고 늙지 않는다는 뜻이다. 그래서인가 장수 노인들이 젊은이 같이 산촌을 지키고 있다.

가리산 물로리에 있는 한천자의 묘에 관한 구전설화, 현재는 소양댐으로 수몰된 내평리 한 터에 살고 있던 9척 장신의 머슴 한씨가 중국에 가서 한천자가 되었다는 것이다. 한씨는 주인이 박대한 도사(스님) 두 분을 자기 방에 모셔 잠을 재웠다. 그 잠재운 인연으로 사망 후에도 묘를 쓰지 못하고 있던 한씨의 부모 시신을 천하 명당에 모셨다 한다.

명당에 모시려면 금관으로 시신을 모셔야 된다는 것을 규리 짚으로 시신을 싸서 금관을 대신했다는 지기가 흥미롭다. 그 후 한씨는 여동생과 같이 중원을 배회할 때 짚으로 북을 만들어 놓고, 짚으로 된 북에서 북소리가 나는 사람을 천자로 모신다는 말을 들었다. 또 짚북에서 북소리가 나는 사람은 황소 3천 마리를 잡은 사람이어야만 소리가 난다는 노승의 말을 듣고 포기하려는데, 동행한 여동생이 오빠가 몸에서 황소만한 이를 잡은 것이 3천 마리만 되느냐고 하며, 짚북을 쳐보라고 용기를 돋아 주어 짚북 있는 곳에 찾아가 힘껏 치니 우렁찬 북소리가 진동했다. 그로 인하여 한씨가 모든 사람의 존경과 보호를 받고, 한천자가 되었다는 구전설화이다.

한천자 묘, 한총塚은 비가 오지 않아도 기우제를 지내던 곳이다. 한천자의 묏자리에 암장을 하여도 기상이변을 일으키므로, 지방민이 암장한 체백을 발굴한 적도 있다. 한총은 신성한 곳이므로 모두 합심하여 훼손을 감시하고 보호한다.

도사(객승)에게 잠자리를 제공한 머슴이 한천자가 될 명당을 알려주었다는 설화가 전하는 가리산록의 물로리는 자연 그대로의 곳이다. 자연의 순리대로 살고 있다. 그래서 신선한 산나물과 신비의 영약 가시오가피도 서식한다. 공해 없는 흐르는 물이 식수이다. 인간이 만든 공해가 없는 것만 아니라 인간 공해마저 없으니 동리 한 가운데 '범죄 없는 마을' 간판은 당연한 것이다.

자연과 더불어 자연의 일부분으로 있는 것은 사람이요, 흘러가는 것은 시간이다. 시간만 흐르니 자연은 유구하다. 유구한 자연의 섭리대로 사는 곳, 늙지 않는 무노리이고 물로리이다.

(1997년 8월)

가리계의 삶

물로리에서 가시오가피 농장을 하는 K씨는 가리산의 기인이다. 한 고을의 행정을 총괄하는 군수를 역임하다가 40대 후반에 홀연 산에 입산해 속세와 인연을 끊고 산사람으로 산다. 가리산 산록 궁병골 새덕이란 골짜기로 입산해서 나무를 심으며 산채를 먹고 살았다.

가리산에 올라 이 골목 저 골짝을 헤매다가 산삼 잎을 발견하고 이를 캐려고 잎 밑 줄기를 살며시 잡다가 가시에 찔려 깜짝 놀랐다. 잎은 꼭 산삼과 같은데, 줄기는 나무 형태로 작은 가시가 촘촘히 박혀 있다. 주변을 살피니 같은 종류의 산삼 같은 나무가 여러 개 있다. 기이하게 생각하고 캐어서 거주하는 화전민 집의 주변에 심어 놓고 식물도감을 찾고, 자문을 구해 '가시오가피'란 이름을 확인했다.

화전민이 떠난 비탈밭을 대추나무와 밤나무를 심어 그 나무에서 과실을 채취하며 살려다가 산에 자라는 산삼나무 가시오가피를 발견하고 새로운 인생 설계가 시작됐다. 모든 참고도서와 소련에서 영구한 자료까지 찾아 가시오가피는 소련에서는 에루데로(ELEUTHERO)라고 하며 시베리아 인삼이라고 하는 것을 알았다. 소련의 많은 연구기관에 의해 혈압과 당뇨병 등 모든 병에 대한 저항력을 길러주고 정상으로 회복시켜주며, 암에 큰 효과가 있는 식물과에 속하는 나무란 것을 알았다. 소련의 우주 비행사의 비상식량을 정제로 만들 때에도 에루데로가 포함된다 한다.

가리산의 가시오가피는 다년생 식물로 2m 이상의 큰 나무를 찾아도 열매의 결실을 발견할 수 없었다. 그래서 씨앗으로 번식을 포기하고, 나무의 그루에서 음을 틔워 분묘하는 맹아지萌芽枝 법을 이용해 넓은 비탈진 농장에 가시오가피를 심어 수십 년간에 넓혀갔다.

그 농장 이름이 '가리계농원'이다. '가리계'란 세 가지의 의미로 정했다는 설명이다. 첫째가 가리고 차단遮斷해서 보이지 않도록 한다는 의미가 있다. 가리산이 실제 봉우리가 셋이나 어디서 보아도 한 봉이 가리어 두 봉 만이 보이는 가리산 아래의 농장 이름으로 어울린다. 본인이 스스로 세상과 격리된 생활을 하는 본인의 생활 단면을 말하는 것 같다. 둘째로 여러 조건 중에서 고르고 선택選擇하는 가린다는 것으로 스스로 택하여 산에서 초연히 가시오가피와 더불어 산다는 자기 생활의 표현일 것이다. 또 마지막의 의미는 하나 둘 모아 쌓고 적치積置하는 가린다는 뜻으로 자기의 인생 흔적을 때 묻지 않게 깨끗하게 쌓아간다는 뜻으로 본인의 인생을 함축해 간다는 말이 포함되었으리라. 또한 가리산의 정상 암석 봉우리가 노적가리 모양을 닮았다는 것을 생각하면 가리산록의 농원 이름으로 가장 어울린다.

K씨는 간판도 부착하지 않은 농장에서 '가리계 농원'의 이름과 같이 산다. 육사 10기로 6·25 한국전쟁을 처음부터 참여하고 육군 중령으로 예편하고도 군복무한 퇴직금을 받지 않았다. 없는 것도 만들어 보상을 받는 세상에 전투 중 전상으로 평생을 불편하게 살면서도 상이 보상등급신청도 하지 않은 분이다. 그는 위관장교일 때 전투에서 포탄 파편으로 왼손 하박부에 부상을 입어 신경계통의 고장으로 왼손의 엄지와 시지가 벌어져 꾸부러진 상태로 불편하게 평생을 살면서도 왼손 자체를 쓸 수 있으니 감사한다며 당국에 보상도 신청하지 않고 산다. 또

군수를 거쳐 수년간 행정공무원을 한 퇴직금도 신청하지 않았다고 한다. 세상과 떨어져 가리산에서 자연의 순리대로 음덕을 쌓으며 사는 현대판 신선 같은 분이라고나 할까.

신선은 생식을 하거나 먹지 않고 살았는지 모른다. 그러나 70중반의 K씨는 라면밥을 해서 드신다. 중식을 하는 모양이다. 쌀 세 줌을 물에 담아 불린다. 두 줌이면 점심이 되나 한 줌을 더 불리는 것은 강아지와 같이 먹기 위해서이다. 그리고 농장의 잡초제거 작업을 하다가 점심시간이 되면 이것저것 먹는 산나물을 한 줌 뜯어 가지고 와서 물에 불린 쌀과 라면과 나물을 넣고 물을 적당하게 조정하여 끓이면 라면밥이 된다. 라면밥은 라면의 수프를 같이 끓였으므로 반찬 없이 먹는다. 그리고 같은 밥을 강아지에게 준다. 그러니 견공과도 구분 없이 먹고 사신다.

물로리도 차가 다니는 곳의 전답은 언제부터인가 서울 경기도 분이 구입한 것이 많다. 그런 상황을 K씨는 괘념하지 않는다. 도시 사람이 땅을 사도 가져가지 못하지 않느냐? 땅을 판 시골 사람은 돈을 만져 좋고, 땅을 산 임자는 이곳까지 와서 비탈진 밭에서 농사를 하지 못하니 시골 사람이 판 땅에서 마음대로 시어 소득을 올리니 좋지 않느냐?의 반문이다. 불로소득을 바라는 투기 없는 바른 정치만 정착되면 경자유전耕者有田의 원리에 의해 판 땅도 언제인가 다시 이곳 사람이 땅 주인이 될 것이란 생각이다.

이렇게 판 땅이 경작하는 분에게 다시 돌아오리라는 경자유전의 생각은 퇴직금도 상이 등급도 신청하지 않은 가리산의 기인만이 기대하는 말이 아니고, 현실적으로 그런 세상이 되기 바란다.

(2003. 6.)

물로산방

토종벌의 새 살림 꾸리기

가리산加里山 1,050m 밑 물로리 궁벙골로 왔다. 산이 높고 골이 깊어 가리어져 먼 곳이 안 보인다. 화전민이 살다가 떠난 독립가옥이다. 현대 물질문명의 3차 산업과 정보화 사회에서 19세기 화전민의 생활로 찾아왔다. 도로와 도시에서 인간이 만들어 내는 소음 공해가 없는 곳이다. 모여 사는 인간사회의 애증마저 없는 곳이다. 자연의 하모니인 물소리 새소리 바람소리만이 푸른 나뭇잎에 안겨 너울거리는 곳이다.

가리산에서 가시오가피 농장을 하는 선배의 권유로 토종벌이 분봉을 할 때, 벌의 새살림을 꾸리도록 도와주는 역할을 해 달라는 요구를 약속하고 이행하러 왔다. 전에 방문 했을 때 너무나 아름다운 자연 환경에 매료되어 겁없이 약속했다.

그런 인연으로 도시 소음에서 떨어진 가리산록 자연의 품에 안겼다. 떠난 화전민의 빈집에서 혼자 단조롭게 살았다. 토봉土蜂 벌통이 집 주위에 보초 서듯 둘러서 있다.

벌은 많은 일벌을 거느린 여왕벌을 중심으로 일사불란하게 움직이는 모계사회를 이루고 있다. 토종벌의 분봉은 벌통을 지배하고 있던 여왕벌이 새로 태어난 후임 여왕벌에게 살던 집을 물려주고, 자기를 따르는 일벌을 인솔하고 나가 새 살림을 차리는 것이다.

토종벌이 새로운 한 무리를 이루는 분봉分蜂을 하려면 군대의 정탐병같이 일벌들이 부지런히 벌통을 드나들기 때문에 분봉 전의 벌의 출입이 빈번하다. 여왕벌이 행차하면 따라 나갈 일족이 모두 일시에 날기 때문에 '윙' 소리가 나며, 벌통을 나와 나선형으로 비상한다.

때에 따라 여왕벌이 멀리 날아가 찾을 수 없거나 높은 나뭇가지에 앉아 받을 수 없는 경우가 있으나, 대부분 벌통에서 나와 그리 멀지 않은 나무에 앉는 것이 보통이다. 바람이 불거나 빗방울이 떨어지면 멀리 날아가지 않고 가장 가까운 곳에 앉는다. 작은 나뭇가지 높은 곳에 앉거나 사람이 접근하기 힘든 곳에 앉으면, 자연에서 사는 벌이 자연의 일부분으로 가 살라고 할 수밖에 없다.

내가 한 일은 여왕벌이 일족의 무리를 이끌고 새 살림을 꾸리려고 나갈 때, 새 살림을 차려 주는 것이다. 분봉하려고 나선형으로 비상하는 벌의 중심부를 살펴 벌의 향방을 감시하는 것이다. 벌통에서 나와 비상하던 여왕벌이 주변 나무에 앉으면 수많은 벌이 여왕벌을 중심으로 겹겹으로 붙고 또 붙어 크나큰 유방같이 불룩하게 된다.

벌을 받기 위해 안면에 망사로 된 보호방을 쓰고 장갑을 끼고 손목도 보호할 토시를 끼어 벌에 쏘이지 않도록 한다. 벌이 비상하기 전에 미리 벌을 받아 집어넣을 벌통을 준비하고, 새대형 벌통의 윗부분을 덮고 바를 진흙도 빈죽하여 둔다.

토종벌은 전통적인 방법으로 받는다. 참나무 껍질 굴피로 만든 벌통 뚜껑에 꿀을 발라, 벌이 위로 올라가는 상향성이 있으므로 무리 지어 대기하는 벌의 무리 위에 꿀 바른 굴피판을 대고 쑥艾으로 벌의 아래 부분부터 아주 서서히 자연스럽게 쓰다듬듯 밀어 올린다. 한두 마리부터 위의 꿀 바른 굴피판에 붙도록 하여, 여왕벌을 위시하여 모든 벌의 무리가 바가지 엎어놓는 모양같이 꿀 바른 굴피판으로 옮겨가면 일 단계 성공이다.

이때, 순리 대로 무리하지 않으면 벌들은 자기들의 새살림을 차리는 경사스러운 날이므로 쏘지 않는다. 그러나 벌의 습성을 잘 모르는 나는 한두 번씩 쏘이므로, 신경통 치료 봉침을 돈 안들이고 맞은 격이다.

바가지 모양같이 불룩하게 벌이 붙은 굴피판을 충격을 주지 않고 아주 서서히 자연스럽게 한 발 두 발 옮겨, 새로운 살림집인 벌통으로 간다. 상황 따라 그 거리가 수백 미터 이상일 때도 있다.

일단 벌을 유인한 굴피판을 들고 통나무의 속을 파서 만든 벌통이 있는 목적지에 이르러 재래식 벌통 위편 구멍 위에 놓아, 서서히 모든 벌이 벌통 안으로 들어가도록 기다린다. 여왕벌을 중심으로 대부분의 벌이 굴피판 아래에 종유석 모양으로 붙어 모인다. 이때에 굴피판 뚜껑과 벌통 간의 틈을 진흙으로 메우고 발라, 벌의 새살림을 차려준다.

벌통에 들어간 벌이 불편하면 떠나버리기도 한다. 새 벌통에 적응하지 않고 떠나는 것을 방지하기 위해 망사로 벌통 출입구멍과 아래 부분을 싸매어서 48시간 내지 72시간을 공기 소통되는 상태로 출입을 마음대로 할 수 없도록 통제하므로 정착하도록 한다. 처음 분봉할 때는 벌은 각자 며칠간 지탱할 영양분을 몸에 저장하고 있으므로 출입통제가 가능하다.

분봉은 벌의 세력에 따라 다르나 보통 처음 분봉 후 7~8일 지나 두 번째 분봉을 하고, 다음에는 3일정도 후에 세 번째의 분봉을 한다. 월동을 잘하지 못해 세력이 약한 것은 분봉 없이 겨우 벌통을 유지하는 것도 있다.

벌은 대개 일기 화창한 날의 11시부터 오후 4시 어간에 분봉한다. 그 외의 시간은 아무런 부담도 없는 자유로운 시간이다. 나물을 뜯고 산을 오르내렸다. 아주 적적할 때에는 아직까지 읽지 못한 수필집을 읽고, 하나에서 시작하고 하나에서 끝난다는 오묘한 81자의 민족의 경전 천부경天符經의 참뜻을 이해하려고 읽기도 한다.

공해 없는 산나물로 반찬을 한다. 흐르는 계곡 물에 산나물을 씻어도 먼지 묻은 것이 없으니 씻은 물도 깨끗하다. 흐르는 물을 먹고 몸을 씻었다. 등걸 토막을 부엌 아궁이에 넣고 지펴, 방바닥 구들장을 달구어 밤새도록 따스함을 느끼며 편히 잤다.

산새의 지저귀는 소리는 무슨 뜻인지 알 수는 없지만 그 목소리 고와서 좋았다. 먹이 찾아 날아 왔던 까마귀도 살생이 없으니 애환을 전할 것 없어 울음소리 없이 그냥 오간다. 장끼와 까투리도 난다. 자연생 금란화의 향기가 뜰안에 가득하다. 가락 실은 개울 물소리는 끊임없이 여운을 풍긴다. 가끔 시원한 바람이 나뭇잎을 쓰다듬어 준다. 이것은 산에 사는 사람인 신선神仙의 선경仙境이다.

이렇게 세속적인 소음이 완전 차단된 대자연의 품에 안겨 살았다. 가장 소박한 산속의 생활이었다. 화전민 집을 '물로산방勿老山房'이라고 혼자 이름하여 부른다.

자기의 집을 후배 여왕벌에 물려주고 새로운 보금자리를 찾는 벌의 아름다운 전통을 보며, 자연의 일부분으로 살았던 물로산방의 생활은 나의 가슴에 여운으로 남아 있다.

봉연蜂緣

인간과 인간의 관계를 인연이라고 한다면 사람과 벌과의 관계는 봉연이 되리라. 한 해 벌의 분봉을 도와 준 것이 벌과의 연이 되어 S씨와 같이 벌의 주인이 되었다. 겨우 한 사람 몫이 다섯 통, 공동관리 10통의 주인이다.

첫해는 분봉의 성적이 나쁘지 않아 20통이 되었으나, 해 지나며 관리가 부실해 10통 미만이 되었다. 겨울에 보온을 하도록 벌통을 싸매어주는 것이 고작이지만 평상시의 관리가 더 중요하다.

재래종 벌통은 넓적한 돌 위에 올려놓고 있다. 벌통과 돌판 사이에 수직과 수평이 되도록 작은 돌을 고인다. 이 틈이 공기가 통하는 통로이다. 벌통의 아래쪽 벌의 출입구는 콧구멍과 같이 두 구멍을 만들어 있으나, 벌은 그 출입구나 벌통 밑의 틈으로 출입한다.

이 벌이 드나드는 곳이 외침의 길이다. 야생벌의 제왕인 말벌이 침입해 꿀을 뺏어 먹으면 체구가 작은 토종벌이 대적하다 여지없이 물리어 죽게 된다. 이렇게 말벌 몇 마리 왔다 갔다 하면 토종벌 한 통은 순식간에 없어진다. 벌통 가까이 있다가 이 말벌이 나타나면 파리채로 잡아 주어야 한다. 이렇게 중요한 일은 벌을 소개한 선배가 계실 때에는 돌보아 주셨다. 그러나 그 선배가 타계한 후에는 관리가 부실해 천적을 막아주지 못했다.

말벌의 침입을 막을 개량벌통을 새로 분봉하는 벌에 사용해 하나씩 개량하나, 새집으로 벌을 동시에 옮길 수 없는 것이 한계이다. 또 벌통에 기식하는 누리라는 벌레도 있다. 이 벌레는 벌통에서 벌과 같이 기식하면서 거미줄을 쳐 벌의 활동을 막고 벌통을 황폐화 시킨다. 이 벌레가 만들어 놓은 거미줄 벨트는 힘껏 당겨야 겨우 끊어진다. 약품으로 제거하는 방법도 없다. 이 누리 벌레가 생기면 더 퍼지지 않도록 벌통을 소각하는 방법밖에 없다. 또 재래벌통을 자빠뜨리고 꿀을 훔쳐 먹는 담비란 동물도 있다. 그러나 지금은 담비를 흉내 내는 사람의 짓이지 그 동물이 안 보인 지 오래 된다.

양봉도 토봉의 꿀을 뺏어가는 떼강도 천적이다. 물로리는 토종벌의 보호구역으로 지정되어 있으므로 양봉은 들어 올 수 없다. 행정적으로도 토봉을 보호해 주고 있다.

이 물로리의 교통편은 불편하다. 소양댐에서 오전· 오후 한 번씩 오가는 도선이 있을 뿐이다. 육로로 오려면 홍천군 두촌면 원동으로 우회하여야 원동고개를 넘어 조교리로 해서 다시 물로 고개를 넘어야 다다를 수 있다. 그 거리는 오가는 시간과 차량운행 경비가 적지 않으나 벌에서 나오는 수입이 없으므로 오직 벌과의 봉연을 잊지 못해 또 다시 오게 된다.

벌통을 마주해 가만히 앉아보면 참으로 감동적이다. 부지런한 근면성을 보여준다. 쉴 사이 없이 벌은 날아가 꿀의 재료를 채취해 양 날개 밑에 화분을 끼고 돌아온다.

벌의 부지런한 출입을 바라보노라면 자연히 삶의 희망과 일의 충동을 느낀다. 하루 종일 보아도 싫증을 느끼지 않는다. 그래서 나는 벌이 보다 편하게 드나들도록 주변을 정리하며, 벌을 분업, 임무와 수명을 생각하면서 내 걸어온 삶과 비교해본다.

벌이 있는 터도 화전민의 집도 내 것이 아니다. 이곳에 상주하지도 않은 부실 관리자와 벌과의 봉연은 언제까지 지속될 수 있을 것인가? 천적을 방지해 주지 못해 벌통 수를 늘리기보다 원래 수의 반 이상으로 준 것은 헛수고의 내 인생과 같다고나 할까. '토봉은 없어지면 다시 구하기 힘드니, 어찌하든지 벌을 보존하고 그 수를 늘려야 한다'는 촌노村老의 말씀은 나의 마음을 짓누른다.

벌과 나의 봉연은 지속되기 바라며, 부지런한 벌의 출입을 바라보려고 오늘도 다시 벌통 옆에 서성이며 하루를 보낸다.

용서활인

원주로 발령 받고 지학순 주교님에게 인사를 갔다. '새로 온 수사과장입니다'라고 인사를 드렸더니 악수하고 놓았던 손을 두 손으로 잡으시고, 다정한 목소리로 '많이 잡아넣지 말아!' 하셨다. 억울하게 법의 피해자가 되는 일이 없도록 하라는 취지의 말씀이었다. 그런지 얼마 후 천주교 원주교구 신도회장을 지내셨고, 화가이며 서예가로 민주화 운동의 선구자인 일속자 장일순 선생께서 용서활인容恕活人이란 글을 써 보내 주셨다. 좋은 글이므로 표구하여 액자에 넣어 퇴직할 때까지 사무실에 걸어 두고, 글씨를 볼 때마다 주교님의 말씀과 일속자 어른의 뜻을 항상 되새기곤 했다.

사무실에 형사 민원인이 찾아오는 경우가 많다. 용서활인의 액자를 보고, 저렇게 좋은 말씀을 항상 계시하고 있으니, 이런 정도는 잘 보아 주실 수 있을 것입니다 하며, 강조한 후 하는 이야기는 민원인의 마음에 섭섭하지 않도록 처리하여 주기 힘든 내용이 대부분이다.

엄밀한 의미에서 경찰은 형사사건 취급에서 재량권이 없다. 경범죄처벌법상에 경미한 사안에 한하여 그 사정과 형편을 헤아려 훈방하는 권한밖에 없다.

형사사건을 인지하거나 고소장을 접수하면 죄의 형식요건만 성립하면 수사종결권이 없는 경찰은 가벌성이 없어도 검찰에 사건을 송치해야 한다. 특별한 정황이 있어 한번만 처벌을 유예하는 것이 가장 타당하다는 '기소유예' 의견으로 송치하면 절대권의 검찰권이 침범이나 당한 양 아우성이다. 사건을 수사하다가 그 내용이 검찰에서 지시한 구속 기준에 해당하면 구속영장을 청구할 수밖에 없다. 불구속 수사는 책속의 이론에나 있는 이야기이다. 수사권이 검찰에 독점된 현실에서는 도리가 없다. 그 정상이 딱한 일이 있으면, 사실을 밝혀 서면으로 수사기록과 같이 검사에 요청하여 불구속 수사를 할 수 있다.

정상 참작 사실을 밝혀 검사에게 불구속 수사를 요구하면, 담당검사는 혹시 경찰이 사건 관계자와 유착되지 않았나? 검토하고 가·부를 결정 신병 조치의 지휘를 한다. 대부분의 경찰은 이런 검사의 의심의 눈초리가 싫다고 바로 구속영장을 신청하거나 송치한다. 민간인이 참작할 정상을 말하여도, 다음에 검찰에 가서 말하라고 하는 경우가 많다.

이런 참작해야 할 내용은 공소제기의 독점기관인 검사가 기소시에도 밝혀야 하나, 사건의 현장에서 피부로 느끼고 같이 호흡하는, 보고 듣는 일선 경찰에서 처음부터 자세히 밝혀야 한다. 그러나 현실적으로 판사의 재량권의 전제 요선인 참작 사실은 일일이 조사하지 않는다. 이와 같은 사실을 밝히면 바로 보기보다는 부정적인 눈초리를 의식하게 된다. 그래서 자연 경찰에서는 참작 사실의 수사는 등한시하는 경우가 많다.

참작 사실을 등한히 취급하면 법의 온당한 보호를 받아야 할 일반서민이 최대 피해자이다. 권력 있고 금력 있는 사람은 없는 사실도 만들어 제시해 덕을 보려고 하지만 서민은 있는 참작 사실도 제시하지 못하여 손해를 본다. 이런 일은 경찰이 법으로 정하여진 제한된 작은 수사권도 없는 타성에서 연유한다.

판사는 재판할 때에 죄지은 사람의 형량을 정하기 전에, 범죄인이

미성년인가, 잔인성, 그 사람의 지능과 환경, 피해자와의 관계, 발생 동기는 무엇인가, 범행 행위 과정과 그 결과, 범죄를 한 후에 참회하는가 등 많은 참작參酌 사실을 골고루 파악하여 형량을 정하여 선고한다.

강원도경에서 근무할 때의 일이다. 횡성경찰에서 학생들이 돈 빼앗은 사건 '특수강도 검거 보고' 받았다. 법률을 강하게 적용하는 병폐로 '잡으면 부풀려 강도로 하고, 못 잡으면 공갈로 격하한다'는 말이 회자되고 있다. 보고 내용을 보아도 손발을 묶거나, 목에 칼을 대고 꼼짝 못하게 한 억압 상태에서 주머니를 뒤져 빼앗아 간 사건이 아니다. 학생용 연필깎이 칼을 손에 들고 돈을 요구하여 주고받은 사건이다. 협박에 의하여 돈을 주었다 하여도 그 상태가 강도의 요건으로는 충족되지 않는 공갈로 보아 '폭력행위 등 처벌에 관한 법률' 위반으로 적용함이 타당해 보였다. 담당과장에게 전화를 하였으나 자리에 없어 직원에게 죄명을 폭력행위로 하는 것이 타당하지 않느냐고 말하고 전화를 끊었다. 얼마 후 서울에서 진급하여 전입한 그 과장은 일선에서 모처럼 한 건 실적을 올린 것을 격하하려고 한다는 취지로, '어떤 부탁을 받았는지 모르지만 자기는 강력사건으로 하겠다'고 한다. 부탁을 받아 사건을 격하하라는 취지로 받아들인 그의 말은 황당하기 그지없다.

이렇게 같은 경찰 간부도 의심하는데 하물며 타 기관인 검찰에서 경찰의 참작 사실을 잘 밝혀 피의자의 이익이 되는 온당한 방향으로 처리하려면 고운 눈으로 볼 리가 없고 의심의 눈초리를 의식하게 된다.

그래서 자연 이런 방향의 조사는 등한하게 된다. 이래서는 안 된다. 시골 서민의 옹호자가 되기 위하여, 말없는 선량한 시민의 보호자가 되기 위하여도 이래서는 안 된다. 강력사건으로 한 건의 실적을 올렸다는 '한 건 주의'는 국민으로부터 참다운 신뢰 획득에 도움이 안 된다. 어린 학생들이 기성 우범자의 흉내로 범행한 것은, 사전지도와 예방을 다하지 못한 기성인의 책임도 있다. 강력사건의 한 건의 실적보다, 바른 선도적 차원의 법률적용이 타당하다.

천주교 K신부님이 쓰신 『자동판매기가 되신 하느님』이란 책 내용과 수필 동우인 L씨의 복음묵상집 내용이 같은 범주의 섬세한 마음의 진동을 주는 이야기들이다. 춘천 성당의 L선생과 K 신부님과의 만남이 없다기에 인사하려고 같이 정선을 방문한 적이 있다. 이때 사북사태 전후에 사북 성당에서 광부와 더불어 생활하신 신부님의 활동이 주로 대화의 소재가 되었다.

생명을 담보로 일하다가 탄에 매몰 사망된 광부의 유족에게 한 푼이라도 더 보상을 받게 해 주려는 신부님의 활동은 광산 사업주 측에서는 눈에 가시 같은 존재였을 것이다.

사제실에서 늦은 밤 곤히 잠자는 신부님의 눈에 강렬한 전등을 비추며 밖으로 끌고 나가, '계속 광부의 편을 들면 죽인다'고, 협박당한 이야기는 다음 날 주일 강론으로 들었다. 심야에 아무도 보는 사람이 없을 때에 시신경을 마비시키고 협박한 그 비열한 치한을 고발하지 않고 용서하는데 두 배의 사랑이 필요하였다고 하며 강론을 마쳤다.

용서하셨다는 신부님의 얼굴은 평온하시고 빛이 발신되고 돋보였다. 용서는 신이 할 일을 인간이 대신 하는 큰 베풂이다.

(1998. 8.)

지반 침하하는 카지노

공사 중 지반이 함몰되어 강원랜드 골프장의 준공이 늦어진다고 한다. 광산촌은 건물에 균열이 생기고 주택가의 지반이 종종 침하한다.

강원랜드는 폐광지역에 대한 대책으로 생긴 내국인이 출입할 수 있는 카지노이다. 처음에는 도박장소인 카지노를 찾을 고객이 얼마나 될까 우려했으나, 스몰 카지노의 예습기간을 지나 이제는 단일 시설로는 동양최대의 본 카지노장이 성업 중이다.

6천 명이 동시에 마법의 기계 앞에 앉아서 일확천금을 기대하는 눈동자들이 번득이는 동양 최대의 지상 24층의 대 카지노 건물은 안전한가.

나는 정선에 특별한 인연이 있다. 무전여행을 하며 정선 땅을 밟은지 10여 년 후, 60년대 말, 정선 사북 지역에 한 해 동안 공직자로 근무했다. 그 때는 국가의 에너지가 탄이 주종을 이루고 기름이 그 다음인 주탄종유主炭從油의 시대였다. 지하에 묻힌 흑진주 탄을 캐러 광산촌을 찾아왔다. 절대다수의 인구가 살고 있는 농촌의 제한된 농토에서는 입에 풀칠하기도 힘들 때, 도시로 생활의 터전을 옮길 능력이 없는 이들은 남부여대하고 광산촌으로 찾아 왔다. 판잣집 방 한 칸을 겨우 얻어 살며 여과 안된 지하수를 식수로 먹으며 주거환경과 후생복지 시설이 열악하기 그지없어도 농촌보다 높은 소득이 기대되기 때문에 구름 같이 모여들었다. 비가 오면 포장 안된 도로는 검은 죽탄을 깔아 놓은 것 같아 '여편네 없이 살아도 장화 없이 못 산다'는 말이 회자될 때이다. 또 식당에서는 흰 와이셔츠에 넥타이 맨 사람은 인기 없는 나그네요, 검은 색 광산 근로자 복장을 한 분이 환대를 받을 때이다.

사북과 고한은 해발 1,567m 태백산의 이웃 산인 해발 1,573m의 함백산 서쪽 갈래천葛來川 계곡의 아래 윗동리 지명으로 탄광 개발 전에는 10여 세대가 살던 오지로 정선군 동면의 한 마을이나, 무연탄 광산개발 후 매일 주민이 구름같이 모여들어 2만여 명이 넘을 때이다.

세월이 흘러, 90년대 중반에 정선군 치안 책임자로 근무했다. 그간 사북과 고한리에는 사람이 넘쳐흘러 시市에 해당되므로 사북과 고한리를 각기 읍邑으로 승격했던 흑진주 도시는 주유종탄主油從炭의 시대를 맞아 폐광시대로 변해 사북읍이나 고한읍도 다시 동洞에 해당되는 인구밖에 되지 않으나 읍이란 행정단위로 남으려고 안간힘을 쓰고 있었다. 20만에 육박하던 군민도 도시와 공단으로 찾아가고 광산촌은 썰렁한 냉기만이 감돌았다. 남부여대하고 사람들이 몰려 올 때 청년시절 근무했고, 썰물같이 빠져나갈 때에 다시 떠나가는 사람의 뒷모습을 보게 된 것이다. 그래서 당국에서는 폐광지에 대한 특별대책으로 법안이 마련되고 그 한 방편으로 카시노가 대안으로 부상될 때이다.

황금알을 낳는 카지노를 서로 유치하려고 했다. 폐광지인 태백시와 정선군을 위시해 삼척과 영월에서도 유치의 당위성을 주장하고, 같은 정선군의 사북, 고한 지구도 국내 최대의 민영광산인 동원탄좌가 있는 사북리의 지장산 지구와 삼척탄좌의 연고지인 고한읍 만항이나 박심 지구를 들먹이며 가장 적합한 곳이란 주장을 아전인수我田引水식으로 펴고 있었다.

광산은 탄맥을 찾아 수직으로 수십 미터 거리로 굴을 뚫으며 탄을 채탄하다가 탄 주머니를 만나 항아리같이 맺힌 탄을 털어 채탄하면 자연히 큰 동공이 만들어지고, 그 곳에 갱목을 넣고 받쳐 붕괴되지 않도록 한다고 하지만, 적은 경비와 많은 소득을 내야 하는 광부의 생리나 광산 사업가의 속셈이 맞아 떨어져 완전하게 붕괴를 대비하지 못한 것이 사실이다. 수많은 지하 동공으로 어느 날 갑자기 침하沈下 현상이 나타나는 것이 탄광지대이다. 그런 지표에 대형건물이 건립되면 틀림없이 지반이 침하될 것이 우려된다. 현대 공법으로 안전하게 건축한다 하여도 과연 견고하리라는 것은 신만이 아는 범주일 것이다.

지하에 자연동공 없는 곳에 카지노 시설을 만들어야 한다는 당연한 상식에 속한 말도 황금알을 낳는 카지노를 자기의 영역 안에 세우려는 계층에는 들리지 않았다.

같은 사북읍 관내인 직전리는 카지노 설립 위치로 적합하다는 객관적인 제안이 있었다. 마을 전체가 분지로 되어 아늑하다. 지하에는 채탄한 굴이 하나도 없는 지반이 안전한 석회암지대이다. 남쪽은 한국제일의 민영광산이 있던 사북리이고, 동쪽은 삼척탄좌의 관할인 고한이므로 직전리도 폐광지대이다. 북쪽은 정선의 명소인 소금강 그림바위 약수가 있는 화암리다. 개활지이므로 큰 건물을 지어도 부지 정비할 경비가 절약되고 경비행장도 개설할 수 있는 곳이다. 카지노가 설립된다면 태백선 열차나 38번 국도로 접속이 간편하고 영동 강릉 쪽에서도 빨리 접근할 수 있는 곳이다. 카지노에 오신 손님이 정선의 소금강 그림바위 약수터 나들이로 절묘한 자연 경관을 쉽게 구경할 수 있는 일석이조의 조건을 갖춘 지형이다.

그러나 이렇게 좋은 조건을 구비한 곳이 카지노의 적지로 고려되지도 않았다. 동원과 삼탄의 민영광산 재벌들이 각기 자기 영역 안에 세우려는 치열한 로비와 현지 행정관청의 다른 생각이 합해져서이다. 정선군에서는 한라시멘트와 협조해 직전리에 한라시멘트 제 2공장을 유치하려 했다. 한라시멘트에서는 그 곳에 공장부지 일부를 구입하고, 투기에 밝은 현지 행정관청의 관리자가 요지에 투기했다는 소문도 무성했다. 군민의 의견수렴 기관인 군의원들을 한라시멘트 옥계공장 견학을 시키며, 현대식 시멘트공장은 돌가루가 비산하지 않는 청정한 공장이란 말을 공공연하게 유포하며 여론 형성을 하고 있었다.

만나는 지방 유지나 군의원에게 '청정지역을 만들고 관광지 정선을 꿈꾼다는 분들이 겨우 돌가루가 날아다니는 시멘트 공장 유치냐?' 고 했다. 이런 말을 한다는 나의 언동을 들은 군의 행정책임자는 몹시 불편했을 것이다. 후일 석탄합리화 사업단의 책임자로 카지노 위치를 선정에 참여했다는 K씨를 만나 보니, 직전리는 카지노 설립 대상지로 거론된 적도 없다고 한다. 그 위치는 시기에 따른 배경을 타고 스몰 카지노는 삼척탄좌의 영역인 고한읍 박심치에서 예습기간을 거쳐, 메인 카지노는 사북읍 지장산 동원탄좌의 품안에 설립되었다.

골프장은 스몰 카지노가 있던 주변에 건설하다 지반의 함몰로 공기가 연장된 것이다. 스몰 카지노의 건물도 건축과 영업 중 지반 함몰로 많은 보수를 했다는 말이 있다.

나는 정선에 근무한 인연으로 스몰 카지노를 견학하고, 준공된 메인 카지노를 두루 구경했다. 음침하게 번쩍이는 형광등 아래 쭈그리고 앉아 일확천금을 바라는 모습을 보았다. 수평 영 레벨 이하의 검은 지하에서 머리에 단 램프 빛에만 의지해 탄가루를 마시며 생명을 담보로 탄을 캐어 겨우 삶을 영위하던 광부의 영혼이 스며있는 그 지표에 설립된 카지노이다. 초 호사스런 건물의 형광등 아래 쪽 의자에 앉아 국민소득 1만불 시대의 도박증후군들은 일확천금을 캐려다가 자기의 삶의 지반이 무너지는 것과 같은 허망함과 패가망신한 분은 얼마나 발생할까.

기대에 어긋나 허망함을 맛보았으면, 갈래천 물길 따라 함백산 정암사에 가길 바란다. 정암사는 신라의 고승 자장율사가 1300여 년 전에 건립했고, 서해 용왕이 보내준 마노석으로 쌓았다고 전하는 수마노탑을 포함해 금탑과 은탑으로 세 개의 탑이 있으나, 불심 없는 물욕에 찌든 인간에게는 금탑과 은탑을 볼 수 없도록 했다고 전한다. 정암사의 북쪽 봉우리는 금봉, 남쪽봉우리는 은봉이다. 금탑과 은탑을 찾아 금봉과 은봉을 오르내리면, 함백산咸白山 맑은 공기로 몸과 마음이 다 맑아지리라. 그리고 그림바위 약수에 가서 타고 찌든 내장을 약수로 깨끗하게 헹구어 씻으시라.

한순간 일확천금을 바란 것이 덧없는 꿈이었으면, 지반이 붕괴될 우려가 없는 집으로 돌아가서 부지런함으로 생활하길 바란다.

(2003. 11.)

신라 김 씨 이야기

서기 785년 신라 37대 선덕왕이 승하했다. 중신들은 제일 높은 재상(상재上宰)인 주원공을 왕으로 추대하도록 의견을 모았을 때, 경주 북쪽 내가 장마로 넘쳐 인마가 통행할 수 없었다. 이를 기해 임금자리를 탐내던 두 번째 재상 각간角干 경신공이 '임금의 자리는 잠시라도 비울 수 없다'고 38대 원성왕으로 등극했다. 비가 그친 후 병부령까지 겸한 막강한 주원공은 군졸을 인솔하지 않고 단신으로 입궁해 선왕의 영전에 문상했다. 경신공은 이때 주원공에게 왕의 자리에 오르라고 하니, '이는 천명이다' 하고 사양했다.

이런 역사적 사실을 감안해 고려태조 왕건은 강릉에 있는 주원공의 사당을 '백세지사 만세사百世之師 萬世祠'라고 칭송했다. 매월당梅月堂 김시습은 '원성왕과 주원공이 왕의 자리를 서로 사양할 때, 북천물이 장마로 범람했네. 어찌 백이숙제만이 아름다우냐. 천년고도 강릉에 옛 사당이 있네!元聖周元相讓時 北川霖雨漲無涯 夷齊泰伯那專美 千古江陵有舊祠'라는 한시를 남겨 찬미했다.

신라는 BC 57년 개국해 992년간 박朴석昔김金의 세 씨족에서 가장 유능한 분이 왕위를 계승토록 했다. 그래서 시조 박혁거세 등 박씨가 10명, 석씨가 8명, 김씨가 38명이 왕위를 이어갔다. 김씨 성을 가진 분이 신라 왕위에 처음 오른 것은 서기 262년 신라 13대왕 '미추味鄒이사금'이 처음이나 그보다 먼저 김씨 시조 알지 공부터 신라 국사에 참여했다.

우리나라의 김씨는 크게 나누어 신라 김과 김수로왕의 후손 가락 김으로 구분한다. 삼국사기에 신라 김씨 시조에 관한 이야기가 있다. 신라 4대 석탈해왕昔脫解王 9년 3월 4일 금성 서쪽 '시림始林'에서 닭 울음소리가 나며, 나뭇가지에 금궤가 걸려 있고 그 궤에서 빛이 쏟아져 나왔다. 그 금궤를 열어보니 수려한 옥동자가 나와 왕은 하늘이 준 귀인이라고 정성을 다해 거두어 길러 왕의 손녀사위가 되었고, 벼슬이 대보(大輔 - 지금의 국무총리)에 이르렀다고 한다. 이렇게 김씨가 신라 정치무대에 등장한다.

이때부터 '시림을 계림鷄林'이라 하고 국호로 삼았으며, 옥동자가 금궤에서 나와 성을 김金으로 하고 총명하고 지략이 많아 알지閼智라고 했다고 한다. 삼국유사의 알지신화도 같은 내용이다.

그러나 시조를 신비롭게 하기 위한 신화이지, 금궤에서 옥동자가 나올 수 없다. 그러므로 김알지 시조의 그 윗 조상은 누구일까가 관심이다. 신라왕족은 적석목곽분積石木槨墳과 찬란한 금관의 주인공으로 흉노계 기마민족이라고 인류학자들은 단정한다. 삼국사기에 나오는 신라 초창기 왕을 '이사금' '마립간'이라고 알타이 흉노왕의 호칭을 사용한 것도 이 주장을 뒷받침하고 있다.

신라 김의 시원을 역사적으로 거슬러 올라가면 전한前漢 때로 올라간다. 흉노계 왕족인 김일제 장군이 왕망王莽과 같이 전한을 무너뜨리고 '신新'이란 나라를 세웠다가, 후한後漢이 생기며 박해를 피해 김일제 후손이 한반도 안으로 들어왔다고 본다. 이는 태종무열왕의 장남인 문무왕의 비문에 나온 내용이다.

태종무열왕과 문무왕은 우리 역사에 대단히 중요한 일을 하신 분이다. 강토가 고구려 백제 신라로 나누어진 삼국을 통일한 것은 김춘추 태종무열왕과 처남남매지간인 김유신 장군과 긴밀한 협력이 지대했으며, 대를 이은 문무왕이 완수했다.

강대한 당나라는 나당 연합군이 적국을 멸한 후, 평양 이남의 땅을 신라에 준다는 사전 한 약속을 어기고, 백제 땅에 '웅진도호부' 고구려 땅 평양에 '안동도호부'를 두고, 신라 서울인 경주에도 '계림대독부'를 설치하고 심지어 문무왕을 계림대독으로 임명하는 등 모두 자기들의 속국 영토화하려고 했다. 이에 신라는 당나라군과 싸우며, 한편으로 외교전을 전개했다. 당나라는 674년 문무왕의 동생 김인문을 신라왕으로 봉하고, 문무왕을 견제하며 신라를 공격했다. 675년 설인귀와 이근행이 20만의 대병력으로 신라를 공격해 왔으나 신라군은 매초성(買肖城, 지금의 양주)에서 대파했다. 그리고 676년에는 설인귀가 인솔한 당나라 해군이 서해안으로 침공해 오는 것을 가벌포에서 격파했다.

이렇듯 연18회에 달하는 당나라군의 침략을 신라군이 계속적으로 격파함으로써 비로소 명실상부한 삼국통일을 이룩한 것이다. 삼국통일 이후에 지금의 민족이란 개념이 생기기 시작한 것이다. 그 이전의 삼국은 각기 협력해 필요에 따라 공격하는 약육강식, 다른 나라일 뿐이었다.

신라 김은 역사를 거치며 많은 본을 가신 성으로 발전하였지만 뚜렷한 본관으로 50여 본이나, 그중 49대왕 헌강왕의 후손이 광산 김씨로 되었고, 45대 신무왕의 후손이 영동 김씨이고, 29대 태종무열왕의 후손이 강릉 김씨가 되었다. 그러므로 태종무열왕의 능향제는 강릉 김 씨가 초헌관으로 주관한다.

신라의 마지막 56대왕 경순왕敬順王은 기울어져가는 나라를 부흥시키지 못하고, 기원전 57년 박혁거세가 건국한 지 992년만인 935년에 고려태조 왕건에게 정권을 넘겨주고, 노후를 편안하게 지냈다. 왕건의 딸을 아내로 맞아 여러 부인에게서 많은 자식을 두었다. 죽방부인 과의 장남 일과 차남 황을 두었고, 왕건의 딸 낙랑공주와의 사이에 일곱 명의 아들을 두었다. 이 아들들이 경주 김 씨 외에 여러 본관을 가진 후손으로 되었다. 부안 김씨, 나주 김씨, 의성 김씨, 언양 김씨, 삼척 김씨, 울산 김씨가 되었으며, 그중 경순왕의 넷째 아들인 은열대안군殷說大安君의 후손이 가장 번창해 안동 김씨, 청풍 김씨, 금령 김씨, 강진 김씨, 전주 김씨, 양근 김씨, 영광 김씨 안산 김씨의 본관을 가진 후손으로 퍼졌다.

신라 마지막 경순왕의 맏아들 일鎰은 나라가 망한 후 금강산에 들어가 마의태자麻衣太子로 일생을 마친 것으로 전해졌으나, 근래 역사학자들의 연구에 의하면 김함보金函普란 후손이 반도 내에서 탈출해 만주로 건너가 11세기경에 금金이란 나라를 세워 중국대륙을 대부분 차지했었다. 그 후손(누루하치)이 17세기경에 청나라를 세워 중국 대륙을 점령했는데, 그 청나라의 왕족의 성도 김씨라고 한다. 그래서 그들은 자기 성을 애신각라(愛新覺羅 - 신라를 사랑하고 생각하자)라고 했으며, 만주에 있는 청나라 왕족의 내실은 온돌을 사용한 조선족의 습성이 역사적으로 남아 있다.

재미있는 이야기는 일본인은 천황의 성을 모른다. 또 일본은 한일합방 후 조선총독부에서 김해 김씨의 족보는 못 만들게 했다. 이것을 추측하면 김해 김씨의 족보 어딘가 일본으로 건너가 황족이 되었단 말이 나올 것을 겁내어서였을 것이다. 옛 선인이 일본 황족에게 들은 이야기는 자기들의 성은 사실은 '짐시'입니다라고 했다 한다. 일본인들은 혀가 짧아 김이란 발음을 못하니 김을 짐으로 말하는 것이 아닙니까. 그러니 일본 황족도 가락 김씨나 신라 김씨의 후손으로 보면 될 것이다.

또 삼국유사에 신라 땅에서 연오랑延烏郎과 세오녀細烏女 부부가 일본으로 건너가 연오랑이 일본의 왕이 되었다는 기록이 있다. 일본 역사는 상고사에 올라가면 1000년 이상 조작 신격화해 구분이 안되게 했으나, 연오랑을 상징하는 일본 천황과 신관의 모자인 오모자烏帽子가 지금까지 전하고 제례복의 비단 직세초織細綃란 단어가 전해 남아 있어 흥미로운 연구의 대상이다.

유럽이 중세 암흑시대일 때가 세계문명의 중심은 동북아시아였다. 그때 우리 조상 신라는 처음으로 세계의 선진국이었다. 통일신라의 김씨 왕들이 최선을 다한 6~9세기경까지 세계의 최강국 당나라와 대등한 위치에서 최선진국으로 문화의 꽃을 피웠다. 지금 산재해 있는 문화유산과 높고 웅장한 수많은 왕릉에 보관되어 있는 매장 유물은 잘 보존하여, 후손에 넘겨주어야 한다고 경주를 여행하며 생각한다.

봉달이의 역전 우승

TV를 켜니 마라톤 선두그룹이 화면에 나온다. 30km 지점에서 케냐의 세 선수와 눈에 익은 이봉주 선수의 모습이 보인다. 마의 구간인 35km 지점을 지날 때, 케냐 선수가 앞을 치고 나간다. 이봉주 선수는 50m 거리로 처진 2위 자리를 지키며 뛰고 있다. 선두 그룹의 네 선수가 같은 화면에 비칠 때, 2007서울 국제마라톤 대회를 중계하는 해설자와 아나운서의 숨이 가쁘게 느껴진다. 이봉주 선수가 더 이상 처지지 않고 2위 고수만을 바라는 심정이다.

한국 나이로 38세의 노장인 이 선수를 보며 2위 자리를 유지할 수 있을까? 뛰는 현장에서 멀리 떨어진 나의 기가 전해져 이봉주의 힘이 되길 바라며 손바닥에 열이 나도록 계속 박수를 치면서 안타까운 마음으로 응원했다.

2시간 6분 44초대의 기록보유자인 키루이는 이봉주 선수보다 10살 이상 아래인 26세다. 이변이 없는 한 앞선 위치에서 계속 주파하면 키루이는 우승 후보같이 보였고, 이봉주는 지구력으로 잘 버티면 2위 자리는 지킬 것 같았다.

그런데 멀어만 보이던 거리가 좁혀지며 노력의 사나이 이봉주 애칭 '봉달이'의 발걸음이 더욱 가벼워 보이고 40.62km 지점에서 봉달이의 어깨가 드디어 키루이를 제쳤다.

봉달이는 드디어 2시간 8분 4초의 시간으로 42.95km의 결승점을 밟았다. 지난 17년간 35회나 완주하고, 10번째 우승하는 순간이다. 또 골인지점에 기다리던 장남을 번쩍 들어 올리는 장면이 화면에 비친다. 노장의 힘이 아직 남아 건재함을 보였다. 철인으로 기네스북에 오를 일이다. 뒤따르던 키루이는 2시간 8분 29초로 2위로 들어왔다. 이봉주 선수는 2008년 베이징 올림픽의 금메달을 바라고 다시 몸을 가다듬을 것이다.

마라톤의 신체적 조건으로 볼 때, 선두에 있던 케냐의 세 선수에 비하여 신장, 보폭, 나이 무엇으로 보나 제일 불리함에도 당당하게 1위를 한 것은 본인의 영광뿐만 아니고, 모든 국민의 감동이고 쾌거였다.

운동에서만 아니라, 지구력과 끝없는 노력으로 우리나라의 정치 경제 사회 등 모든 분야에는 저런 진한 감동이 이어질 수 없을까 하고 그 감동의 여운을 가슴에 품어 본다.

목소리 큰 자들이 더 잘난체 하는 고질적인 병폐, 대가를 더 후하게 바라는 일부 귀족적 노조의 상습적인 아우성, 미사여구로 혼돈을 야기해 목적을 이루려는 이데올로기의 산새들, 이들이 이봉주를 본받으면 대한민국도 성큼 선진국에 진입할 수 있다고 믿어 의심하지 않는다.

88올림픽과 2002년 월드컵 개최 반사이익도 이끌지 못한 정치권이다. 그들에게 기대하기는 너무 거리가 먼 우리의 현실이다. 2007년 3월 18일 '국민마라토너 봉달이'의 우승은 태극기를 단 국가대표로 한 것도 아니다. 그저 한 기업체의 지원으로 지속적으로 운동해 쾌거를 이룬 것이다.

성실한 노력과 지구력으로 역전 우승한 노장 이 선수를 본받아 고질적인 한국병을 국민의 힘으로 고치는 계기가 되길 바라 마지 않는다.

동해 어룡도 놀란 굴산사 종소리

신라 구산선문九山禪門의 큰 가람인 굴산사의 종을 노래한 시는 동국여지승람에 기록되어 있다. 고려 명종 때의 문신으로 벼슬에 연연하지 않고, 자연과 더불어 사는 농민의 애환과 삶을 '전가사시田家四時'의 시로 남긴 노봉老峰 김극기金克己씨가 굴산사에 임하여 보고 남긴 굴산종崛山鐘이란 한시다.

그러나 그 사찰과 종도 지금을 없어진 지 오래다.

하천변 노송 하에 있는 강릉시 구정면 학산 2리의 마을회관 서편 넓은 뜰이 사찰의 법당이 있던 곳이다. 바가지 물에 잠긴 해日를 마시고 처녀가 임신, 출산한 동자가 뒷날 범일국사가 되었다는 연원의 샘물 석천石泉도 이곳이다. 처녀가 아이를 낳았다고 동짓달 추위 속에 버려 죽기를 바랐음에도 학鶴이 날개로 덮어 보호했다는 설화로 전해 오는 학바위는 바로 뒷산에 있다.

2002년 8월 전무후무한 태풍 루사에 의해 세상에 알려진 굴산사지는 숱한 애환을 거치며 땅속에서 현대식 양옥집 터전이 되어 신음했었다.

굴산사란 한자는 김극기의 굴산종에서는 산 높을 굴崛 자이고, 행정기관의 안내판은 재방변에 쓴 굴掘 자로 표기하고 있었다. 또 보물 86호 8각 원형 부도탑은 사리함을 도굴하여 간 후, 손괴된 다른 탑의 탑신을 혼성하여 쌓았다는 이야기를 입증이나 하듯, 이곳의 굴 자는 흙 토변의 굴堀 자로 표기되어, 굴 자가 제각각이다. 이렇게 굴산사의 글자의 혼란스러움은 대가람이 없어진 경위와 일맥상통한 것은 아닐까.

고려 말 우왕이 역성혁명의 희생물로 폐위되어 학산리 장안성에 유폐되었을 때, 우왕을 따르는 굴산사의 많은 승려들이 폐위된 왕을 보호했다는 말이 입으로 마을에 전해 내려오고 있다.

신라 선종의 큰스님 범일국사는 출생지에 굴산사를 창건하고 정진했다. 국사님은 사후에도 강릉의 수호신이 되어 대관령에 계신다. 지금도 유네스코에 의해 무형문화재로 선정된 강릉 단오제 시작을 할 때 강신제를 지내며 먼저 국사님의 신위를 모신다.

관동 지역에 정신적인 영향을 지대하게 끼치며, 신라 왕조와 고려조를 이어온 대가람 굴산사가 없어진 사유가 어디엔가 기록이 있을 법하나, 찾아 볼 수 없다. 굴산사가 없어진 내용은 강릉의 역사지인 임영지臨瀛誌에도 없다. 우왕을 사약으로 독살하고, 절을 불태워 없앴다는 말이 맞는 것일까. 태풍 루사에 의해 발굴된 대가람의 터전에는 큰 돌이 불에 과열되어 변색된 것이 발견되었다.

고려조를 따르던 고려 충신들이 거주하던 두문동 촌락을 불살라 없애고, 섬으로 옮겨 살도록 하여 준다고 왕씨 일족을 모아 서해 바다에 수장한 새로운 왕조 집권세력은 사찰 하나 흔적을 없애는 데는 간단하지 않았을까. 왕권을 찬탈한 새로운 세력이 과거 고려조 왕씨와 연관된 일은 모두 잊어버리게 조직적으로 은폐한 결과가 아닐까.

인간의 습성이, 자기 의사와 상충되는 사물을 잘 보관하지 않은 버릇이 있는 것이 아닐까. 4·19 이후 남산에 서 있던 이 대통령의 동상을 데모대가 손궤했다. 모처에 있던, 5·16 이후 배고픈 우리에게 굶지 않도록 경제의 기틀을 만든 박정희 대통령의 동상도 근래에 의식화 계층에서 손괴하려는 것을 어디엔가 옮겨 보관한다는 보도를 본 적이 있다.

고구려의 찬연한 역사도 나당연합국에 패망 후 당나라 점령지에 남은 고구려 유산은 철저히 파괴하였다. 이렇게, 좋든 나쁘든 과거의 문화재를 보존하지 않고 훼손하는 습성에 의하여 굴산사도 없어진 것일까.

동해의 어룡도 놀랠 중후한 소리를 낸다는 굴산종의 종각은 어디였을까. 노봉老峰의 한시를 나름대로 음미해본다.

崛山鐘

그윽한 굴산사 종은 범일 국사님이 만드셨네
종소리 울리니 황홀한 마음 물결치듯 종횡으로 펼쳐지네
신만이 행하던 도의 길 나는 새도 따를 수 없네
바라노니 종을 치지 마오 동해 어룡이 놀래오리다.

春容崛山鐘(용용굴산종) 梵日師所鎔(범일사소용)
駭看心黨怳(해간심당황) 珍敬浪橫縱(진경랑횡종)
鬼神但行道(귀신단행도) 禽鳥難著蹤(금조난저종)
請君莫擊考(청군막격고) 東海驚魚龍(동해경어룡) -- 金克己

굴산사 터전은 수백 년을 지하에 신음하다 대홍수에 의해 만천하에 드러났다. 그러나 그윽하고 중후 웅대하여 용용春容하다고 표현한 그 굴산종이 있던 위치는 어딘지 알 길이 없다. 법당 뒤 연꽃 봉오리 같은 암반 위에 묵묵히 서 있는 천년 노송만은 그 애환을 다 보고 가슴에 지니고 있을 것이다.

굴산사도 없어졌다. 바가지 물에 잠긴 해를 마시고 국사를 잉태한 석천石泉도 대홍수의 물길에 싸여 흔적 없이 사라졌다. 동짓달 추위 속에 님을 학의 깃털로 보듬어 국사로 보호하신 학바위만은 의구하다.

도를 행하던 종은 알길 없고, 동해어룡도 놀란 용용한 그 종소리만은 구름 속에서 한없이 울려 퍼지고 있는 것일까.

II.

조선조 선비의 향기

조선조 선비의 향기

지식인들이 사회에 끼치는 영향은 막대하다. 역사학자가 정의한 조선조 선비들의 문화면에 남긴 업적을 간추려본다.

사학자의 정의에 의하면 조선 왕조는 학예學藝 일치의 선비를 등용해 국민을 포용하고 명분으로 국민을 설득했다. 선비는 가난하여도 기개와 지조가 기본이었다. 왕조의 선비는 이성과 감성의 균형을 갖춘 지식인이었다.

1592년 선조 25년 임진왜란[1] [2]을 거치면서 국토는 피폐해질 대로 피폐했다. 또 1636년 인조 14년 12월 치욕적인 병자호란[3]을 당했다. 반세기 동안에 두 번의 큰 병난을 당하여 국민은 실의에 빠졌으나, 나라를 이끈 선비들은 동양 철학의 경전 진리[4]를 영원불변의 날줄로 인식하고 시대에 따라 변하는 역사를 씨줄로 인식하는 정신으로 같은 실수를 두 번하지 않기 위해 역사의 중요성을 인식하며 국난 후유증을 극복하고 국민을 단합하여 국가재건의 역할을 다했다.

선비들은 청렴하게 공의를 다하겠다는 책임의식으로 봉사했으며 명분과 의리와 지조로 생활했다. 그러므로 세계사에 드물게 한 왕조가 5백년을 이어갔다. 인간의 본능과 물질을 최고의 가치로 인정하는 현대 사회와는 극명하게 대비되는 조선시대였다. 식민지 시대를 거쳐 물질만능의 현대사회는 명분은 핑계로, 의리는 깡패용어로 변했으나, 조선조의 사회는 퇴폐하지 않았으며 지조와 명분이 기본이었다.

무력으로 우리 강산을 짓밟은 일본이나 여진족을 '왜놈'이나 '오랑캐'라 부르며, 명나라가 망하고 난 뒤에도 임진왜란 때 도와준 은혜를 잊지 않고 복수 북벌론北伐論을 주창한 것은 의리를 중요시한 선비들의 가치관에 따른 당연한 결과이다.

고려말 송나라에서 도입된 성리학인 주자의 이기이원론理氣二元論[4]을 퇴계는 이기호발설理氣互發說 즉 주리론主理論으로 리가 기를 움직이는 본원으로 선리 후기를 강조하며, 4단四端의 도심道心인 측은惻隱 수오 羞惡·사양辭讓·시비是非는 리의 발로로 보고 희노애구애오욕喜怒哀懼愛惡欲 7정의 인심은 기의 발로로 보아[5] 그 철학의 진의를 이해했다. 율곡은 기발이승일도설氣發理乘一途說 즉 주기론[6]으로 발하는 것은 4단이든 7정이든 기이고 이는 발하는 기에 편승한다는 것으로 우주와 인간의 심성을 이해하며, 성리학을 토착 조선화 했다.

철학이 사상의 뿌리라면, 예술은 꽃과 열매라 할 수 있다. 문학으로는 송강松江 정철鄭澈(1536~93)의 사미인곡, 성산별곡, 관동별곡, 장진주사 등 한글 가사문학을 저작해 남김으로써 국문학 발전에 서막을 열어, 고산 윤선도(1587~1671) 등 많은 학자로 이어지며 불멸의 업적을 남겼다.

군수를 지낸 대기大基의 5세손이며, 호조정랑 세관世寬의 손자인 석봉石峯 한호韓濩(1543~1605년)는 조상의 음덕으로 청빈했다. 가난한 중에도 기개와 지조를 견지하도록 어머니의 가르침이 있었다. 어머님은 어둠 속에서 떡을 썰고 아들은 글을 쓰도록 해 어둠속 쓴 글씨가 부족함을 깨닫게 하여 더 정진함으로 공부한 왕희지 서체를 넘어 독창적 경지의 호쾌하고 강건한 석봉체인 조선 서체를 이루었다.

그리하여 고려시대 성리학과 같이 들어와 조선조 전기의 서체의 전범이 되었던 조맹부趙孟頫의 송설체松雪體를 뛰어 넘었다. 임란을 전후

해 선조대왕 측근에서 조선의 중요 국가공문서와 외교문서는 석봉이 작성해 명나라로 보내므로 조선의 석봉 서체를 조선 국서체國書體로 중국에 까지 널리 알리게 되었다. 그리하여 왕희지, 조맹부와 어깨를 나란히 하는 명성을 만천하에 떨치게 했다.

현재 우리의 기초한문 교습서인 천자문도 한석봉 서체의 글씨이다. 지금까지 '석봉서법' '석봉천자문' 등이 남아 있고, 비문 글씨로 '허협 신도비' '서경덕 신도비' '기자묘비' '행주승전비' '선죽교비' 등 많은 한석봉의 글씨체가 전해지고 있다.

또 조선 산천에 대한 강렬한 국토애는 그림으로 표현되었다. 중국 화풍을 벗어 우리나라의 아름다운 산천을 그린 진경산수화는 자부심으로 연결되었다. 조속 趙涑(1595~1668)에 의해 전국의 절경을 유람하며 감흥을 시로 읊고, 그림으로 진경산수화를 그려 기틀을 잡았다. 그리고 영조시대의 겸재謙齋 정선鄭敾(1676~1759)에 이르러 진경산수화眞景山水畵는 그 절정에 이른다.

조선 선비들은 도입된 성리학을 토착화했다. 당시의 국서인 한문 글씨체도 석봉에 의해 조선화 했다. 진경산수화로 우리의 아름다운 금수강산을 멀리 중국에까지 전파했다. 그리고 선비들이 남긴 가사문학으로 명실상부한 조선 문화의 꽃을 빛나게 하였다.

조선 500년은 선비들이 동양철학을 승계 발전시켜 조선화 하여 생활의 기본으로 하고, 시詩 · 문文 · 서書 · 화畵로 문화의 꽃을 활짝 피워 조선조 문화의 향기를 후세에까지 길이 전했다.

(2006. 4.)

參考 資料

1) 임진년 4월 14일 선봉으로 상륙한 (유기나가)이 5월 2일, 16일 만에 수도 서울에 진입, 1진 유기나가(小西行長), 2진 기요미사(加藤淸正), 3진 구로다나

가마사(黑田長政) 등 20만 병력으로 침입해 7년간 치른 전쟁.

2) 일본에 간 사신 정사 黃允吉은 서인으로 일본의 침략 징후를 보고했으나, 부사 金誠 一은 동인으로 정사와 다른 징후 없다고 보고, 동인이 정권을 좌지우지하며, 그보다 먼저 율곡 이이가 北胡南倭를 우려해 10만 양병론은 공리공론으로 받아들이지 않고, 일본의 침략 징후마저 무시하고 논쟁만 하다가 임진왜란을 당함.

3) 1627년 후금이 친입했으나 형제 맺고 철수, 청으로 국호를 고친 청군이 1636년 12월 12만 병력이 침입하여 심양을 출발한 지 15일 만에, 국경을 넘은 지 10일만에 1월 1일에 서울에 도착 남한산성을 포위, 1월 30일 三田渡에서 군신의 예로 항복. 침략군의 선발대는 마상에서 고기를 씹으며 속공하여 봉화로 적의 침입을 알리는 순간 서울에 적의 기마선발대가 나타남. 2개월 전쟁으로 인조대왕이 청태조에 항복한 전쟁.

4) 남송의 朱熹 朱子의 성리학은 우주의 본체가 理와 氣란 理氣二元論을 조선에 들어와 연구 발전과정에서 우주의 생성원리의 근원적인 것이 理인가 氣인가 하는 것을 연구 발전되었다. -- 특히 유교에서 주장하는 하나의 관점은 천지만물은 氣로 가득 차 있고, 그 기가 陰과 陽으로 되어있어, 陰陽이 서로 감응하면서 천지만물을 생성 시현작용으로 보고 있다. 이때 理는 氣 흐름의 법칙으로 氣 흐름의 原理가 理이다.

5) 우주의 생성원리가 理라고 하는 主理論은 李滉 퇴계가 주창한 것으로 理와 氣는 서로 다른 것이면서 서로 의지하는 관계이지만 어디까지나 理가 氣를 움직이는 본원이라고 先理 後氣를 강조하면서 理 자체도 능동적인 운동능력을 가진다고 보아 理氣互發設을 주창하여 四端 - 道心 - 仁義禮智의 惻隱 · 羞惡 · 辭讓 · 是非는 理의 발로이고, 人心 - 喜怒哀懼愛惡欲의 七情은 氣의 발로라고 한 것 - 嶺南學派

6) 우주의 생성원리의 보다 중요한 것이 氣란 主氣論은 李珥 율곡이 徐敬德에 이어 주창한 것으로 李滉의 四端 七情 모두를 氣발로 설명하고, 세계의 모든

存在가 理와 氣로 되어 있는 것은 主理論과 다른 바 없으나 理와 氣가 個別로 存在한다는 주리론과 달리 理와 氣는 떨어질 수 없는 하나의 존재로, 氣는 발하고 理는 發하지 않지만 理는 氣가 發할 수 있도록 하는 기능을 가지고 있으므로 理와 氣는 하나의 混淪體로 강조한다. 李珥는 理乘氣發로 四端이든 七情이든 發하는 것은 氣이고 理는 發하는 氣 위에 탄다는 定義로 四端 七情論은 정리된다. ---- 畿湖學派

학교 주변

초등학교의 지붕이 똑바로 보이는 곳에서 태어났고 자랐다. 공직을 수행하면서 각 곳을 전전하며 전월세방도 우연한 일이지만 학교 부근이었다. 또 춘천으로 전입하며, 도심지에 방을 얻을 능력이 못되어 도보로 출퇴근에 30분이 소요되는 미려골美麗谷 막바지 G대학 정문 앞에서 살았다. 세월이 흘러 정문도 후문도 안인 옆 출입구가 되었을 뿐이나, 대학 주변이라고 맹모삼천의 고사를 자녀들에게 말하며, 매일 새벽 주변 산을 오르고 운동장을 거닐 수 있어 항상 학교와 더불어 산다. 그래서 강원도의 수부도시에 산나는 것보다, 교육도시 춘천에 산다는 말을 즐겨 쓴다.

인연이 있어, 미국 인디애나 주립대학의 구내 아파드에 상당 기간 기거한 적이 있다. 블루밍턴 시 전체면적의 1/4이나 되는 광대한 대학 구내를 여러 번 둘러볼 수 있었다.

블루민턴 시를 대학도시라고 한다. 시의 인구가 6만5천인데 대학구내에 수용한 학생과 교직원이 3만7천여 명이나 된다. 대학 운영에 협조한 유공자는 대학마크가 도식된 번호판을 부착하고 다닌다.

교수는 물론 학생들도 다 차량을 소지하고 있다. 시내에서 주차위반 범칙금이 5불이나, 대학 구내에서는 차량별로 지정하여준 주차할 곳이 아닌 다른 장소에 주차하면 범칙금이 무려 30불이다. 장애인 표식이 있는 곳에 일반인이 주차하면 50불의 범칙금이다. 'STOP표지' 일단정지를 위반하면 80불이다. 80불이면 중형차 8번을 주유할 수 있는 금액이다. 놀라운 범칙금액이다. 구내에서 일단정지 위반을 하고, 그냥 운전하면 휴식을 취하던 경찰차량이 추수해 적발해도 함정단속이란 항의가 없다. 그러므로 대학 구내에서는 셔틀버스를 이용하거나 가까운 거리는 도보로 이동하는 게 편리하다.

학교 구내를 담당한 경찰서가 따로 있다. 6만5천 명의 시에는 30여 명의 연방경찰, 카운티의 도로순찰을 주된 임무로 하는 32명의 주립경찰, 블루밍턴 시 20평방 마일을 관장하는 80여 명의 시립경찰, 그리고 70여 명의 대학경찰이 있었다. 대학경찰은 8시간 3교대로 근무하는 48명의 정규 경찰관과 이들을 보조하는 사관생도라고 부르는 아르바이트 보조경찰이 30여 명이 있다. 대학총장으로부터 급료를 받으면서, 대학구내와 도로를 경계로 한 주변도로를 간단없이 기동순찰하며 교통사범과 형사범에 이르기까지 모든 경찰 업무를 집행하여 질서를 유지한다.

범죄 예방을 위한 경찰의 기동 순찰도 금기로 생각하는 우리의 대학과 너무 상이한 미국, 대학경찰이 하는 일에 호기심이 생겨 대학경찰서를 방문했다. 내가 방문한 시간은 오후 5시경이다. 현관에는 남녀 경찰관이 도복을 입고 태권도 대련 훈련이 한창이다. 민원실을 방문하니 제복을 입은 여자 경찰 한 명이 '유니버시티의 안전대책'이란 유인물을 내놓으며 친절하게 설명한다. 범죄의 연구, 법집행, 건물보안과 취급한 범죄 통계실적이다. 야간 순찰 활동상황을 물으니 밤에 직접 순찰차에 동승해 근무상황을 보고 싶으냐고 한다.

일몰 후 다시 방문해 순찰차에 동승했다. 순찰차를 운전하는 26세의 건장하고 젊은 경찰은 대학경찰이 되기 위해 16주의 교육을 받았다는 자기소개를 하며, 담당 구역을 계속 반복 순찰한다. 도로 우편에 사람이 탑승한 불법 주차한 승용차가 있으므로 경광등을 켜고 접근했다. 주차한 차량의 탑승자는 순찰차가 접근하니 차량의 유리문을 내리면서, 두 손을 머리 위로 올리고 검문에 응한다. 정차 이유는 잠시 여자친구와 대화중이란 탑승자의 답변이다. 도로상에 주차하지 말고 가란 지시를 그들은 순순히 따른다. 도로에서 운행 중인 소방차량과 경찰차량을 보면 모든 차량이 우측으로 피양해 서행하므로 경찰차와 출동하는 소방차량은 항상 우선 통행이 일상화 되어 있다. 이들의 근무시간은 1일 8시간이며, 그 시간 내에 30분의 식사시간과 특이상황이 없을 때에 한해 15분씩 두 번의 휴식을 할 수 있다고 한다. 근무 차량의 통제는 무선으로 이루어진다. 학교 주변에는 학생을 유인하려는 네온사인의 학생상대 유흥업소가 보이지 않아 조용한 가운데 면학할 수 있는 분위기라고 생각했다.

춘천 집에서 잠을 자다가 파열하는 굉음轟音에 놀라 깼다. 시간은 새벽 세 시, 교육도시 대학로를 달리는 폭주족 오토바이가 발하는 광기狂氣의 소음이다. 교육선진국 대학도시에서는 대학경찰의 순찰활동으로 상상할 수 없는 심야의 소음이다. 한국은 대학 주변의 학업분위기를 저해하는 행동을 제지하고 보호하는 노력이 미흡하다고 새롭게 느꼈다.

교육 신진국의 주립대학 주변에 면학할 수밖에 없는 조용한 환경과 우리 교육도시 국립대학의 주변의 분망한 환경을 비교해 생각하는 것마저 실없는 비교이고, 생각의 사치일까.

공지천

입춘이 지나 공지천 산책로를 걸었다. 전에는 공지천이 남춘천역 앞 하천이었으나 지금은 춘천 강남인 퇴계동으로 가는 강원도 수부도시의 중심하천이다. 공지천교孔之川橋에서부터 시작해 장안교까지 6.5㎞의 갈색 아스콘 산책길이다. 맑은 물소리를 들으며 널따란 하천 따라 오순도순 걷는 기분은 편안하다.

걷는 날씨는 쌀쌀하지만 남쪽 대룡산의 능선이 선명하게 다가선다. 바라보이는 산의 능선을 보며 하천변을 걷다보면, 고향마을에서 뛰놀던 마을 앞 하천을 연상하게 한다.

공지교에서 남춘천교 사이 하천 양안은 자연석 돌로 하상 정리가 잘 되었다. 수질을 정화하는 갈대 등 식물을 심은 표찰이 보이고, 정이담긴 섶다리도 가설되어 있다.

장안교에서 되돌아, 아담한 안마산을 좌측에 끼고 북쪽 방향으로 걸었다. 의암호 건너 저 멀리 가덕산加德山에서 북배산北培山을 이어 계관산鷄冠山을 연하는 능선은 불어오는 찬바람을 막아주는 울타리같이 보여, 춘천을 더욱 아늑하게 감싼다. 옛 맥국貊國의 도읍지 춘천의 북녘을 막아주는 산세라고 생각하니 정감 나는 형국이다. 차차 도심을 향해 걷다보면 양쪽으로 늘어선 아파트촌을 지나며 큰 대처大處로 향해

가는 기분이다.

서울 청계천을 복원했다고 경향 각지의 구경꾼이 몰려들었다. 나도 서울에 갔다가 몇 구간을 걸어보았다. 복개되었던 하천에 많은 돈과 공을 들여 복원 후, 흐르는 청계천 물은 돈을 타고 한강에서 온 물이다.

청계천은 좁은 통속의 구조물이나, 공지천은 청계천보다 넓고 양옆으로 제방과 석축 옹벽으로 이어져 보다 자연적이다. 복원한 청계천을 걸어 보고, 내 고장 공지천 산책길을 걸으니 답답함이 없고 시원하다.

대룡산 기슭 사암리砂岩里에서 발원한 물이 가로지른 11개의 다리발을 스치고 소양강 의암호로 합류하는 것이 공지천이다. 산에서 솟아나는 실개천 물이 모여 흐르는 물이니 맑은 물이다. 한때 도시화 과정에 공지천도 오폐수가 흐르며 악취가 났다. 그러나 지금은 생활하수와 오수는 다른 관로로 취합하니 맑은 물만이 흐른다. 없어졌던 피라미 등 강고기가 서식하고 있다. 청둥오리와 철새가 먹이를 찾아 흐르는 물에 둥실거린다.

공지천은 원래 '곰지내'라 불렸다. 공지천은 '공지'가 사는 하천이었다. 공지는 미꾸라지보다 작은 토종 민물고기다. 공지 고기에 대하여 이 퇴계 이황退溪 李滉과 관련된 설화가 있다. 진사 이식李埴의 7남 1녀 중 막내로 태어나 생후 7개월 만에 아버지를 여읜 퇴계 선생이 생모 박씨의 친정, 외가에서 놀 때 곰지내에서 고기잡이를 했다. 디벅머리 총각 머슴에게 소여물 짚을 썰게 하여, 삼태기에 담아 곰지내에 넣으니 먹을거리가 생긴 것으로 알고 몰려드는 공지를 잡았다고 지명 유래 설화로 전하고 있다. 이 공지는 맛이 좋아 진어珍魚란 다른 이름이 있다. 공지는 도시화 과정 이전까지 서식하던 민물고기다. 지금의 공지천에는 피라미가 의암호에서 올라와 서식한다. 미흡한 일부 생활하수마저 수거되면 원래의 곰지내의 주인격인 '공지'도 보이리라.

오폐수가 흐르던 공지천을 이정도 나마 친환경적으로 복원한 것을 다시 한 번 감사한다. 여름 폭우시 많은 비가 내려 급류가 지나가면 하천 주변은 또 눈 거친 상태로 될 수도 있다. 그래도 다시 친환경적으로 복원해 시민의 생기를 북돋워주는 산책길로 거듭날 수 있도록 잘 관리해 줄 것을 바란다. 지방자치시대에 시정을 승계하는 분도 전임자의 좋은 점은 더욱 빛나게 할 것이다.

이런 저런 생각을 하며 흐르는 물에 정을 실어 띄우며 걷는 시민의 산책길은 정감난다. 걷고 나면 다시 가고 싶은 곰지내 산책길이다.

(2006. 2.)

전기와 상수도

호롱불 아래 사는 사람은 전깃불을 켜는 것이 희망이다. 물을 길어 먹는 분은 상수도의 편리함을 절감한다. 풍수해 재난으로 잠시 동안 전기와 상수도를 사용하지 못하면 도시 생활은 순식간에 감내하기 힘들다. 그러므로 도시생활은 전기와 상수도가 필수 요건이다.

집 앞을 지나는 전주가 있어도 변압기를 구매 한전에 기증해야 전기를 가설할 수 있다는 전기 가설업자의 말이었다. 그래서 달동네 토담집의 서민들은 거금을 들여 변압기를 구입할 수 없으므로 호롱불 밑에 살 수밖에 없었다.

댐과 수력발전소가 많은 춘천시내 가정에는 100% 전기를 공급한다고 자랑하는 한전 춘천지점장의 브리핑 장소에 참석했다. 그 인연 덕분으로 달동네로 통과한 전주에 가정용 변압기가 설치되고, 부담 없이 전기를 가설할 수 있어 밝은 전등 밑에서 살 수 있었다. 그런 연유 후 한전 표지를 볼 때마다 1969년도에 변압기를 가설해준 특혜(?)는 고맙게 생각하면서도, 국영사업체가 행정기관의 권위적인 병폐와 같이 군림君臨하는 형태로 운영되는 것이 아니었나 하고 가끔 생각했었다.

세월이 흘러 그 달동네로 4차선 포장도로가 개설되고 현대식 주택단지로 변했다. 건물 신축으로 전기계량기를 신청한 지 수일이 지나

지연되는 느낌이어서 한전을 방문했다. 민원실 근무자는 컴퓨터를 클릭하더니, 민원은 접수되었으나 처리되지 못했음을 확인하며 '우리도 전기를 파는 장사꾼인데, 필요한 분에게 빨리 해 드려야지요'라는 인사말 한마디가 품고 있던 찌뿌드드한 마음을 시원하게 한다. 현장을 답사하고 추가 공사의 필요를 파악하는 절차가 있어 기대하는 시간 내에 민원을 처리 못하는 경우가 있음을 친절하게 설명한다.

상수도도 신청한 지 일주일 이상이 되어도 소식 없어 시청을 방문했다. 상수도 민원 창구담당은 신청서가 접수된 것도 모른다. 그래서 한전과 같은 서비스를 기대하며 신청서 접수 사실이 컴퓨터에 수록되지 않았느냐고 하니, 그런 것은 담당자가 현장을 답사하고 나서 시공여부를 결정한다며 그 담당자의 휴대전화만을 말해 준다. 전화로 연결해, 현장을 언제쯤 답사할 수 있느냐는 물음에 기다려 보란 답변이다. 그리고 수삼일이 지나서도 소식이 없다.

법상 자기 집을 짓는 것은 집주인이 시공자다. 그러나 작업 도급 맡은 업자가 연락을 하니 부지하세월이던 담당자가 신속히 나타난다. 지면과 연결고리에 의해 민원을 처리함을 알 수 있다. 지방 종합행정인 시청의 민원봉사가 한전에 비해 말할 수 없이 낙후되었다고 생각되어, 그들의 감독자를 방문해 말하려다가 나잇값 하느라고 참았다.

달동네에 호롱불 아래 살 때는 농경문화시대일 때다. 지금은 산업화 시대를 지나 정보화 시대이다. 개인에 공급한 PC의 수가 세계에서 앞선 나라이다. 도시 시민에 공급하는 상수도도 전기와 같이 배관 도면의 현황이 일목요연하게 컴퓨터에 저장되어 있어, 한번 클릭하여 현황을 검색함으로 증설과 교체공사 없이 바로 연결하거나 추가공사 후 가설할 수 있는 것을 쉽게 알 수 있으면 훨씬 편리할 것이다.

필요한 현황을 컴퓨터에 정확 신속하게 수시 입력하고, 그것을 활용하는 기능이 향상되어야 할 것이다. 컴퓨터의 물량공급과 활용이 일반

화되었지만 그 관리 시스템system을 부단하게 연구 개선, 발전시킬 필요함을 조장행정의 민원에서 절실하게 느꼈다. 그것이 농경문화 시대의 병폐인 권위주의 관료의식이 정보화시대의 서비스 행정으로 바뀌는 지름길이라고 생각한다.

(2002. 9.)

지구의 남반부에서 보내는 편지

동우야!

할아버지는 지구의 남반부 뉴질랜드에 도착했다. 지구 남과 북의 중간지점인 적도를 넘어 뉴질랜드로 가다가 수평선 해돋이를 보았다. 저 멀리 끝없는 수평선이 점점 붉어지더니 영롱한 아침 해가 황홀한 빛을 발산하며 솟아올랐다. 해돋이를 바라보면 반짝 빛나는 섬광 한 줄기가 내 가슴으로 찾아든다. 우리나라에서는 일출광경을 보려고 동해안으로 갔는데, 지구상에 제일 먼저 솟는 해상 해돋이를 비행기에서 바라본 것은 참으로 영광이며 기쁘다.

호주 시드니에서 비행기를 갈아타고 1,600km를 날아가 뉴질랜드 북섬 넓은 자연 녹지의 전원도시 오클랜드에 도착했다. 대한민국은 무더운 여름을 지나 가을 맞을 채비를 하지만 이곳 뉴질랜드는 겨울을 지나 봄을 맞이하고 있다. 아담한 '보틀부쉬'란 붉고 화사한 꽃과 동백꽃지이 윤기 나는 잎에 싸여 아름다움을 자랑한다.

뉴질랜드는 우리보다 3시간 빠른 시차인데 내일부터는 4시간 시차가 난다. 이곳은 10월 1일부터 3월까지 서머타임summer time을 하기 때문이다. 뉴질랜드는 우리나라와 같이 4계절이 있으나 여름과 겨울, 봄과 가을이 반대로 찾아온다. 밤과 낮의 일교차가 많아 하루에 4계절이 있다고도 한다.

뉴질랜드는 호주 남동쪽 남태평양에 길게 남· 북 섬으로 이루어진 나라이다. 섬이라고 하지만 우리나라 대한민국 한반도의 영토보다 1.2배나 넓은 지역이다. 그러나 인구는 우리보다 훨씬 작은 380만이다.

원래 이 거대한 섬에는 큰 새와 공룡 따위가 서식하고 고사리과 식물이 무성한 무인도로 있었다. 탐험가 쿠페가 950년경에 발견하고, 1350년경 마오리족이 카누를 타고 태평양을 건너와 처음으로 사람이 살게 된 곳이라고 한다. 그래서 긴 카누가 유일한 역사 유물로 보관 전시되어 있다.

유럽에서 이 섬이 알게 된 것은 네덜란드 항해사 아벨 타즈먼Abel Tasman이 고대 전설로 알려진 남태평양에 있다는 '테라 아리우스탈리' 란 환상의 섬을 발견하기 위해 항해하다가 1642년에 처음으로 발견했다. 발견한 섬의 경치가 너무 아름다워 그의 고향 질랜드의 이름 앞에 새롭다는 의미인 뉴 자를 붙여 뉴질랜드New Zealand란 지명이 되었다고 한다.

그러나 이 섬을 점령하고 식민지화한 것은 네덜란드가 아니고 영국이다. 영국의 이는버러 호의 선장 제임스 쿡James Cook이 1769년 뉴질랜드의 남· 북 섬 해안을 6개월간 답사하고 뉴질랜드의 지도를 만들어 유럽에 소개하여 널리 알게 되었다.

원주민을 '마오리'족이라고 부르게 된 것은 쿡 선장이 '당신들은 누구요?' 하고 물었을 때, '보통사람이요!'라고 대답한 말이 원주민의 호칭이 되었다는 어원에 관한 재미있는 이야기가 있다.

이곳 뉴질랜드는 10%미만의 마오리 원주민과 대부분의 유럽계 백인과 약간의 아시아계 주민이 살고 있다. 언어는 영어와 마오리족의 말이 공통 사용되나 마오리는 말은 있으나 글이 없으므로 원주민의 문화유산을 남길 수 없었다. 그러므로 마오리족은 원시생활 모양만이 관광자원으로 남아 있다. 세계최대 유황온천지대 '로토루아'에 있는 마오리족의 민속 촌락에서 키아오라kiaora란 정답게 코를 맞대고 인사하는 원시생활 풍습의 민속극을 구경했다.

뉴질랜드는 1814년부터 영국의 교도소에 있던 사상범들을 보내 식민지로 개척하고, 호주는 형사범과 잡범들을 보내 개척한 곳이다. 그 후 신비의 섬을 알게 된 영국인들이 고래잡이, 바다표범 사냥, 울창한 원시림 카우리 나무의 벌채를 위하여 많이 와서 원주민과 분쟁이 발생하니 세상에서 가장 평화스러웠던 뉴질랜드가 가장 무질서하게 되었다.

영국인들과 원주민과의 분쟁이 자주 일어나니 1840년 2월 6일 와이탕기란 지역에서 일부의 마오리족장과 영국왕실의 대리인 간의 조약을 맺고 '통치권은 영국에서 가지며, 토지와 자원은 원주민 마오리족의 소유로 한다'는 조약을 맺었다. 또 '토지를 팔 때에는 영국정부에만 판다'라고 했으며, '마오리 사람들은 영국국민으로서의 권리를 인정 받는다'라고 되었다. 그리고 막강한 함대를 앞세운 영국의 무력시위로 500여 명의 마오리족장 대부분이 이 와이탕기 조약에 승인하게 되었다.

그 후, 마오리족의 반발로 많은 분쟁을 치른 다음 1907년 영국의 식량기지의 자치령으로 되었다가 1947년 자치국으로 독립해 현재는 영연방국가이다.

북섬은 비가 자주 오는 화산지대이므로 유황과 노천 온천 시설이 개발되어 있다. 남섬은 빙하침식작용에 의해 된 땅이라고 한다. 뉴질랜드는 지구상에 마지막 남은 태곳적 신비를 간직한 나라이다.

뉴질랜드는 지역에 따라 다양한 환경이나 국토의 4부의 3이 해발 200m 이상의 대평원이다. 남섬에 있는 서던알프스산맥은 해발 3,000m 이상의 산봉우리가 16개나 있으며, 많은 빙하를 가지고 있다. 제일 높은 '마운트 쿡' 산은 해발 3,764m로 만년설로 덮여 있고 국립공원으로 지정되었으며 비행기로 그 만년설을 관광자원으로 활용하고 있다. 또 빙하에서 흘러내린 담수호가 여러 곳에 있다.

식량기지로 출발한 뉴질랜드는 목축의 나라이다. 원래의 재래 동물은 없고 사육하기 위해 외국에서 들여와 기르는 양과 소, 말, 사슴, 아주 추운 곳에 사는 알카파 등이 중요한 축산물이나, 기르는 축사가 없다. 넓은 방목지에서 풀을 뜯어 먹다가 그냥 뜰에서 잔다. 예를 들면 작은 양 한 마리 사육면적 120평이라고 한다. 농장의 면적을 알면 바로 몇 마리의 양을 기르는지 계산이 나온다. 목장은 밖으로 경계를 정한 울타리를 치고 12등분 하여 순회하면서 풀을 뜯어 먹게 하고 있다. 자연 초식만을 먹여 사육하기 때문에 뉴질랜드의 소는 광우병이 없다고 자랑한다.

와이탕기Waitangi조약을 맺어 영국이 뉴질랜드를 식민지화한 것을 들으며 을사보호조약으로 일본에게 나라를 빼앗겼던 우리 역사를 생각하였다.

와이탕기조약은 영어와 마오리어로 되었다. 말은 있고 글이 없는 마오리족의 와이탕기조약은 다양한 해석으로 많은 분쟁이 있었다고 한다. 우리나라는 일찍이 세종대왕께서 한글을 창제하셔서 모든 백성이 한글을 쉽게 사용할 수 있음에 다시 새삼 감사하였나.

농우야!

세종대왕이 한글을 창제하실 때의 제목에 깊은 뜻을 가지고 있다. 훈민정음은 선생님에게 들어서 알고 있지! 그런데 왜, 백성에 바른 말과 발음을 가르치는 글이면 당연하게 훈민정문訓民正文으로 하지 않고 훈민정음訓民正音이라고 했을까.

세종대왕 당시 나라의 공문서와 상류사회에는 공통 글이 한문漢文이 있었다. 그런 상황에서 백성들이 사용하는 말은 있으나 글이 없으므로 말에 맞은 글을 만들어 백성에 가르치려 했다면 당연하게 '훈민정문' 이어야 한다. 그러나 '정문'正文이란 용어를 사용했을 때, 우리나라를 자기들의 속국정도로 알고 있던 중국대륙의 명나라가 여러 가지의 시비를 해왔을 것이다. 말이 있고 글이 있으면 고유한 문화가 생기고 자기들의 영향력에서 벗어나려 한다고 생각해 어떤 감내하기 힘든 협박이나 조치를 하지 않았겠니? 그래서 세종대왕은 중국대륙의 압력을 현명하게 피하며, 백성들에게 쉽고 바른 글을 가르치려고 만든 글이나 '훈민정문'이란 용어를 피해 바른 발음이란 '훈민정음'이라고 제목을 붙였다고 생각된다.

한 세기 이상 영국의 식민지로 되었다가 영연방 국가가 된 뉴질랜드는 모든 것을 백인들이 차지한 치욕적인 식민지의 역사를 가지고 있으나, 우리는 8·15광복 후 독립국가로 세워 UN에서 한반도의 유일하고 합법적인 국가라고 공인을 받을 수 있었다.

대한민국은 세종대왕 때 만드신 과학적인 한글과 말이 있음이 뉴질랜드를 여행 중에 새삼 자랑스럽게 생각한다.

(2005. 10.)

내 가슴에 전화번호부를

법적으로 나의 신분이 달라진 지 일주일이 되었다. 97년말까지 공무원 신분으로 있었고 퇴임 전 6개월간 사회적응기간으로 대기 상태로 있다가 12월 27일 정년퇴임했다.

진정한 사회인이 되려면 버스를 타는 습성을 들여야 한다는 선배의 말에 참뜻을 깨우치려고 정년 대기발령 받은 직후부터 가급적 버스를 탔다. 처음 시내버스를 탈 적에는 정확한 요금도 몰랐다. 남을 따라 타며 천원 권을 수금통에 넣었다. 운전자가 키를 눌러 잔액이 주화로 환전되어 나오는 것을 받아 좌석에 앉으며, 진정 시민의 대열에 끼게 된 것을 느꼈다. 버스를 타고 놀란 것은 활동할 수 있는 남자 승객이 없다는 점이다. 시장에 다녀오는 아주머니와 등하교하는 남녀 학생뿐이다.

연말 정년퇴임식을 간단히 했다. 현직에 근무할 때 인사이동으로 떠난다는 인사는 전별금 얻으려고 다니는 듯하므로 방문 인사를 한 적이 없다. 조직 관리를 위하여 수사관계로 법률상 상급기관에 해당하는 검찰과 법원만 떠난다고 인사했다. 바람직한 풍습이 아닌데도, 너도나도 퇴임한다는 편지로 초청하는 풍습을 역겹게 생각했다. 퇴임식에 참석하겠다는 지인에게는 극구 사양했다. 춘천에 있는 자녀만 참석하도록 하고, 학연 있는 친구 세 분에게만 퇴임 일시를 알린 후 가족만이 참석하여 공직생활의 마지막을 마무리했다.

퇴임 후 무인년(1998) 정초 새해 인사는 홀가분하게 전화로 몇 곳만 했다. 정선군 임계면 가목리에서 전통식품 된장공장을 하시는 돈연 스님에게 새해 안부전화를 했다. 먼저 연결된 첼로니스트 도 여사가 반갑게 인사하며, 퇴직 후에 어떻게 지내느냐는 안부의 여운을 남기며, 돈연 스님에게 전화를 넘겼다. 스님의 음정도 정이 담긴 안부였다. 이어서 어디 있느냐는 물음에 강릉에 있다고 답변하니 스님은 내일 강릉에 올 일이 있다며 약속장소를 말하시므로 응했다.

약속한 1월 8일은 대설주의보가 발령된 악천후임에도 은색의 백두대간 백봉령을 넘어 약속장소로 스님은 프라이드 승용차를 운전하고 오셨다. 한국사람 필수품 먹거리인 된장도 IMF의 영향으로 아직 20%는 판매하지 못했다고 한다. 국수로 점심을 한 후, 안목安木 나의 거처까지 태워주셨다. 차분한 정을 나의 가슴에 새겨두고, 손수 만든 된장과 간장이 든 선물 상자를 남겨 놓고, 대설경보 속에 삽당령을 넘어 가셨다.

영 넘어 가목리柯木里 입구에서 앞 차가 눈에 빠져 상당시간 지체되어 평소 한 시간거리를 서너 시간도 더 걸린 듯하다. 스님은 강릉에 특별한 볼일이 있어 오신 것도 아니었다. 새해 안부전화를 받고, 멀고 험한 영嶺을 넘어 정과 혼을 담아 만든 된장까지 가지고 왔다가신 것이다.

스님은 송광사에 승적을 두시었던 분이다. 도 여사와는 전생부터 맺은 인연으로 정선군 임계면 가목리에 정착하여 된장공장을 하시는 기인이다. 돈연頓然이란 법명과 같이 갑작스러운 변신을 하신 분이시다.

스님과의 만남은 공직 생활 중에 업무로 인하여서이다. 정선군 임계면 반천리에 8·15 해방 후에 순직한 분의 위령탑을 건립하는 과정에서 탑신의 위치를 확정하는 일에 그의 고견을 들었다.

나의 아버지 산소가 가목리에 있어, 묘소에 오가는 길에 방문하다가 더욱 가깝게 되었다. 스님은 산을 오르는 중 어느 묘墓의 작은 비석에 '동강 ○○○부부 가목 선지에 정좌하시다'로 되어 있는 단 한 줄의 비문과 '정좌靜坐'란 용어를 보시고 불교 신자로 생각하였다며, 그 묘의 자손을 알게 된 것을 인연으로 말하셨다.

한 번 만난 사이가 두 번 이상 지속되는 것도 특별한 인연이 있어야 한다. 많은 기간 공직 생활 중에 만나는 사람은 민원인이 대부분이다. 특히 상대성이 있는 경찰민원은 사리대로 처리하여도 '시비와 불만'의 민원일 때에는 저 담당자는 상대편에 서서 나에게 손해를 주지 않나? 하는 의구심의 눈초리를 느낄 수 있다. 그러나 포근한 마음으로 격의 없이 만남은 인생의 향기이다.

공직에서 퇴직한 분은 과거의 전화번호부를 버리고, 새로 형성 된 인간관계로 전화번호부를 다시 작성하여야만 진정한 시민이 된다는 말이 있다. 과거 직무 수행 중에 만난 사람들 중에는 정다운 면과 의리 있는 분이 있고, 퇴직 후 나의 뇌리에 남아 있는 분도 많다. 그러나 그 분들은 내가 공직에 있었을 때의 일로 옆을 스친 관계자일 뿐이다. 사회의 신입생이 되려는 나는 새로운 인연의 전화번호부를 작성하여야 한다.

폭설에도 백두대간의 험한 영을 넘어 왔다가신 돈연 스님을 마음의 전화번호에 새겨 두리라.

(1998. 1.)

아직까지 못 봐 원통해 하는 인제

인제는 삼국시대에 고구려와 신라로 통치권이 변한 변방지역이었다. 세월이 흘러 20세기에도 38선이란 이념의 장벽이 만든 군사분계선으로 첨예한 남북의 경계지점이었다.

광복 직후 인제군 인민위원장(군수)에 방앗간 종업원을 앉혀놓고 꼭두각시로 이용하며 공산주의가 실시되던 곳이고, 같은 군의 기린면과 신남면은 38선 이남으로 한때 홍천군에 편입되어 대한민국의 영역으로 자유민주주의가 시험되던 곳이다.

내가 기린이란 지명을 알게 된 것은 민족의 비극인 6·25동란 기간이다. 당시 주소를 가급적 한문으로 쓸 때이다. 자라던 4촌 남동생이 혼란 중에 발병해 치료도 못하고 저세상으로 간 후, 삼촌의 안부편지 주소는 왜 그렇게도 어려운 획수 많은 인제군麟蹄郡 기린면麒麟面 현리縣里 서울영림서營林署 기린관리소麒麟管理所였다.

해방 직후 대한민국에는 국유림을 관리하는 기관은 서울영림서와 강릉영림서 둘만이 있었다. 삼촌은 왜정시대 양구의 국유림 보호구 소장을 하시다가 38선이 생겨 남북이 분단되니 가족을 데리고 겨우 38선을 넘어와 가까운기린 관리소의 국유림을 관리하는 책임을 수행하다가 6·25 동란을 맞았다.

고등학생시절 방학 때 삼촌댁을 방문했다가 영림서에서 실시하는 해발 1,444m의 방태산 국유림 임목실태조사를 하는 일원으로 참여했다. 제일 젊은 심부름꾼으로 서 있는 나무의 가슴 높이의 직경(흉고직경)에 자를 대어 몇 치라고 불러주는 일을 했다. 처음은 흉고직경의 나무 크기를 자를 대고 눈금을 보고 몇 치라고 불렀으나 두세 시간을 경과하니 나도 보고 얼마인지 짐작한 치수가 실측한 수치와 같을 정도로 숙달되었다.

이렇게 하루 일을 하고 하산하니 산밑 집에 옥수수와 토종닭을 삼고 차좁쌀 밥이 기다렸다. 농주를 마시며, 이어진 전란을 겪은 이야기는 듣는 모든 이의 가슴을 조이게 했다.

38선은 일본군 무장해제를 위한 미군과 소련군의 경계가 민족의 분단 경계선이 되고, 미군을 주요 국도만을 경계할 때 경찰이 그들을 보좌해 경계경비를 했다.

인제경찰서는 제11구 경찰서란 호칭으로 1946년 삼팔선 경비경찰서로 신설되어 홍천군 두촌면 자은리에 두었다. 대한민국 수립 후 48년 미군이 철수함으로 경찰이 전담해 38선을 경비했다. 인제관내의 38선 경비지서는 상수내지서上水內支署, 신남지서新南支署, 정지지서亭了支署, 원대지서院垈支署, 하답출장소下畓出張所, 기린지서麒麟支署, 방동지서芳東支署가 있었다. 군은 국방경비대를 거쳐 국군으로 창설된 후 1949년 9월 1일부터 38선 경비를 전담했다고 한다

또 국군장교로 있던 표 소령이 월북한 지점이 기린이란 이야기도 들었고, 6·25당시 10월 1일 북진한 국군이 중공군 참전으로 1·4후퇴할 때 이야기다. 기린에 일시 주둔했던 국군 일개 군단이 남쪽 상남으로 연하는 좁은 길, 트럭이 가려면 갈 지之 자 커브에서 후진했다가 다시 앞으로 겨우 나갈 수밖에 없는 오미재가 적에게 차단, 포위되었으므로 방동계곡으로 빠져 홍천군 내면 쪽으로 후퇴하던 이야기는 손에 땀을

쥐게 했다.

인민군의 소총 소리는 실탄 뒤쪽이 패여 있어 특이하게 '땅콩' 하는 소리가 났다. 포위망을 벗어나려고 방태산계곡으로 하여 후퇴할 때, 장병에 들리는 땅콩 땅콩 총소리는 숨이 멎게 하는 위협의 함성이었다. 철모와 옷에 계급장을 떼려는 병졸이 많았다. 장교도 같았다. 그때 군단참모로 있던 이○○ 대령이 '후퇴할 때 기강이 서지 않으면 전진할 수 없다. 계급장을 뗀 자는 즉결처분한다'고 호통을 치니 다시 계급장을 붙이더라는 말은 듣는 나의 가슴이 뭉클했다.

6·25동란 휴전 직후, 군에 보낸 자식이 인제 지방에 복무하면 '인제, 원통'이란 지명이 있어 '인제 가면 언제 오니 원통해서— '의 서운함과 애절함을 표현하는 말도 한때 있었다.

그러나 상서로움을 상징하는 기린麒麟이란 지명이 있다. 그리고 내설악의 아름답고 수려한 자연 경관, 장수대와 한계령의 웅장한 기암괴석의 준령, 한용운 선사가 머무르던 백담사는 한번 본 나그네는 꼭 다시 찾는 곳이 되었다.

단풍이 곱게 든 계절에 백담사와 오세암 마등령을 거쳐 해발 1,708m의 대청봉에 올라 만산천하를 굽어보았는가. 옛날 신선들만 노닐던 곳으로 생각할 만한 단풍든 내설악 비경을 아직(인제)까지 보지 못하였으면 정말로 원통해야 할 일이다.

나는 이렇게 수필을 작성한다

나는 처음 입학한 초등학교에서 우리글과 말을 배우지 못했습니다. 쉬운 우리말을 사용하다 적발되면 훈육점수가 감점 누적되어 진학 못 하고, 낙제시킨다며, 어린 아동들에 협박하던 일본 식민지 시대였습니다. 초등학교 3학 때 광복이 되어 한글을 처음 알게 되었으며, 맞춤법이 수시로 변하는 중학교 2학년 때 6·25동란이 발생하여 체계적인 글을 배웠다기보다는 학년을 단계적으로 거친 초, 중등시절을 보낸 저는 항상 한글 맞춤법이 어설프고 생소하게 느껴집니다. 그래서 문명의 이기인 컴퓨터가 나의 글쓰기를 도와주고 있습니다.

사람을 보다 잘 살게 하는 것이 적극행정의 분야라면, 서정적인 삶을 글로 표현해 감동을 주며 보다 인생을 아름답게 꾸미는 것이 문학의 분야일 것입니다. 그러나 저는 문학과는 거리가 먼, 사람들이 불안하지 않게 살도록, 편안한 삶에 닥치는 다급한 장애를 제거하는 소극행정 분야에서 평생을 봉직했습니다.

그런 소극행정 분야의 여정에서 이런 것은 좀 특이하여 기록해 남기고 싶다고 메모해 두었던 것이 한국수필과 인연을 갖게 되었습니다.

막상 수필 세계에 다가서 보니 대단히 어렵고 힘든 분야임을 새롭게 느꼈습니다. 수필을 쓴다는 것은 시간이 갈수록 더욱 더 힘들다고 생각하고 있습니다.

저는 어떤 소재가 생각나면 관련된 여러 가지 사안을 이곳저곳에서 찾아 허구가 아닌 진실된 사실만을 정리하고 기록해 두었다가, 쓰고 싶은 생각을 억제할 수 없을 때 작성합니다. 초안을 얼마 후 다시 읽어 보아 치졸한 문안으로 느껴지면 몇 번이고 다시 손질합니다. 고뇌하고 쓴 글이라도 다시 보았을 때 맛이 없으면 여지없이 삭제하고 수정합니다.

옛 선비는 글자 한 자 고치는데 '퇴'자로 할까 '고'자로 할까 하여 퇴고推敲란 단어를 후세에 남겼습니다만, 한 자를 고치는 것보다 한 문장 단락을 온통 바꾸는 것이 다반사입니다. 철학하는 어느 대 선배님이 발표한 것을 보면 단번에 한 편의 수필을 쓴다는 것을 보았습니다만 저는 초안을 잡고 수정과 재수정을 수없이 합니다.

수필은 심적 나상裸像의 학문으로 고정적인 형식이 없는 서정성의 산문이나 다 나름대로의 틀이 있으며, 서두 프롤로그prologue와 말미에 필로그epilogue를 더 잘 맺어야한다고 합니다. 그래서 서정적인 수필의 원로 피천득 선생의 「인연」을 위시해 서정범 교수의 수필 등을 읽고 나의 습작한 글과의 차이점이 무엇인가 비교도 해 보았습니다.

잘된 수필은 서두의 출발이 간결하며 자연스럽고, 마지막의 말맺음에 여운을 풍기고 있습니다만, 문장은 억지로 되지 않은 것 같습니다.

나는 글을 써 놓고 며칠 지나 다시 보면서 서두와 말미 뿐 아니라 문안 전체가 너무 길다고 생각되면, 지루하지 않게 특별한 소재가 아니면 가급적 짧게 쓰려고 합니다. 또 문안 전체의 흐름이 서두에서 부드럽게 이어가서 말미를 위한 준비와 매듭이 자연스러운가를 즉 기승전결起承轉結의 형태가 되었나 보기도 합니다.

또 체험하고 느낀 점에 내재한 의미가 있는가, 정서적인 표현이 감각적으로 추구되었나 보지만 저는 감동적인 소재보다 이성에 호소를 하는 소재를 자주 접하게 됩니다. 결국 지나온 내 삶의 한계를 벗어나지 못하고 있습니다. 그러므로 처음으로 낸 수필집의 제목이 『순라꾼의 넋두리』로 그 내용도 제목의 범주를 벗어나지 못했습니다.

수필은 남이 보고 감동해야 하는 장르일 것입니다. 또 독자도 있어야 합니다. 글은 자기 수준대로 쓰고, 남의 글은 독자의 수준대로 읽는다고 하더라도 가급적 쉽게 부드럽게 쓰려고 합니다. 그래서 쉬운 단어를 사용하려고 노력합니다. 또 자기의 고뇌하고 함축한 단어를 사용하지만 전통적인 용어를 굳이 기피하지는 않습니다. 한문권 생활이 오래되어 우리의 사용하는 단어 중에는 한자에서 온 것이 대단히 많으므로 같은 발음으로 혼란하기 쉬운 것이나 빨리 이해하기 위해 한자漢字를 병기하는 것도 나쁘지 않다고 생각합니다.

통제위주의 생활에서 민주화사회로 발전하는 과정 80년대 초, 야간통행금지와 영업시간을 해제하는 과정에 규제 환경에서 벗어난 젊은 청소년의 방종이 현실적으로 나타났습니다. 그 탈선을 우려해, 환경의 변화에서 오는 해독과 경각심을 제고 호소하고 싶은 생각이 들었습니다. 모든 사람들이 내일의 재충전을 위해 쉬어야 하는 밤에 젊은 층의 소란을 보면서 저의 첫 작품 「밤에는 쉬어야 한다」를 쓰게 되었습니다. 서두는 '해가지면 밤이 온다. 밤은 어둡고 고요하다'로 시작했습니다. 또 제일 말미에는 '밤 야夜 자에는 쉰休다는 뜻이 포함된 섭리를 새기면서, 청소년 보호 환경의 규제와 해제의 묘를 살려야하겠다. 밤에는 일찍 쉬어야 한다'로 마쳤습니다.

농경문화시대의 목가적인 사회 환경이 산업화 시대를 거쳐 고부가 가치의 정보화시대가 되었고, 세계화 시대 개성個性시대의 현대 수필은 전통적인 껍질을 벗고 보다 다양하게 변하고 발전해야 한다는 생각에서 율문도 삽입하여 작성해 봅니다.

수필은 현대문학의 총화를 이룬 가장 깊이 있는 분야이므로 훌륭한 수필을 읽고 생각하고 또 써 봅니다만, 친근한 단어로 감동을 남기는 글을 쓰는 것은 대단히 힘들다고 항상 자괴합니다.

III.

동북공정 속에 백두산을 오르다

탐라국 기행
동북공정 속에 백두산을 오르다
한중 우의 공원에서 광복절 행사
장가계 관광을 하면서
황취량
단일민족을 외친 곳을 여행하며
의인의 고장 홍주
응봉산 등반

탐라국 기행

난대暖帶지방의 초목과 자연경관을 주마간산 격으로 본 제주도를 10년 만에 친목회 우암회원友嵒會員과 같이 다시 찾았다.

제주도의 옛 이름은 탐라국耽羅國이다. 개국신화는 고· 부· 량高· 夫· 良 세 기인이 삼성혈 구멍에서 나와 수렵생활 중에 벽랑국碧浪國 세 공주가 곡식의 씨앗과 망아지와 송아지를 가지고 와서 결혼하고, 활을 쏘아 화살 도착 지점을 근거지로 세 부부는 지역을 나누어 평화로운 낙원에 살았다고 한다. 초대 고을나高乙那 왕의 개국은 기원전 2300여 년이나 되어 고조선의 단군개국과 같은 시기에 수립되었다는 아름다운 내용이다.

탁라托羅라는 호칭도 있다. 신라의 선덕여왕 때 불력에 의해 주변국들을 다스리기 위해 황룡사皇龍寺 9층탑을 세웠다. 삼국유사에 의하면 그 탑은 각 층마다 염원하는 대상이 있다. 1층은 왜倭 지금의 일본이고, 이층은 중국의 진秦, 삼층은 오吳와 월越, 4층은 탁라托羅로 지금의 제주도다. (5층은 응유鷹遊, 6층은 말갈靺鞨 , 7층은 단국丹國, 8층은 여진女眞, 9층은 예맥濊貊이라고 한다.) 그러므로 탁라는 탐라를 칭하는 것으로 신라를 위협하는 네 번째의 국가이었음을 알 수 있다.

중국의 오랜 역사서인 진晉나라의 진수가 편찬한 삼국지 위지 동이

전에 마한馬韓의 서쪽 바다에 큰 섬이 있는데 주호州胡라고 하며, 가죽 옷을 입고 소와 돼지를 기르고, 바다를 오가며 장사를 한다고 기록되었으므로 탐라국은 주변 나라들과 해상 무역을 오래 전부터 하였음을 알 수 있다. 그러므로 1928년 8월 제주항 방파제 공사 중에 한나라 때의 화폐 화천貨泉과 오수전五銖錢, 동검銅劍, 돌칼 등이 출토되고, 69년 12월 제주시 일산동 민가에서 정원을 정리하다가 다량의 오수전이 출토되어 이를 입증한다.

탐라국은 백제에 예속되었다가 백제가 망하고 난 후, 신라에 복속되었다. 탐라국의 시조 고을나의 15대손 고후高厚 고청高淸 곤제昆第 등이 배를 타고 신라에 입조했을 때에 신라 왕은 고후에게는 벌주 고청에게는 왕자 곤제에게는 도내라고 준 호칭은 조선조 1400년대까지 그 맥이 이어졌다고 하니 바다 가운데 있는 탁라의 특수성이 감안되었다.

고려가 통일 후에는 복속을 거부하므로 고려는 군사를 내어 공략하니 탐라국 국왕 고자견이 938년 왕자 말로를 고려국에 입조시켜 고려의 속국이 되고, 국왕과 왕자에게는 성주 왕자의 작위를 유지하도록 했다가 1105년에 이르러 고려 숙종 10년에 탐라국호를 폐지하고 탐라군으로 격하하고, 민정을 직장했다고 한다.

제주도 97번 도로에 연한 성읍 민속마을에 안내하는 중년 여인은 민속 마을 초가집에 굴뚝이 없는 것을 강조한다. 삼별초三別抄가 끈질기게 몽고군에 저항할 때, 연기가 솟으면 사람 있는 곳을 알고 몽고군이 찾아오므로 연기가 땅으로 흩어져 사라지도록 굴뚝 없이 밥을 지어야 했고, 몽고군이 나타나면 유일한 살림 도구인 무쇠 솥을 지고 도망갔다는 조상의 생활상을 설명한다. 얕은 초가집은 바람에 견디기 위함이요. 좁은 방에서 옆 사람의 체온으로 추운 겨울을 감내해야 했던, 민초들의 고된 삶을 느끼게 한다.

탐라국 개국신화에 망아지 송아지가 나와서인가, 사람이 나면 서울로 보내고, 마소는 제주도로 보내야 한다는 우리의 속담이 있다. 삼별초 저항을 진압 후 원나라는 옛 국호를 부활시켜 탐라국으로 부르며, 1275년부터 20년간 원나라의 군마 사육 직영지로 사용되었다가, 1295년에 다시 고려에 복속되었다. 약 100년간의 몽고의 직간접 지배를 받고 1367년에야 완전하게 고려국에 되돌아오게 되었다고 한다. 그래서인가 지금의 제주 관광코스에는 승마체험이 있으며, 말고기가 관광 상품이고, 말뼛가루도 민속마을에서 선전하는 건강식품이다.

험난한 뱃길로만 갈 수 있는 제주도는 안전을 위주로 한 유교문화권의 조선조에서는 정치범 유배지로 전락했다. 옛부터 근대까지 제주에는 200여 명이 왕권옹립의 과정에 죄인으로 전락한 선비들이 유배되었으며, 1689년에는 83살의 우암尤庵 송시열宋時烈옹도 유배된 적이 있다. 또 동양의 서성인 추사 김정희는 1840년부터 1848년까지 8년간 제주 대정현(지금의 대정읍)에서 귀양살이를 했다. 근세에는 한말 최고의 선비 최익현 선생과 박영효도 유배생활을 했다. 그 과정에 선비들에 의해 많은 시서화문詩書畵文을 남겼다.

성리학자 동계桐溪 정온鄭蘊은 인목대비 폐비론으로 1614년부터 10년간 제주에서 유배생활을 했으며, 「매화가지 꺾어 병에 꽂고」란 한시를 의역한 것이 유배생활의 심정을 잘 표현했으므로 여기에 옮겨 본다.

매화야, 가지 꺾였다고 상심하지 말라
나도 흘러흘러 바다를 건너왔다
깨끗한 건 예로부터 꺾인 일 많았으니
고운 향기 거두어 이끼 속에 감춰두리.

동계 정온과 200년의 시차를 두고 추사 김정희 선생이 유배되었던 곳에 유배문화관이 2010년까지 설립된다니 한恨의 문화도 승화되고 있다.

제주의 삼다는 풍다風多, 석다石多, 여다女多이다. 바람과 돌이 많다는 것은 자연적 조건이다. 그러데 왜 여다인가. 해산물을 잡아 육지로 옮겨 팔고 생활필수품인 소금과 일반 면사품 등을 교환해야 했기 때문에 풍랑 중에 바다에서 죽는 남자가 많아, 여다가 되었다는 것은 자연조건을 극복하는 과정의 가혹한 시련이었다.

일제 강점기의 멍든 상처도 곳곳에 있다. 2차 대전의 패색이 짙을 때, 미군의 일본 본토상륙을 저지하기 위해 일본 군부는 제주도의 전해안의 암반에 수없는 동굴을 뚫었다. 또, 내륙에도 월남 베트콩의 지하요새를 능가하는 미로 같은 동굴을 팠다. 제주시 한경면 청수리에 위치한 가마오름 산록에도 주둔군 지휘소를 포함한 전쟁용 지하 동굴을 팠다. 근래 지하 동굴 일부를 복원하여 식민지 백성들이 참혹한 환경에서 굴을 파야만 했던 그때의 참상을 느끼게 하는 평화박물관이 건립되어 처절했던 상황을 후세에 전하고 있다.

8 · 15광복 후에도 제주도는 한을 남긴 곳이다. 선량한 백성을 이념으로 오염시켜 이용하려는 과정에서 제주 4 · 3사태가 있었다. 대한민국의 수립을 위한 5 · 10선거를 무력으로 방해하기 위해 남로당 무장세력은 48년 4월 3일 치안을 담당한 모든 경찰지서를 일제히 공격하여 경찰을 실싱힘으로써 발생한 4 · 3 사태는 원인과 과정에 물리고 물린 구실과 이유가 수없이 있다. 그 과정에 이념이 무엇인도 모르는 백성의 허무한 죽음도 수없이 있었을 것이다. 세월이 흘러 사태의 진상을 규명하는 법률이 생겨 억울한 원혼을 달래주는 것은 잘 하는 일이다. 그러나 전통을 이어갈 법치국가에서 폭도와 진압군경을 같은 수준에 두고 평가 한 것은 또 하나의 한을 남긴 불씨가 아니길 바랄 뿐이다.

지금의 제주도는 자연 조건을 가장 효율적으로 발휘해 국제 관광지로 발돋움하기 위해 특별 자치도가 되었다. 그래서인가, 10년 만에 다시 찾은 제주도는 즐기며 관광할 자연경관을 활용한 시설이 괄목하게 즐비하다.

마지막으로 공항에 가까운 탐라국 시원의 개국신화가 서린 삼성혈을 구경하고, 자랑하는 제주의 신선한 회를 맛보고 돌아왔다. 돌아와 회원의 여비를 계산하니 마지막 날 계산이 맞지 않는다. 혹여 하고 M식당에 전화로 자기앞수표의 잔액을 물으니 친절하게 사실을 알려주며, 계좌이체로 잔액을 송금해 주었다.

탐라 관광은 역사와 자연과 사람의 만남이다. 특별자치도의 주인인 관광 업소에서는 잔액의 기억 없는 손님에까지 친절을 베풀어 주신다. 한恨의 문화도 승화한다. 탐라 개국신화에 제주특별자치도의 발전을 암시하고 있다. 벽랑국 공주와 같은 관광객이 찾아오고, 나락의 씨앗인 소득과 이익도 생기고, 삶의 터전을 다툼 없이 활을 쏘아 정한 것같이 골고루 펼쳐 있는 아름다운 자연은 하루가 새롭게 관광의 낙원이 되어가고 있다.

(2007. 3.)

동북공정 속에 백두산을 오르다

한반도에서 태어난 분 은 누구나 백두산을 한번 오르기 원한다. 그 백두산을 백의민족이 살고 있는 우리 땅에서 오르지 못하고, 중국 연변 쪽에서 오른다. 백두산白頭山을 중국인들은 장백산長白山이라고 부른다.

중국말을 하는 관광객도 많다. 과거 백두산 관광객은 주로 한국인으로 되었으나, 근래에는 중국 관광객이 늘어 전체 관광객의 2~30%에 지나지 않는다고 한다. 백두산의 관광을 위해 셔틀버스 운행 구간을 지나, 산악으로 오르는 삷차 운행구간은 차량에 의해 중국 쪽 천문봉天文峰 턱밑까지 올랐다. 바라보이는 정상을 누구나 오를 수 있도록 했다. 단화를 신고 가도 충분하게 오를 수 있도록 도로가 개설이 되었다. 민족의 영신 백두산이 훼손되었다고 순간적으로 떠오르는 생각을 지울 수 없다.

중국 당국은 백두산에 이르는 곳에 크게 '천수운봉 중화명산'天水雲峰 中華名山이라고 계시하여 동북공정으로 동북 삼성의 역사를 중국화하려는 그들의 마음을 짐작하게 한다.

빗날이 떨어지더니 천지는 거치른 안개 속에 잠겨 신비롭게 보이나, 주변 산봉우리는 구름에 숨겨졌다. 20억 톤의 물이 저장되어 있는 천지天池 건너 장군봉將軍峰을 멀리 구름 속을 더듬을밖에 없다.

대한제국이 외교권을 상실했을 때 1909년 9월 4일 일본과 청나라가 간도협약을 맺어 우리 동포가 살고 있는 간도를 중국의 영토로 인정하고, 일본은 만주에서 철도와 광산의 이권을 보장 받으므로 우리 백성이 살고 있던 간도가 중국 땅이 되었다. 그리고 6·25때 중공군의 참전으로 정권을 유지하려는 북쪽이 저들의 요구에 응할 수밖에 없어 1962년 김일성과 주은래가 변경조약을 맺어 압록강과 두만강을 국경으로 정해 간도협약을 추인한 꼴이 되었다. 백두산정계비에 동위압록東爲鴨綠 서위토문西爲土門이란 역사적 기록을 거론도 못했겠지.

백두산 정상에서 내려와 중식을 하고, 송하강의松花江 원류 68m의 낙차로 장대함을 자랑하는 장백폭포의 물줄기를 옆으로 끼고 올라 콘크리트로 만든 달문 계단을 통해 다시 천지로 향했다. 고희를 넘은 나이에도 천지 물을 볼 수 있다는 희망으로 오르고 또 올라 드디어 장백폭포 위에 광활하게 자리한 산 정상의 큰 호수에 이르렀다. 오전 천문봉에서 천지를 내려다 볼 수밖에 없었으나, 천지에 손을 담그고 구름에서 나온 주변 봉우리를 전부 두루 볼 수 있었다. 우리의 땅 백두산의 제일 높은 2,750m의 장군봉(과거에는 2,744m라고 했으나 현재 다시 실측하니5m 더 높다고 한다)이 선명하게 마주 보인다.

백두산의 기후 변화는 예측할 수 없다고 하더니, 언제 구름이 왔는지 소낙비가 쏟아진다. 잔잔한 천지 수면에 떨어지는 빗줄기는 중국을 거쳐 천지에 오를 수밖에 없는 한국관광객의 마음의 눈물인가? 그 비도 잠깐이고, 따사로운 햇볕을 쬐어 준다. 항일 전적지 탐사 지원단의 성악가 임 박사는 영봉에서 맞은 순간적 감정의 발로로 애국가를 우렁차게 불렀다. 노래가 끝나니 모든 관광객이 박수로 감사를 표했다. 중국의 공안원도 감동적인 우렁찬 노래에 박수로 답한다.

백두산에 한 번 와 천지와 주변 산봉우리를 다 보는 분은 복 받은 분이란 말이 있다. 우리는 빗낱이 휘날리는 날에 와서 안개 거치는 신비한 천지, 구름에 잠긴 주변 산봉우리, 구름 속에서 나온 웅장한 장군봉, 비 맞는 천지, 비온 후 햇볕을 비치는 잔잔한 천지를 하루에 다 보고, 우렁찬 애국가를 천지에서 들었다.

서기 어린 천지 물은 온 누리의 생명수
백두의 높은 위용 홍익인간 펼칠 기상
단군 역사 스며있는 드높은 불함백산不咸白山
압록 도문 물길 따라 이룩한 삶의 터전

백두에서 뻗은 대간大幹 한라에서 뭉쳤으니
삼천리 근역에는 어딜 가나 금수강산
단군 역사 스며있는 드높은 불함백산
압록 도문 물길 따라 이룩한 삶의 터전

혈연으로 얽힌 백성 수만 년을 이었도다
쉬운 글과 편한 말은 세계의 으뜸 문화
단군 역사 스며 있는 드높은 불함백산
압록 도문 물길 따라 이룩한 삶은 터전

이라고 혼자 웅얼거려본다

우리 땅에서 난 사람을 누구나 천하의 명산 금강산과 민족의 발상지 백두산, 남쪽에 우뚝 솟은 한라산을 골고루 다녀보고 싶어 한다. 그 백두산을 중국의 영토를 거쳐 가야만 하는가. 평범한 대한민국 백성이 같은 땅 한반도 내에서 오르지 못하는 것도 기득권을 영원하게 지키려는 자들이 동족과 백성에 봉사하기보다 통제만 생각하는 술수 때문이 아닌가.

고조선, 고구려, 발해시대에는 백두산을 중심으로 남북이 다 우리의 조상들이 살던 곳이다. 중국은 동북공정 운운하며, 백두산 주변도 자기들의 지방 정권이 있었다는 식의 발상으로 역사와 영토를 욕심내는 것은 가히 가관이다.

티베트를 점령해 자기들의 영토로 확장한 저들은 백두산마저 저들의 산이라고 할 것인가. 중공에 감사해 백두산 영봉 일부도 중국에 할애한 정권을 이은 자들이 과연 민족 영산의 자연을 지킬 능력이 있는가. 안타까운 마음 지울 수 없는 것이 산정 가까이까지 차도를 낸 장백산이라고 부르는 백두산 북녘을 다녀 온 자의 부질없는 안타까움이다.

욕심의 화신 인간들아, 더 이상 불함백산 백두산을 훼손하지 말라!

불함백산, 백두산이여 영원하시라!

(2006. 8.)

한중 우의공원에서 광복절 행사

61주년 8·15광복절 기념행사를 독립군 전적지에서 했다. 중국 흑룡강성黑龍江省 해림시海林市 해랑로海浪路 철남가鐵南街에 있는 김좌진 장군을 기리는 한중 우의공원에서 태극기를 게양하고 거행했다. 독립군의 대한 추모의 말씀 이후에 행사 마지막 만세 삼창은 광복아카데미 회원의 심장에서 흘러나는 열기로 외쳤다.

그리고 우리 정부의 지원으로 설립된 김좌진 장군을 기리는 기념관의 여러 자료를 두루 돌아보았다. 자료에는 광복을 위한 항일운동의 선구자들이 사진과 함께 게시되어 있었나. 백야 김좌진 장군, 철기 이범석 장군과 같이 양림楊林의 사진도 같이 게시되어 있다. 양림은 청산리대첩에서 철기 장군의 휘하에서 중대상으로 활동한 김훈으로 후에 좌경 항일운동 지휘관으로 활동할 때의 가명이다. 이와 같이 한중 우의공원의 기념관에는 사실 그대로를 후세에 알리는데 중점을 두었다.

그보다 먼저, 8월 12일 연변대학교에서 실시한 세미나에서 청산리대첩의 진상을 발표한 김모 교수는 좌경 무장 독립운동가를 미화하고 우경 인사의 활동 실적을 경감한 인상을 지울 수 없어 아쉬움이 남는다.

청산리대첩은 한 장소에서 크게 승리한 전투가 아니다. 1920년 10월

21일 8시부터 6일 간 사선을 넘나드는 극한 상황에서 벌인 아비규환의 전투이다. 청산리대첩 이전에 1920년 6월 봉오동 전투가 있었다. 홍범도 장군의 일개 소대가 두만강을 건너 일본 헌병초소를 습격한 것이 효시가 되어 추격하는 일본군 중대와 대대를 궤멸시킨 봉오동 전투가 6월 7일에 끝났다. 그리고 김좌진 부대원들이 8월에 훈춘의 일본 영사관을 습격해 일본군의 독립군을 공격하려는 첩보를 입수할 수 있었다. 이렇게 맹렬하게 활동하는 독립군 무장부대를 일거에 소탕하려고 일본은 대부대를 동원했다.

함경북도 나남에 주둔했던 일본군 사단이 도문강을 건너 북상하고, 시베리아에 출동했던 일본군 13사단이 소만국경을 넘어 길림성으로 압박하고, 11사단 일부 병력은 돈화현 방면으로 월경, 압박하고, 우라디보스톡에서 14사단 28사단이 3국 접경지 포시에트로 하여 훈춘으로 전진하여 무려 5만여 일본군을 대대적으로 투입해 독립군군의 뿌리를 뽑기 위해 포위하는 과정에 일본군 소장 동정언이 지휘하는 동지대東支隊 37여단 병력이 북로군정서를 추격하는 과정에 백운평 대접전이 시작되었다.

접전이 시작되기 전 일본군의 동태를 감지한 독립군 부대들은 19일에 연합전선을 결성하려고 북로군정서에서 협의했다. 총지휘는 김좌진 장군, 홍범도 최진동은 부사령관으로 이범석 장군이 전투사령관으로 부서를 정했다. 홍범도 부대가 터시고우 방면, 의군부 최진동 부대가 무산 간도방면의 버들고개, 북로군정서 군대는 중앙의 송림평松林坪을 작전지역으로 정했으나, 어둠과 함께 협의한 각 독립군부대가 말없이 사라졌다.

북로군정서 병력만으로는 일본군 대부대를 광전면廣前面 송림평에서 접전함이 불가하여, 좁은 골목인 빠이윈핑白雲坪으로 이동해 잠복한 후에 추격하는 동지대 야스가와安川 소좌가 지휘하는 전위부대가 추격해 왔다.

독립군의 몇 시간 전에 이미 완전하게 밀림 속에 위장 매복했을 때, 말똥을 반져보고 그 온도로 독립군의 통과시간을 알려는 찰나, 근접거리에 매복했던 이범석 장군이 야스가와 소좌를 정조준 사격으로 쓰러트리는 순간 6정의 기관포와 개인 화기가 적을 순식간에 궤멸했다. 뒤이어 도착한 일본군 본대는 밀집횡대密集橫隊로 제대돌격梯隊突擊을 감행했으나, 완전 은폐한 독립군이 어디 있는지도 모르고 총을 난사하다 많은 시체만을 남긴 것이 빠이원핑 전투이다. 이 전투에서 적 사살 2,200여 명, 독립군 사망 20명, 3명의 중상자와 수명이 부상이다.

이어 갑산촌으로 기습 후퇴해 휴식을 취하려고 할 때, 동포의 제보로 적의 야영 기병 일개 중대를 궤멸한 것이 첸수이핑泉水坪 전투이다. 22일 새벽 4시에 행동 개시해 김훈 중대는 마루꼬우馬鹿溝 언덕 북쪽을 차단해 퇴로를 막고, 이민화 중대는 첸수이핑 남방고지를 점령하고, 이범석 장군이 한근원 중대와 이교성 중대를 인솔 천수이핑 북쪽 냇물길로 5시에 마을 숙영지를 일제 공격해 도주한 4명을 제외하고 시마다 기병 중대장을 위시해 116명을 사살한 것이 두 번째 전투이다. 이 전투에서 시마다島田 중대장의 말안상에서 가노加納 기병 연대장에 보고하려고 작성한 '적의 동태는 특이점이 없어 계속 감시중이며, 인원보고 120명'이란 문서를 입수해 적의 주력부대가 위랑춘漁郎村에 있음을 알 수 있었다. 이 전투에서 독립군의 피해는 2명의 전사자와 17명의 경상자 중에는 이범석 장군의 허벅다리에 찰과상도 포함된다.

그리고 이어서 마루꼬우馬鹿溝 전투가 주야간에 이어졌다. 북로군정서는 일본군의 동향을 입수한 문서로 적군의 주둔지점을 파악하고, 유리한 지형을 이용하려고 마루꼬우 능선을 먼저 점령해 일본군을 기다렸다. 첸수핑에서 도주한 일본 기병 4명이 본대에 보고하니, 가노 기병 연대장을 위서해 기병 연대가 선두로 독립군을 공격해 치열한 전투가 시작되었다. 일본군은 중포까지 동원해 공격했다. 독립군은 고지를 이동하며 대응했다 이 전투는 한밤중까지 이어졌으며, 김좌진 장군의 모자가 날아갔고, 이범석 장군의 군도가 적 포탄 파편에 맞아 두 동강 났다. 마을 아낙들은 총탄을 무릅쓰고 주먹밥을 만들어 날라 주었다.

2만 대 2천 명의 접전은 지구전을 할 수 없다. 야음을 이용해 독립군은 라오토꼬우老頭溝 방면으로 철수했다. 후방에서 적의 추격을 차단하던 기관총 중대장 최인걸崔仁傑 등 40여 명은 싸늘한 시체로 불귀의 객이 되었다. 이 전투에서 적 가노 기병연대장 등 1,000여 명의 사상자를 냈고 독립군은 100여 명의 사상자가 났다.

위의 세 전투가 청산리전투의 주된 전장이다. 이어 23일은 맹개골 전투, 만기구 전투가 있었고, 24일은 천보산 전투, 25일은 고하동전투가 있었으며, 26일은 백두산 북쪽 안도현 방면으로 철수함으로 아비규환의 대접전을 종료되었다. 북로군정서의 독립군 2,500명 대 일본군 5만 명의 대접전에서 적 3,300여 명을 사살한 청산리전투는 무장 독립운동 중에 가장 빛나는 전과이다.

이 청산리전투를 일본은 청산리 전투 전몰장병으로 가노 연대장 1명, 대대장 2명, 중대장 5명, 소대장 9명 하사이하 병 900여 명이라고 보도했다.

동서고금을 막론하고 전과는 보태고 피해는 줄여 보도했다. 위와 같은 전투의 여건상 적의 사상수를 셀 수 없는 독립군의 전과는 추상 수로 과장되었을 것이다. 이 전투를 발표한 연변대학의 김 교수는 근거에 의해 작성한 첸수이핑 전투의 일본 기병중대를 궤멸한 전과마저 훨씬 작게 평가했다. 그리고 연합작전에 편성과 임무에 불만을 갖고 불참하고 따로 행동하다 일본군에 포위당했다가 빠져 나온 홍범도를 유수한 유공자로 파악하는 것은 아직도 이념의 장벽이 있어 사실에 규명에 시간이 필요함을 깨닫게 한다. 나는 토론자로 참석해 이의를 제기해야만 했다.

이어진 질문에서 1930년 1월 24일 김좌진 장군을 저격한 박상실은 일본군부의 사주에 의한 소행이 아닌가? 라는 질문에 '장군이 무정부주의에 빠져 공산당 박상실이 저격했다'는 모호한 답변을 했다. 일본은 장백산 일원에서 준동하는 독립군 부대를 멀리 북쪽으로 밀어낸 후, 만주를 완전 점거하기 위해 1931년 9월 18일 만주사변을 유발했다. 이 만주사변을 일으키기 전, 장애세력 소탕을 위해 조선족을 이용해 조선족을 제거하기 위한 소위 이이제이以夷除夷의 공작 수법으로 만주벌을 넘본 일본 군부의 공작에 이용당해 장군을 저격한 것이라고 많은 사람이 공감하는 내용을 답하지 못하는 것도 이념의 장벽인가.

청산리대첩 기념비에서 본 것이다. 대첩비 뒤에 오석 판으로 기록되어 있는 것은 김좌진 장군과 홍범도 장군의 이름만이 있다. 중국 땅에 건립한 대첩비는 중국 당국의 의사가 반영된 것인가? 주된 철기 이범석 장군의 이름은 보이지 않는다.

다음 봉오동 전투의 기념비의 내용이다. 주된 전장이었던 봉오동은 저수지로 변했다. 입구 저수지 아래 비문에는 사령관은 홍범도, 그 아래에 최진동 장군이 있는 것으로 기록되어 있다. 봉오동 전투의 주된 주공자는 홍범도 장군이 틀림없는 사실이다. 그러나 봉오동 전투의 대한북로독군부大韓北路督軍府 연합부대의 사령관은 최진동, 부관은 안무, 연대장에 홍범도이다. 이곳의 전적비도 사실을 바로 기록하지 못했다.

광복 아카데미 회원들은 해림시에서 광복절 행사를 하고 비포장도로를 한참 달려 산시진山市鎭 역 앞에 있는 백야 장군이 천추의 한을 품고 고혼이 된 저격당한 방앗간이 있던 곳으로 갔다. 옛 유적지를 후손이 사재를 들여 복원하고 잘 다듬어진 담장 안에는 백야 장군의 근엄한 흉상이 모셔 있다.

우리 일행은 흉상 앞에 묵도하고, 독립군가 '너 살거든 독립군의 용사가 되고/ 나 죽으면 독립군의 혼령이 됨이/ 동지여 너와 나의 소원 아니냐/'의 한 구절을 되뇌며, 장군의 명복을 빌었다.

그리고 돌아오는 버스 안에서 '한중 우의공원'을 추진해 이루었고, 산시진 역 앞 장군의 통한의 유적지를 복원한 김을동씨는 과연 장군의 손녀답다고 생각했다.

(2006. 8.)

장가계 관광을 하면서

천하제일의 기이한 산과 계곡이 있는 장가계張家界, 도연명이 말한 무릉도원이다. 그 산하는 한 발자국 옮길 때마다 시흥을 느끼며 환상 속의 비경에 휘감겼다.

중국 호남성 동이東夷 토가족土家族, 동이 묘족과 백족의 자치주 160만의 인구 중 토가족이 50%에 달하고, 1988년 5월 18일 대용시大庸市는 장가계시로 이름을 바뀌었다.

옛날 중국의 한漢나라의 건국 주역의 한 사람인 장량張良은 전쟁이 끝난 후 같은 건국의 주역인 한신韓信 영포英布 팽월彭越이 차례로 피살되는 것을 보고 모든 관직을 사양하고 떠나려고, 한고조 유방에게 자기의 모국 한韓을 멸한 진秦을 멸망케 하였으니 이제 모든 인간사를 나 버리고 '적송자赤松子(전설적인 신선 이름)을 따라 노닐고 싶을 따름입니다' 라고 하고, 같은 동이족이 모여 사는 산 깊은 이곳으로 피신했다는 말이 전하여 온다. 그래서 신선사상을 좋아하는 동양인의 기호에 맞춰 시의 이름도 장가계로 바꿨음을 짐작한다. 장량의 묘는 산도 기암괴석이요 구름과 나무와 물도 기이한 절경인 청암산青巖山에 있으며, 때에 따라 나타나기도 하고 숨겨진다고 하는 말이 전하고, 난고현 백운산이라고도 전한다. 그러나 한서漢書에는 182년에 사망해 그가 묻히

기를 원했던 동이족 터전 산동성 황석黃石에 묻혔다고 하나 그의 만년의 행적은 구름 탄 신선의 모습마냥 알 수 없다.

장가계는 석회암 지대로 수억 년 전 지각변동으로 생긴 장관의 지대이다. 갖가지 모양의 석회암이 수직으로 형성되어 있기도 하고 다양한 형체로 이루어진 기암괴석, 풍부한 강우량에 힘입어 자란 수목은 그 운치를 더하며 바라보는 눈을 사로잡는다. 그래서 장가계 국가지정 산림공원과 천자산에 이르는 색도계곡이 자연보호구로 지정되었다. 장가계 핵심관광지 외에 주변 경구가 온통 다채롭고 신비하다.

해발 1,250m의 천자산天子山을 오르는 케이블카에서 바라보는 기암괴석의 장관은 아! 하고 감탄사 외에 더 표현할 말이 없다. 천자산에서 내려 셔틀버스와 도보로 옮겨가는 시야도 시흥과 화폭에 푹 잠기게 하고 감탄을 연발하는 경관이다. 이어 버스로 이동해 황소黃巢의 난을 피해 원袁씨 성을 가진 일족이 피난해 살았다는 해발 1,074m의 원가계를 도보로 지나 326m의 수직 엘리베이터로 하강하는 곳, 모든 경관이 가지 말라고 눈을 사로잡는다.

관광객을 현혹하는 형체 따라 붙인 이름도 다양하다. 어필봉御筆峯, 천자각天子閣, 대관대大觀臺, 장군암將軍岩, 신병취회神兵聚會, 선녀헌화仙女獻花, 천하제일교天下第一橋, 십리화랑十里畵廊, 신당만神堂灣—.

또한 시에서 8km떨어진 천문산도 장관이다. 해발 1,518m의 천문산은 장가계의 두 번째로 손꼽히는 국가산림공원이다. 정신적으로 장가계의 신산으로 불리는 곳, 몸을 짜릿하게 하는 7,455m의 삭도를 타고 종점에 올랐다가 다시 중간지점까지 내려와, 소형 승합차로 통천대로通天大路를 이용해 천문天門에 이른다. 천문은 서기 263년 산의 1,000m 지점에서 갑자기 요란한 소리를 내며, 높이 131m 폭 57m 길이 60m의 구멍이 나서 저쪽 하늘을 볼 수 있게 되었다고 한다. 승량산이라고 부르던 산을 천문산天門山으로 산 이름이 바뀌었다고 한다. 이 천문으로

1999년 소련의 경비행기가 5대가 곡예 통과하여 더욱 자랑을 보탠다.

승합차 주차장에 내려 천문에 이르는 계단은 990계단이다. 처음 몇 계단은 좀 완만하다. 그러나 천문에는 속인이 오르지 말라는 뜻인지, 계단 폭이 발바닥 길이에 훨씬 못 미치는 좁고 급한 계단으로 발 앞의 계단이 얼굴에 더 가깝다. 990계단을 오르면 천문 동굴을 통해 저쪽 하늘을 보다 넓게 볼 수 있으며, 천문 동굴에는 중국인이 좋아하는 청동으로 용을 길게 설치해 두었다.

시간에 제한을 받아 천문산 머리 부분 카르스트 구릉과 석순 야생덩굴의 나무 숲, 신선이 만들어 놓았다는 분재모양의 대 경관과 명나라 때부터 설법하여온 천문산사天門山寺를 구경하지 못한 것은 못내 아쉽다.

색도를 타는데 유난히 주의사항이 많다. 7,455m의 색도를 타고 가면서 마음을 움츠리게 하는 것이 대단히 많다. 높이 차가 1,279m나 되고, 중간 정거장에 이르고 정상으로 가는 부분 경사도는 37도에 이른다. 또 57개의 삭도 지주 중 어느 것은 석회암 봉우리에 아슬아슬하게 가설되었는데 선진국 기술자들의 안전 점검을 받았다고 하나 마음이 편치 않다. 천문 주차장에서 99 굴곡을 지나 아래까지 오는 통천대로通天大路는 좁기도 하려니와 윗 도로 밑의 암반을 깎아 아래편 길을 내기도 하고, 180도 곡선도 수없이 많다. 아무리 선문 운전기사가 운진한다고 하더라도 생명을 담보하고 타는 승객의 만용이 필요하다.

이런 장가계의 자연 경관 관광은 한국의 돈으로 개발하는 듯, 2005년 한국의 관광객이 연 40만, 2006년은 50만을 예상한다. 외국 관광객은 없다. 케이블카의 안전성일까, 자연 경관뿐이고 인간의 문화유산을 별로 볼 수 없어서일까. 온통 한국 사람만이 찾아오는 자연관광지구이다. 자연을 사랑하는 한국인의 호기심의 발로이고 심성의 표현인가.

한국의 금강산은 화강암花崗巖과 편마암片麻巖으로 된 견고한 명산이다. 흐르는 물도 수정같이 맑고 깨끗하므로 부담 없이 먹을 수 있다. 장가계는 온통 석회암지대이므로 마음대로 흐르는 물을 마실 수 없다.

자연 풍치지구 장가계와 원가계의 수직으로 변화한 아름다운 경관을 구경하면서, 설악산과 금강산을 연계하고 내금강과 외금강 해금강을 두루 감상할 수 있기를 기대해 본다. 노려보는 지킴이를 배치하지 않고, 친절히 길 안내를 받으며 우리의 금수강산을 자유롭게 골고루 다닐 수 있는 날이 오기를 기다린다.

(2006. 3.)

황취랑

상해시 홍구구에 있는 홍구공원虹口公園에 갔다. 공원 이름이 노신공원魯迅公園이라고 바뀌어 있다. 정문에서 멀지 않은 중앙에 중국의 근대문학의 아버지 노신의 동상이 있다. 이 노신의 동상이 있는 곳은 우리가 꼭 알아야 할 역사적인 사건의 현장이다.

1932년 4월 29일 홍구공원에서 '일왕 생일인 천장절'을 기해 거행한 상해 침공 전승기념식에서 경축식이 끝날 무렵인 11시 40분경 일본 국가를 제창하기 직전, 일장기를 들고 경축객으로 위장해 접근한 윤봉길 의사는 단상의 요인들 좌석으로 도시락으로 가장해 가지고 간 폭탄을 투척해 침략군 사령관 시라가와白川義則 대장 등을 폭살하고, 주중공사 시게미스 등에게 중상을 입힌 역사적인 사건의 현장이다. 이것은 한국 독립의열단에 의한 일본 침략전쟁을 경고하는 쾌거의 순간이었다.

이 현장을 지나 뒤로 들어가면 매헌 윤봉길 의사를 기념하는 작고 아담한 매정이 있으며, 그 안에는 윤의사의 흉상과 약력을 소개하는 각종 사진과 역사적인 의열 자료가 진열되어 있다. 안내하는 여성이 윤 의사의 사진 옆에 '사내대장부는 집을 나가 뜻을 이루기 전에는 살아서 돌아가지 않는다 - 丈夫出家 生不還'라는 글을 써 집에 남겨 놓고 독립운동을 하기 위해 떠났다는 것을 설명하는 순간 한국의 뜨거운 피가 흐르는 관광객의 입에서 '우리 정치가들이 모두 여기 와 보고 가면 좋겠다'는 말이 저절로 터져 나온다.

유 의사의 의거 시기는 1831년 만주 길림성 수로개설로 생긴 조선족과 중국인들 간에 의견충돌을 일본의 정보기관이 조작해 유포함으로 우매한 우리백성과 중국인 간에 유혈분쟁이 생기게 한 만보산사건으로 중국인들의 반한 감정이 높아 중국 내에서 독립운동 활동이 위축되고 있을 때다. 중국군 제5군이 방어하고 19로군이 지원한 상해를 일본군 10만과 100대의 전투기를 투입해 양민 주거지역을 무차별 폭격을 감행함으로 협상이란 형식을 거쳐 상해를 점령했다.

침공에 성공한 일본 승전 기념식장에서 윤봉길 의사의 폭탄 투척으로 그 수괴를 주살한 것은 온 세상을 놀라게 했으며, 중국 젊은 피가 실행하지 못한 일을 우리의 윤 의사가 한 것이다. 이로 인해 중국인들이 우리 민족을 다시 보게 되었고, 독립운동의 지원과 성원이 이어졌으며, 장개석 총통이 김구 임시정부 주석을 면담해 독립운동을 적극 지원하겠다는 약속을 하게 한 대사건이다. 그리고 낙양의 군관학교에서 한국청년을 교육시킬 수 있게 하여, 훗날 1940년 광복군을 창설할 수 있게 한 그 계기를 만든 대사건이다.

10년 만에 두 번째 상해 여행이다. 청나라의 아편전쟁 후 생긴 조차구역내의 영국·프랑스·미국식의 건물들이 유일한 상해의 문화유산같이 돋보였는데, 10년이 지난 지금은 오히려 그 건물들이 초라하게 보일정도로 번창해 온 시가가 화려하고 생기가 넘친다.

부유해질 수 있는 사람부터 부유해지라는 등소평의 '선부론先富論'은 모택동의 사회주의 잡초를 심을지언정 자본주의 싹을 심어서는 안된다는 '잡초론雜草論'에 배치된다. 등소평은 1966년 홍위병에 의해 반모주자파反毛走資派로 비판을 받고 실각했다가 모택동이 죽은 후 1981년 재기해 실질적인 권력을 장악 실용주의 노선을 채택하며, 검은 고양이든 흰 고양이든 쥐 잘 잡는 고양이가 좋은 고양이란 흑묘백묘론黑猫白猫論으로 시장경제원리를 도입했다. 개방개혁으로 번창한 상해시를 보면서 부도옹不倒翁의 선견지명을 감탄한다.

1983년 6월 중국을 처음 방문한 북한의 김정일은 실용주의 노선을 보고 '중국공산당에는 사회주의도 공산당도 없고 오직 수정주의만 있다'고 평했다. 이 말은 들은 등소평은 김정일을 황취랑黃嘴朗이라고 표했다. 황취랑은 주둥이가 노란 철부지란 말이다

2006년 1월 10일부터 18일까지 김정일은 다시 중국의 발전한 상공업 지역을 방문했다. 수정주의만 있다고 말해 황취랑이란 호칭을 들은 그는 등소평의 선견지명을 보고 깨달았으면 한다. 95년 김일성 사후 여린 백성 300만 명을 굶겨 죽게 한 공포의 선군정치에 새로운 바람이 틈새로 들어가게 될까, 기대해 본다.

핵 개발로 대한민국을 인질로 협박해 물자를 얻어가는 것도 한계가 있다. 가난은 누구도 구제할 수 없다. 스스로 잘 살게 해야 한다. 흑묘백묘론을 타산지석으로 해서 개혁개방으로 우리의 북녘 동포들도 배고픔의 지옥에서 해방되기 바란다. 개혁개방으로 발전한 상해를 다시 방문해, 중국 국내 관광객들이 상해시를 돌아보며 황포강 유람선을 나고 즐거워하는 정경을 바라보면서, 자유롭게 우리의 삼천리금수강산을 여행하며, 제한 없이 남북 백성이 오갈 수 있는 날이 오기를 갈망한다. 우리의 북녘도 개혁 개방되어 생활에 윤기가 나고 자유 왕래하며, 여행도 할 수 있는 날은 언제일까.

자유롭게 오가며, 서신도 오가고, 세상물정과 사람답게 사는 길을 스스로 판단하고 결정하는 때가 우리민족끼리 통일되는 시기時機가 될 것이라고 생각하다. 그 시기여 빨리 오시라.

(2006. 3.)

단일민족을 외친 곳을 여행하며

압록강 하구 중국 단동丹東에서 북한으로 연결된 철교를 보고 우리 민족이 자유롭게 오갈 날을 기원했다. 그리고 도문에서 북한으로 연결된 다리와 훈춘 방천 삼국 접경지에서 북한에서 러시아로 연결된 적막한 다리를 하염없이 바라보며 같은 생각을 했다. 망국의 한을 담고 이시영씨가 설립했던 신흥무관학교가 있던 곳이 옥수수밭이 되었고, 그곳에 있는 가옥이 고려관이란 이름으로 남아 있는 것을 바라보았다.

425년간 고구려의 수도 국내성 성벽의 잔해 200여m만이 아파트촌의 한쪽에 쓸쓸히 남아 있는 것을 아린 마음으로 보아야 했다. 압록강 건너 북쪽 만포제련소의 외로운 굴뚝에서 지친 모습으로 솟는 연기도 보았다. 우산禹山을 진산으로 강을 앞에 두고 있는 웅대한 광개토 대왕비碑와 능陵, 동양의 금자탑 유물인 장수왕 능陵의 웅장한 모습이 다른 나라의 정치 영역 안에 있어 후손인 우리 손으로 가꾸고 보전하지 못함을 아쉬워 할 수밖에 없었다.

민족의 영산 백두산은 우리 땅으로 오르지 못하고 중국 쪽에서 오를 수밖에 없음을 한탄하며 올랐다. 국경을 넘어 삶을 개척할 수밖에 없었던 우리와 같은 피를 나눈 민족은 경계를 넘어 산다고 과경민족跨境民族이란 이름을 갖고 있다.

동족이 많이 거주하는 화용和龍, 용정龍井, 연길延吉, 도문圖們, 훈춘을 뒤로 하고 흑룡강성黑龍江省, 목단강牧丹江, 발해渤海의 마지막 왕의 고혼이 잠들었다는 경박호鏡泊湖를 향해 차가 달린다.

요령성도 길림성도 광활하다. 흑룡강성으로 가는 곳도 광활한 대평원, 몇 시간을 달린다. 연변 조선족 자치구에는 모든 간판이 한글과 한문으로 병기되어 있고, 우리말을 하는 분을수 없이 만나므로 타국 같은 기분이 안 들었다. 그러나 한때 김좌진 장군의 북로군전서의 병력이 주둔하며, 독립군 병력을 기르던 왕청汪淸현을 지나 몇 시간을 달려 흑룡강성에 이르니 한글을 병기한 간판을 볼 수 없다. 이제 정말 만리타국이란 기분이다.

대한제국의 국권을 일본에 강탈당한 후, 독립을 위해 만주 일원에서 옛 조상 발해 땅과 고구려의 광활한 영도를 오가며 단재 신채호 선생은 우리의 고대사를 집필하며, 단군의 후예 '단일 백의민족'을 강조했다. 잠자던 민족의 의식을 일깨우며, 단합된 힘으로 침략자 일본에 저항하는 기운을 길렀다. 그래서 단일 백의민족이란 의식은 우리 가슴 깊이 스며들어 꺼지지 않는 항일 운동의 불꽃이 되었다. 단일 백의민족이란 말은 가장 적절한 시기에 독립운동가들이 심혈을 토해 외쳤으므로 삼천리강산에 깊이 심어졌다.

그러나 인류학자의 학설은 단일민족이란 말에 이의를 단다. 한반도에는 두 개 이상의 종족이 모여 살았다고 한다. 추위에 감내하며 살기 위해 눈이 작은 북방계 기마민족과 눈이 큰 남방계 민족이 살았다. 건국신화로도 고구려 백제의 집권세력은 북방계 민족이다. 신라의 집권세력도 북방계다. 현존하는 신라의 왕릉의 유물과 최초 왕을 호칭하던 마립간麻立干이란 어휘로도 북방 기마민족의 후예임을 증명한다. 가락김씨는 이의 없이 남방계 후손이다.

고조선의 후예들은 마한, 진한, 변한으로 갈라졌다가 고구려, 백제,

신라로 이어지며 살았다. 삼국을 통일한 신라에 이은 고려조와 조선조는 북쪽으로 성을 쌓으며 넓혀 압록강 두만강을 확보하며 현재에 이르렀다. 근세 바다 건너 왜족에게 한때 국권을 침탈당했다. 국권을 침탈당했을 때 단일 백의민족이란 말이 가슴 깊이 새겨졌다.

이제는 어둠의 터널을 지났다. 대한민국의 국민으로 중화인민공화국의 비자를 받아 과경동포跨境同胞가 사는 요령성과 길림성의 압록 두만 두 강의 북쪽을 밟으며, 흑룡강성 성도인 하얼빈시로 향한다.

하얼빈 시는 '미래 일본의 침략을 예견하고 동양의 평화를 위해' 우리의 선각자 안중근 의사가 31세 때, 1909년 10월 26일 9시20분경 그 원흉 이등박문이토 히로부미를 러시아 의장대의 환영 중에 기차역에서 사살한 곳이다.

하얼빈은 흑룡강성 중심 성도이다. 제정 러시아의 영향으로 개발한 시내에는 러시아 정교회 교회 건물이 있고, 러시아풍의 건물과 러시아인을 많이 만날 수 있다.

사회주의 정치체제에서 계획경제로 개인의 재산에 부담 없이 도시를 개발하니 규모 있고 옹졸하지 않다. 그러나 개인의 삶의 질이 통제되어 있다. 자유 민주체제의 시민의 삶의 질에 비해 뒤처져있다. 이제, 시장경제 경쟁의 원리를 도입해 무섭게 발전하고 있다. 매년 10%이상의 경제 성장을 보이면 학자들은 2.050년이 되면 중국이 미국을 앞서 세계의 최강대국이 된다고 한다. 중국은 56개 소수민족을 포용정책을 쓰며, 모든 종족을 중국 국민으로 철저하게 다듬어 나가고 있다.

21세기 개성의 시대, 정보화 시대, 고부가가치의 시대이다. 한반도 영내에서는 아직도 단일 민족이란 말에 심취되어 있다. 역사를 꾸민지 930여 회의 외침이 있었다. 많은 세월 수많은 인간들이 오갔다. 인간은 인간의 흔적을 남기며 살았다. 지금 농촌의 총각의 신부는 열에 두셋은 동남아에서 온 신부이다. 그들이 우리의 후손을 낳아 기른다.

그래도 단일 백의민족이란 말을 부담 없이 사용할 것인가.

동족을 침략의 대상으로 보고 동족상잔의 6·25전쟁을 야기한 자들이 요사이 전략적으로 접근해 '동일 민족'이란 말을 전술적으로 사용한다.

나라를 받치고 있는 것은 국민이다. 민족보다 국민이 더 중요하다. 이제 권력의 원천인 국민이란 단어를 민족이란 말보다 더 정감 나게 사용해야만 21세기 경쟁의 시대에 살아남는다고 생각한다.

(2006. 8.)

의인의 고장 홍주

홍성군의 문화회관의 명칭이 '홍주'문화회관이다. 옛 관청이 있었음을 알리는 '홍주아문洪州衙門'이 선명하게 잘 보존되어 돋보인다. 아문 뒤 수령 600여년의 마주선 느티나무는 흘러간 인간사를 주름진 나무껍질로 말없이 전하고 있다.

나는 홍성을 처음 방문했다. 홍주문화회관에서 실시하는 '수필과 철학'의 심포지엄에 참석 후 돌산 용봉산 아래 청소년 수련원인 '사조마을'에 여장을 풀었다.

무더운 여름밤, 전국에서 모인 수필문학을 하시는 문우들이다. 충남 논산에 계신 K선생과 삼척 출신 B씨와 수련원 앞 아담하고 정갈한 돌산가든에서 맥주 한 잔을 놓고, 가식 없는 정담이 오갔다. 형설의 노력으로 문맹자를 가르친 인연으로 초등학교 교원은 시험을 거쳐 임용되고 이어 중등교사도 시험으로 임용되어, 고등학교 교장으로 정년퇴직하는 과정에 문인으로 그의 체온을 남기셨고, 반려자 사후에도 독신으로 굳건히 홀로 게시는 K선생의 진솔한 이야기는 후덥지근한 무더운 여름밤을 신선한 기운이 감돌게 했다. 숙소에 돌아와 샤워 후 깊을 잠으로 피로를 풀고 눈을 뜨니 아침 6시다.

동양에서 가장 상서로운 상상적 동물이 용龍과 봉鳳이다. 욕심도 많게 이 두 가지를 다 차지한 해발 381m의 용봉산 아래서 자고, 그 아름다움을 골고루 둘러보지는 못하더라도, 아침 조반 식사시간 8시까지 그냥 서성일 수 없었다. 삼삼오오로 산책하는 분을 따라 용봉산을 오르다 보니, 정상까지 0.7km라고 표시된 급한 오르막 암반 길을 따라 정상 0.4km란 표지판이 있는 지점까지 오른 사람은 서울에서 오신 문우와 단 둘뿐이다.

용봉산 중허리, 암반 사이에 서서 바라보니, 엷은 안개에 휘감긴 용과 봉은 그 아름다운 자태를 쉬이 보여주기보다 감추려는 듯하고, 멀리 평화스런 농촌은 어렴풋이 고요 속에 깃들여 있다. 왕복 2시간의 등산코스를 제한된 시간 내에 더 오를 수도 없어 아쉬움을 남기고 하산했다.

군청 공보실의 단체 안내로 잘 보존된 홍주군의 동헌인 안회당安懷堂과 여하정, 한말 의병으로 순국한 구백의사총, 만주 청산리에서 독립군 부대장으로 일본군 3천여 명을 격멸시킨 후 공산주의자 총탄에 돌아가신 백야 김좌진 장군 생가, 독립선언 33인중 한 분이며 시인이고 승려이신 만해 한용운 선사님의 생가를 두루 구경할 수 있었음은 참으로 행운이다. 의인의 생가를 잘 보존하며 복원해, 후세인들이 이를 찾을 수 있도록 관리하고 있음을 감사한다.

홍성은 역사의 고상이나. 삼한시대부터 조상의 얼이 남았으며, 고려시대에 홍주로 목사가 위치했던 때도 있고, 조선조에서는 한때 홍주부로 현재의 도지사격인 관찰사가 있었던 곳이다. 한말에 홍주군으로 격하되었으며, 일제 식민치하 1914년에 '홍성군'으로 이름을 바뀌었다. 간교한 일인들이 '홍성'으로 개명한 이름이니 주민들은 '홍주'란 이름을 좋아한다고 느꼈다.

되돌아보면, 임진왜란시 침략군 이토加藤淸正가 금북정맥錦北正脈 (차령산맥은 일인 학자가 붙인 이름임)의 한 준령 봉수산 옆 구룡산에 이르러 산세를 보니, 산의 기세가 너무 당당하고 훌륭해 영웅호걸이 수없이 많이 출생할 것 같아 산의 명혈을 9군데나 끊었다는 구룡산의 구전되는 말은 낭설만은 아닌 듯 보인다.

조상의 얼이 스며 있는 숱한 성지와 산성이 있다. 백제의 멸망 후 유민들이 부흥운동을 전개한 장곡산성(일명 주류성)이 있다. 고려의 충신이며 명장 최영 장군의 출생지이며 무예를 연마한 곳이다. 조선조의 사육신 성삼문의 출생지다.

1596년 조선 선조 29년 임진왜란 중에, 이몽학이 불평불만자를 선동해 난을 일으켜 홍산현, 임천군, 정산현, 청양현, 대흥군, 부여현, 서산군을 휩쓸고 홍주에 임했다. 홍주목사는 고을에 사는 무장 박명현과 임득의을 기용하고, 기백있는 고을의 무사를 모아 성을 지켰다. 홍주성을 함락하지 못하고 달아나는 이몽학을 선무공작으로 그 부하들에 의하여 괴수의 목을 베도록 함으로 난을 진압했다. 이를 기려 홍주의 진산 백월산(일명 월산) 정상에는 홍주정난사(洪州靖難祠)가 있다.

그리고 한말 나라가 어지러울 때 홍주의 젊은이들이 분연히 일어나 나라 위해 의병으로 목숨을 나라에 바쳐 지금의 의사총이 있다. 청사에 길이 남을 김좌진 장군, 민족을 얼을 길이 전한 한용운 선사, 그리고 현대에 이어져 조상의 올바른 선비정신이 홍주 토양에 배어 있어, 그 후손들이 의연하게 역사의 현장을 아름답게 다듬는 고장이다.

넓은 천수만을 옆에 끼고, 황해의 황사풍을 안면도로 막아, 조용한 가운데 유업을 이어 억조의 훗날까지 빛내려는 웅지를 품은 영재들이 의연하고 굳건한 자연환경에서 자라고 있다.

옛 홍주성벽과 성의 동문인 조양문(朝陽門)을 조상의 얼로 잘 보존하고 있는 역사적 의인의 고장은 식민지의 냄새나는 홍성이란 이름보다 '홍주'라는 옛 이름이 더욱 좋지 않을까 생각해 본다.

(2000. 8.)

응봉산 등반

해발 998.5m의 응봉산鷹峰山을 등산하며, 나라 안이 1일 생활권임을 실감했다. 강원도 춘천에서 아침에 5시에 출발, 경북 울진 북면 응봉산을 오른 후 춘천 집에 되돌아 왔다. 도로가 포장 정비되지 않았을 때는 울진 사람이 춘천에 오려면 강릉에서 1박, 그 다음날 하루종일 차를 타고 도청소재지 춘천에 도착했다.

6·25동란 1·4후퇴 피난 시에는 중학 2학년, 연약한 등에 피난 보따리를 지고, 눈보라를 맞으며 강릉에서 힘없이 남으로 남으로 걸어 보름이나 걸려 울진 땅 북면 부구리 초등학교 옆에 도착했었다. 밥 지을 나무를 구하려다 부구초등학교 앞 나지막한 동산에서 아직도 먹물이 선명한 묘의 표지에는 '함경남도 단천군 리중면 두우리 군관 김모(성명은 기억이 나지 않음)'라고 써있던 그곳은 지금은 주택지로 변했는지, 버스 안에서는 가름할 수 없다. 62년도에 경상북도로 행정구역이 변경되어 생활권이 멀어진 울진에 갈 기회가 없어 거리감이 있지만, 원자력 발전소가 생겼고 주변이 천지개벽한 느낌이다.

덕구 온천 광장에 9시 20분경 하차, 온천의 원탕이 있던 4km 거리의 계곡을 올랐다. 암반 사이로 난 계곡 물이 휘돌고 멈추고 떨어진 곳의 명칭은 용수폭포, 선녀탕으로 형상에 어울리게 이름 지어져 있다. 어머니의 병을 지성으로 치료하던 '돌'이가 발견했다는 효자샘을 지나 11시 50분에 노천탕이 있던 원탕 지역에 도착했다. 노천 원탕은 없어졌고, 지하에서 채수한 온천수를 4km아래로 공급하는 채수 파이프만이 있다. 이곳에서 각자의 희망 따라 산을 오르거나, 온천을 희망하는 분은 다시 아래로 내려가 온천욕을 하기로 하고 헤어졌다.

계곡의 물은 고기가 노니는 공해 없는 맑은 물이나, 그 색깔은 흐리다는 느낌은 온천수의 영향인가. 춘천보다 온화한 동해안, 위도상으로 남녘, 지표로 온천수가 흐르는 계곡이므로 보다 온난한 지역이란 느낌이다. 직경 1cm의 흰색, 노란 색 꽃이 아담하고 선명하게 이곳저곳에 피어있다. 신경초가 겨울을 지나 파란 잎의 윤기를 더하고, 인동초 줄기에는 새 잎이 돋고 있다. 산벚나무가 꽃을 틔운다. 동백꽃도 피고 있다. 만개한 진달래꽃은 보라색을 더욱 자랑한다. 진달래꽃 한 잎 입술에 대니 상큼한 자연의 싱그러운 향을 전한다.

계곡에서 998.5m의 응봉산 정상으로 오르는 길은 2.5km의 거리이다. 발길보다 손이 더 가까이 닿는 급경사지의 등반길에 올랐다. 등반인원 중 80의 노부부가 있었다. 우리가 그분들과 보조를 같이하려고 기다리니, 노부부는 '오르다가 힘겨우면 돌아가 집합지에 약속 시간에 갈 터이니 기다리지 말라'고 하여, 두 부부를 뒤에 두고 올랐다. 고령에도 건강하게 산을 즐길 수 있다는 점에 모두 감탄했다. 이 등산회원이 대부분 6, 70대의 노령이다. 모두 다 잘 산에 오른다. 나는 이 모임의 정규 등산회원이 아니나 등반 노정이 맘에 끌려 참여한 것이다.

마침내 우리 27명은 14시에 전원 응봉산 정상에 등반했다. 1.5m의 응봉산鷹峰山이란 자연석 표석을 포함하여 1,000m란 설명이다. 표석 앞에서 기념사진을 촬영하고 춘천을 향하여 '야호' 삼창을 하고 나니 상쾌하다.

중부지역에는 900m고지에는 추운 탓에 소나무가 자생하지 못한다.

그러나 응봉산 정상부에는 아름드리 적송이 여기저기 많이 보인다. 수령은 어림잡아도 3, 4백년생이다. 곧게 자란 나무의 껍질은 황토색 윤기가 난다. 이런 적송을 금강송이라고도 하지만, 우리 역사에는 '황장목'이란 이름으로 소나무 중에 가장 으뜸 나무로 궁중 건축재로 쓰여 왔다. 정상으로 오르는 어느 면은 산불로 아름드리 뿌리에 화재 흔적이 역력히 남아 있고, 그곳은 벌채되어 참나무 수종의 임지가 되었으며, 능선이 경계되어 수백 년 적송이 군락을 유지한 여러 곳이 보였다. 산불지역의 타다 남은 등걸을 제거하지 않고 그대로 두는 것도 화재의 무서움을 알리고, 다시 자라는 나무의 방풍과 지주 역할을 하도록 하는 것이 보다 자연의 순리라고 생각된다.

황장목 원시림은 주권상실 식민시대에 마구 벌채되어 수십 년 일본으로 반출되어 산림자원이 황폐화 되었다. 삼척의 원덕 일원이 대표적인 피해지역이다. 일본의 자원 착취로 원시림이 훼손된 것이다. 이 응봉산은 삼척의 원덕면과 울진 북면의 경계지점에 우뚝 선 매부리모양의 산이다. 이곳에 남아 있는 저 적송은 험준한 지세 덕분에 잔악한 자원 침탈자들이 벌채 운반할 수 없어 남았음이 분명하다.

또 응봉산 입구의 사람이 잘 접근할 수 있는 곳의 소나무는 빠짐없이 지상 1m 내에 V자형 톱질로 송진을 채취한 흔적이 있다. 소나무 표피 상처가 55년이 흐른 지금에도 아픈 얼굴의 표정으로 후세 사람을 바라보며 옛날 사연을 말하고 있다. 2차 세계대전의 말엽, 에너지 자원이 부족한 일본이 마지막 발악으로 한반도 삼천리의 전 산천의 소나무의 수액인 송진를 탈취하려고 지방민을 강제 동원하여 채취한 흔적이다. 침략자 전범 일본이 우리 국토를 유린, 자원 수탈 장소였음을 다시 실감했다.

응봉산 능선 따라 여러 개의 헬기장이 있다. 이것도 민족의 비극이 남긴 산의 상처이다. 이 능선 따라 동해안에 이르면 '고포'라는 해안의 벽촌이다. 울진과 삼척, 강원과 경북의 경계지점이며 인적이 한적하여, 능선 따라 태백산 오지로 접근하기가 가장 용이한 능선이다. 북쪽에서 68년 11월, 8개조 120명의 게릴라 요원을 남파 침투시킨 곳이 고포이며, 그 게릴라는 상륙 후 이 능선을 따라 응봉산을 경유 내륙지로 침투한 곳이다. 그런 민족의 비극이 잠든 곳이므로 대한민국에서 즉응 태세를 갖추기 위하여 만든 헬기장이다.

신이 만들어 배달민족에 남겨준 아름다운 산천이 외적의 침탈한 오욕의 흔적과, 이념의 혼돈으로 동족 간 살상의 상흔은 아직도 역력하다. 그러나 푸르름과 장엄한 운치로 이 모든 것을 감싸안아 포근함을 안겨 준다.

응봉산 정상에서 오순도순 지참한 도시락으로 점심을 한 후, 고향의 어머니 품안같이 송진 냄새나는 능선 따라 하산했다.

덕구 온천광장에서 버스 2대로 분승, 대관령을 다시 넘어 춘천 집에 도착한 시각은 22시다.

밤10시 월화 드라마 「허준」을 보면서, 천오백 리를 오가고, 웅장한 응봉산을 등반한 오늘 하루의 행적을 되새기며 '금수강산이 1일 생활권이다.' 라고 다시 한번 실감한다.

(2000. 4.)

IV.

통일의 시기

민들레 향기

광복 후 이데올로기 독소가 스미며 난마같이 얽힌 세상이 되었으나 지안낭국은 최선을 다함으로써 건국의 초석이 되었다. 민족상잔의 6 · 25동란을 거쳐 전통적인 농경문화에서 정보화 시대에 이르기까지의 과정에 사회의 안전한 울타리 역을 하며, 모지고 힘든 일의 바람막이 역을 해야 했던 조직에 근무했다.

척박한 땅에 자라며 귀한 식물로 대접을 받지도 못하나 사람에 좋은 약재가 되는 것이 민들레이다. 민들레꽃이 피고 꽃대에서 하얀 꽃풍선을 만들어 씨앗을 바람에 날려 보낸 후의 남은 꽃대 모양이나, 민들레와 같이 푸대접 속에서도 최선을 다하려고 헤매던 기억을 더듬은 티끌을 모아본다. 하찮은 일들이지만 이런 일들이 모이고 모여 작은 한 보람의 밀알이 되었다고 생각한다. 나라를 상징하는 무궁화의 꽃과 잎을 계급으로 한 경찰은 거리의 움직이는 작은 정부다. 폭정에 시달린 백성은 친절한 경찰을 바라고, 자유롭게 사는 국민은 내일 이후도 확실하게 자유롭게 살 수 있게 보호해 주길 바란다.

105위의 영혼을

정선旌善이란 이름에서 은닉된 보배를 보는 듯한 기분을 느낀다. 구성진 삶의 소리이고 사랑의 한이 담긴 정선아라리 가락은 아득한 옛 고향을 생각하게 한다. 고려조가 멸망한 후 두 임금을 모시지 않는다며 충신 7명이 은거하였던 정선은 정기 정旌 착할 선善 자의 이름에서 더욱 정다움을 느낀다.

백두산에서 시작해서 동해안을 끼고 지리산으로 이어지는 백두대간白頭大幹에 정선군과 강릉시의 경계지점에 해발 1,322m의 노추산이 있다. 중국 노나라의 공자와 추나라의 맹자의 기상이 서려 있다고 구전되는 노추산은 신라시대 설총과 조선시대의 이율곡 선생이 학문을 닦아 대성하였다는 이성대二聖臺가 8부 능선 남쪽 방향 바위 아래 아담하게 있다. 이율곡 선생께서 겨울 눈 속에서 자라는 동초라는 식물을 반찬해 드셨다는 이야기는 '동초밭'이란 속지명과 같이 지금까지 전하여 온다.

노추산에서 남쪽 골지천 단애斷崖에 아홉 가지 아름다움을 지닌 자연 경관이 있다는 구미정이 있다.

이와 같이 아름다운 백두대간의 절경도 8·15해방 후에는 이념교육으로 인간성을 상실하고 기계의 부속품같이 전락한 공산 게릴라guerilla

들이 오대산을 해방산解放山이라고 부르며, 오대산맥을 통해 38선을 넘어 침투해 지리산까지 남하하고, 북상 복귀하는 게릴라전의 전장戰場의 통로였다. 깊은 산촌은 평온한 산하를 전복하려는 게릴라들의 은신처이고, 혁명기지이기도 했다. 4·3 제주폭동의 주동자로 태백산지구 공산게릴라 총책이던 김달삼 부대가 50년 3월 최후로 궤멸된 1,068m의 발론산도 노추산과 지척지간이다.

6·25 이전, 48년 11월 14일 1차 침투부터 50년 3월 28일까지 10차에 걸쳐 대한민국을 전복하려고 2,300명의 게릴라가 오대산맥을 통해 침투했다. 이들이 남하하고 북상하는 요충지인 아라리의 고장 전 산하에서 자유대한민국을 수호하려는 젊은이들은 피로써 지켰다.

1947년 9월 북한에서 설립한 대남 게릴라 훈련기관인 '강동정치학원' 책임자며 현재 러시아에 거주하는 박그레고리(본명 朴秉律)는 91년 한국을 방문 중에 대남 빨치산partizan 요원으로 양성한 수가 3,000여 명이라고 밝혔다. 이들 대부분이 백두대간을 통해 남으로 침투했었다.

최초 38선경비도 경찰이 담당하다가 군에 인계했다. 48년 제주 폭동, 48년 10월 19일 여순반란사건, 48년 11월 대구 반란 등 일련의 사건으로 군내부에 침투한 남로당 세포조식원 색출로 군이 자세 진통을 겪을 때 38선 경비를 담당한 강원경찰의 활동은 지대하고 중요했다. 경찰은 잠입과 도주 예상지점의 목을 차단, 매복근무를 담당하는 과정에서 지방청년들은 의용 경찰로 지원해 참여하고, 마을 부녀자들은 급식을 지원하여, 너나 구분 없이 최대한 안전을 위해 봉사했다.

생명 바쳐 조국을 수호한 충혼탑이 6·25 이후 시군마다 명소에 건립해 이들의 영혼을 위로한다. 정선 소재지 비봉산飛鳳山에 위치한 충혼탑은 한국 전쟁시 전사한 군인 위주로 영혼을 봉안했다. 게릴라전에서 전사한 경찰과 애국청년, 부녀자 영혼을 봉안한 곳이 없다. 정선 관내 덕암리 전투에서 전사한 경찰관 6명의 전적비가 있으나 모양이나 위치도 부적절하고, 정선경찰서의 6·25전후 각종 전투에 전사한 수는 48명이나 되고, 애국청년이 순국한 수는 57명이다. 이들의 영혼이 안식처가 없어 매년 6월 호국의 달만 되면 그 유족과 뜻있는 이의 마음에 응어리가 되어 있음을 정선에서 근무하면서 알게 되었다.

위령비의 건립을 간절히 소망하던 중, 임계면 반천리 마을 안 동산의 대부분이 국유지란 것을 알게 되었다. 그 동산을 오르기 여러 번, 위령비의 건립의 적지로 판단했다. 정선군 임계면 반천리 산 118-1 등 4필지 13,375평을 재경원 소유 국유지를 경찰임으로 관리 전환, 신청하여 96년 10월 30일 국유재산 승인이 이루어졌다.

위령탑을 세울 위치 선정을 위해 돈연 스님의 의견도 듣고, 유족 L 씨와 같이 자로 재어 탑신을 세울 위치를 확정했다. 스님은 이런 명소가 아직까지 묘墓가 없는 것도 인연이라면서, 지형과 조화롭게 탑신을 높지 않게 하는 것이 좋겠다는 의견도 제시했다.

위령비에 모실 순국하신 분의 누락을 방지하기 위해 대상자 파악과 확인에 경우회원과 관계직원의 노고가 컸다. 건립 기본계획을 수립하고 설계 후 토목공사부터 착공했으나 겨울이 닥쳐 추위관계로 12월 10일 공사를 중단했다. 97년 3월 해동 후 공사를 마쳐 6월 6일 현충일에 준공할 계획이었다.

소요경비는 도와 군의 관서장의 지원으로 재향경우회 지원 형식으로 이루어졌다.

탑신 위 위령비라고 각자할 자재는 자연석으로 하기로 했다. 수석에 조예가 있다는 직원이 전 관내 하천에서 돌을 찾았다. 그들이 보았다는 자연석은 정원석이나 괴석으로는 대단할지라도 위령탑의 용재로는 부적절했다. 관내 순찰 중에 하천의 돌만 보고 다니던 나의 눈이 번쩍 뜨였다. 숙암계곡에서 멋진 오석을 발견해 토석채취허가 절차를 거쳐 운반했다.

멋진 긴 장석은 '순직경찰관, 애국단체 위령비殉職警察官, 愛國團體 慰靈碑'라고 음각해 1.8m의 탑신 위에 눕혀서 설치하고, 좀 작은 자연석은 '순직경찰관 위령비 입구殉職警察官 慰靈碑 入口'라고 음각해 입석 안내표지로 했다. 탑신 후면 오석판에는 순직 연도 별로 전사경찰관의 명단을 각자하고 연이어 순국 민간인을 각인했다.

탑신의 전면 위령문은 오랜 시간이 흐른 후에도 너무 흑백논리의 글이란 평을 피하려고 노력했다.

> 8·15광복의 기쁨을 누리기도 전에
> 祖國은 南北으로 分斷되었고
>
> 理念에 道具化된 무리들이 38선을 넘어
> 모든 산하에서
> 체제 전복 투쟁을 전개하므로
>
> 平和를 守護하는 젊은이들은
> 아라리 고장 뫼뿌리와 계곡에서
>
> 목숨 바쳐 지켰으니
> 꽃다운 젊음 나라위해 바쳤도다
>
> 영령이여 고이 잠드소서!
> 自律競爭하는
> 이 조국은 平穩하고 永遠히 繁昌하리!
> 1997. 6. 6

탑신에 위령문을 각자 작업을 하기 직전 97년 1월 12일 정선에서 강릉으로 이동 발령을 받았다. 그 후 위령비위 설립 과정과 충정의 마음이 누락된 채 후임자에 의해 의례적으로 준공되었다.

준공된 위령문은 원안과 달리 일부 수정 각자되었다. 그 중 '이념의 도구화된 무리들'을 공산주의자라고 고친 것은 흑백논리의 직선표현으로 멋을 버린 것 같고 '자유경쟁'을 삭제하므로 통제보다 창의력이 발휘하는 자유민주주의가 우수하다는 뜻이 없어지고 말았다.

산화한 젊은이들은 아라리 고장에 침투한 게릴라 비정규전 대응 과정에서 내 고장의 안전과 현재 살고 있는 우리를 위해 목숨을 바쳤다.

하나밖에 없는 목숨을 조국에 바쳤음에도 군청 소재지의 충혼탑에 누락된 105위의 영혼을 명산에 고이 모셔 그 넋을 위로하고 참배할 곳을 만들어, 그들의 후손들을 조금이라도 안도케 했다.

유명을 달리한 순국하신 분과 같은 지역에 시간을 달리하여 근무한 인연으로 이 일을 착안하고, 명산을 구해 위령비를 세우게 된 것을 신에게 감사드립니다.

호국의 영령이여! 고이 잠드소서!

(1997. 6.)

통일의 시기時機

한민족의 가장 소망인 통일의 시기時機를 생각해 본다. 시기時機는 가장 적당한 때를 의미한다. 같은 민족 간에 총부리를 겨누며 전쟁을 치렀으므로, 그 적절한 통일 시기는 언제일까.

빼앗긴 국권을 자력으로 찾지 못하고, 강대국에 의해 광복을 맞는 과정의 '얄타회담'에서 일본군 무장해제를 위해 진주한 승전국 군대의 관할이 국토 양분의 경계가 되었다.

이념의 하수인에 되어 통한의 6·25 동란을 치른 지 반 백년이 넘었다. 2000년 남북 정상이 평양회담에서 6·15 공동성명으로 통일을 자주적으로 해결하며, 경제 협력, 남북 이산가족의 만남이 발표된 후에 교류와 대화가 폐쇄된 사회의 분틈으로 바람이 스며들고, 햇볕이 그늘진 곳에 비쳐질 것을 기대했다.

김대중 대통령의 포용 햇볕정책으로 남북 화해의 공로가 인정되어 노벨평화상을 수상하고, 평화롭고 순조롭게 통일되는 것으로 생각하는 분이 많았다 그러나 그 6·15공동성명 이후에 북쪽 사회에 햇볕이 쬐어진 것은 없고 주민을 옥죄는 포악한 정권에 힘을 길러준 것밖에 없다는 평가도 있다. 이런 시점에서 통일의 시기가 모든 이의 관심사이다.

무엇보다 동족상잔의 상흔이 반세기가 훨씬 넘었으며, 6·15 공동성명 이후에도 이산가족의 생사 확인, 서신 교환, 자유 왕래도 못하며, 그 상흔의 치유가 안된 상태이다.

6·25 동족상잔의 침략을 받은 남쪽의 위정자들은 몇 번에 걸쳐 완전 세대 교체되었다. 북쪽은 남침을 주도한 김일성의 유훈통치가 현재도 이뤄지고 있다. 그의 아래서 대남 파괴 공작의 총지휘자가 절대권을 장악, 선군정치란 공포정치를 하고 있다. 이런 상황으로는 남북 국민의 정서적 면에서는 균형이 안 맞는다.

지금, 북쪽은 세인이 주지하는 장거리 미사일 등 가공할 무기로 군대의 강국을 이루었다. '인간의 생활이 못사는 하향평준화만을 가져오므로 공산주의가 괴멸'하게 된 것은 세인의 주지하는 사실이다. 그러나 북한에서 못사는 것도 체제 잘못이 아니라, 남반부와 미국 때문으로 알고 있다고, 주린 배를 움켜쥐고 사선을 넘어 탈출한 귀순자는 증언한다. 근래 비밀 해제된 소련 외교 문서로 한국전쟁은 소련의 지령으로 북에서 남침했다는 것을 전 세계가 명명백백하게 알고 있다. 그러나 북쪽 주민은 통제된 사회에서 철저한 주입식 교양으로 북침으로 알고 있으며, 세뇌 교육으로 사람을 기계의 부속품같이 조종하는 통제 쇄국으로 만들었다. 그들은 낙후된 경제로 허덕일 때에, 김대중 전 대통령이 국민의 동의 없이 개인의 정치목적을 위해 북의 문을 두드리니, 때를 만난 그들은 전략적으로 대응해 왔을 뿐이다

둘이 하나 되려면 동질성이 가능할 때다. 청춘 남녀가 만나 하나 되려고, 결혼하는 것도 동질성을 물색한 후에 한다.

지금 남북은 같은 혈족, 같은 언어를 사용하며 반도 안에서 수난의 역사를 같이 가졌다는 외에 총부리를 맞대고 전쟁한 후에 더불어 살 수 있는 공통분모가 얼마나 될까.

사상적으로 공산주의를 붉은 색으로 표시한다. 붉은 색이 '희스므

레'하게 되었나? 남쪽의 자유민주주의의 상징인 흰색은 그에 상응한 '붉그스므레' 되었나 생각해 보자. 다양성의 남쪽에서는 운동권 학생과 일부층의 계속인 좌경운동과 사회주의의 장점으로 자본주의 단점을 보완하는 과정에서 많은 변화가 있었음은 모두 아는 사실이다. 그러나 북쪽은 철권 군사정권으로 국정을 국방위원장이 장악하는 체제에서 이념의 색깔 변화를 찾을 수 없다.

6·15 공동성명 후 북쪽에서는 통제된 체제의 장점을 잘 이용하여 조직적 홍보 활동으로 효과를 얻고 있다. 반면 남쪽은 내부에서 당리당략으로 이전투구泥田鬪狗의 난 상이다. 정부와 집권당에서 반대의 목소리를 수용하지 못하므로 대승적 차원의 화합한 한 목소리로 이끌지도 못하고 있다.

처참한 동족 간 전쟁을 치른 우리는 전쟁 없는 평화통일을 진심으로 갈구한다. 통일의 체제는 각자의 생각을 자유롭게 표현하는 민주체제여야 함은 이론의 여지없다. 문화도 이념의 선전 매개체로 생각하는 체제는 2천년 지구촌 시대에는 적절하지 않다. 경제도 통제경제가 아닌 시장경제이어야 다양성의 창의력을 바탕으로 경쟁세계에서 낙오되지 않는다.

각성할 것은 가난하다고 나라가 망하지 않는다. 우리 조상 백제가 더 농산물 산출 여건이 나쁜 신라에 망한 것은 사치와 퇴폐로 국력을 낭비한 때문이다. 제 주제도 모르며 흡수통일의 말을 사용하지 말자. 흡수통일을 반대한다고 우리 정부에서 분명히 말했다. 최 단기전의 전략과 전술을 갖추고 결정적인 시기를 기다리는 쪽이 북이다. 오히려 혼미昏迷한 생각으로 혼란混亂할 때 남쪽이 흡수 병합되지 않도록 각성하자는 말이 기우이길 바란다.

더 나은 세상을 만들기 위해 당면한 현실을 현명하게 판단하고, 혼란스런 행동을 자제하자. 그래야 조상의 얼이 스민 삼천리금수강산의 아름다운 나라가 유지될 수 있다.

평화적 통일은 정략적, 전술적인 술수 없이 순수하게 이루어져야한다. 이념적 색깔이 융화될 때만이 가장 부작용 없이 이룩될 것이다. 동족상잔의 가슴 아픈 원인 제공자를 승계한 자는 속죄하고 화합의 밑거름의 역할을 다해야 할 것이다.

남북의 보통 사람이 왜곡된 현실을 바로 알고, 체제의 장단점을 정확히 알 때, 같은 말을 사용하는 동족 간에 자유로운 통행과 통신 통상이 이루어질 때가 가장 통일의 적당한 시기時機라고 생각된다.

그러나 예상하지 못한 갑작스런 독일 통일처럼 우리 통일의 시기時期는 신神만은 알고 있을 것이다.

자유롭게 보고 싶다

나의 공직시에는 개인의 자유로운 시간이 없었다. 공직 업무가 시민에 보장된 기본적 자유로운 생활을 보호하기 위한 다급한 민생 업무의 연속이었기 때문이다.

이런 생활은 나를 속박하는 어떤 체제로 인함이 아니라, 시민의 편안한 삶을 침해하는 것을 방지하기 위한 일로, 내 스스로 선택한 직업이었다.

36년이란 긴 기간 같은 직종에 종사하는 동안 자유롭게 쉬는 연가를 퇴직 전 한두 번밖에 가져보지 못했다. 평상시에도 남보다 일찍 출근하여 하루 종일 동분서주하다, 밤늦은 시간 집에 돌아와 잠깐 눈을 붙이는 하숙생 같은 생활이었다.

주어진 임무와 책임을 다하려고 애쓰다가 영예로운 정년퇴직 후 홀가분하게 가고 싶은 산을 오르며, 조상의 역사를 다시 읽고, 유적을 자유롭게 구경하는 개인 생활이, 더없는 즐거움과 편안함이다. 그런 과정에 그리던 금강산도 관광을 했다.

금강산은 내금강, 외금강, 해금강의 22여 개의 관광코스가 있다. 그 중 두 곳의 제한된 구역을 북의 안전요원이 감시하는 한정된 시간 내에 북녘 땅을 밟아보는 것으로, 한 많은 민족의 한풀이일 뿐 자유로운 관광에는 미흡했다.

자유로이 내외 금강산을 몇 사람의 일행과 오순도순 올라, 비로봉 정상 뭉게구름에 기원하는 마음을 실어 창공에 띄우고 싶다. 묘향산 정상에서 웅장함과 수려함을 감탄할 기회를 갖고 싶다. 이름마저 아름다운 칠보산을, 민족의 성산 백두산을 언제 우리 땅에서 정상부까지 자유로이 오를 수 있을까.

자기가 거주하는 지역 내에 있는 금강산을 당 간부나 특수층을 제외하고, 이북에 거주하는 일반인은 자유롭게 즐거운 관광을 한 분이 얼마나 될까.

자유自由란 단어를 음미하면 '남에게 구속을 받거나 얽매이지 않고 제 마음대로 행동함'이다. 이는 타에 의하지 않고 자유로운 의사에 의한 행동을 뜻한다. 그러나 무제한의 다복한 자유는 세계 어느 나라도 현실적으로 불가능하다. 주어진 법의 범위 안에서 의사와 행동의 자유를 향유하는 것이 보통이다.

지금까지 북에서는 직장도 당에서 지정하는 곳에서 근무해야 하며, 이웃 시군 간에도 자유로이 여행을 하지 못하고, 당국의 허락을 받아야 했다. 배급제 체제에서 생필품을 공급하지 못함으로, 식량을 구한다며 여행하는 과정에 압록, 두만 강변으로 나온 동포를 통하여 동토의 소식을 겨우 아는 현실이다.

북의 친척에 안부를 전하는 통신의 자유와, 분단 반세기의 이산가족 상봉은 언제 자유로이 할 수 있을까.

이산가족이 만나고, 서신이 왕래하고, 전화로 하루하루의 안부를 전한다면, 비록 체제가 다른 두 정권이 조국을 인위적으로 갈라놓았지만, 하나의 생활권이 될 것이다. 이는 동일 민족 간에 당연한 것이 아닌가. 이 지구상에 왜 같은 말을 사용하는 우리만 조상으로부터 물려받은 땅을 자유롭게 오가지 못하고, 통신도 못해야 하는가.

'7 · 4 남북공동성명서' 정신에 이어진 기대하던 정상회담이 이루어져, 적십자 회담으로 이루지 못한 이산가족의 상봉에 관한 내용이 6월 15일 '남북공동선언'으로 남북 정권의 정상이 평양회담 결과로 발표했다.

두 정권 최상의 책임자가 은닉한 책략의 술수 없이 보통 사람의 양심에서 회합하면, 인간성을 상실한 이데올로기의 굴레에 씌워져 반세기나 갈라져야 했던 모든 이산가족의 자유로운 상봉을 기대할 수 있을 것이다.

이념으로 만들어진 분단의 벽이 같은 민족사에 영원할 수 없다. 물품이 왕래하여 신뢰가 싹트면, 인정이 오갈 것이다. 마음이 합하여 남남북녀의 자유스런 결합으로 새 삶이 소록소록 이룩되길 기대한다.

남북을 자유롭게 통행할 날을 갈망한다. 평양의 진산 대성산大聖山과 동북아시아를 호령한 고구려의 궁성이 있던 평양의 장안성지長安城址를 보고 싶다.

백두대간白頭大幹에 연한 장백정간長白正幹을 종단하여 두만강을 보고 싶다. 반만년 역사에 숱한 외침에도 민족이 존속할 수 있었고, 말과 언어가 지속될 수 있도록 한, 자연석 방어벽의 소임을 한 청북淸北, 청남淸南, 해서정맥海西正脈과 북녘의 대가람을 두루 넘고 건너보고 싶다.

고구려의 유적을 구경하고, 수나라 침략군을 섬멸한 청천강 실수대첩지를 찾아 가 보고 싶다. 을지문덕 장군이 침략군 우중문을 놀린 시구 '신비한 계책은 천문을 꿰뚫고, 오묘한 승산은 땅의 이치를 다 했다. -(神策究天文, 妙算窮地理, 戰勝功旣高, 知足願云止)'를 1400여 년의 후손이, 조상의 혼이 서려있는 현장을 가보고 싶다.

운전하는 차에서 휴대폰으로 북녘 묘향산 관광안내소에 교통 상황을 묻고, 자유롭게 여행할 수 있는 날이 오기를 기원한다.

(2000. 6.)

지키고 쟁취한 자유

집에 라디오도 없으니 뉴스를 알 리 없다. 6·25 남침전쟁이 발발한 줄 몰랐다. 4km가 넘은 길을 걸어 등교하는 월요일 아침은 시내에 이르러 썰렁함을 느꼈다. 일요일에 들리는 포성은 늘 있는 38선 분쟁으로만 생각했다.

학교에서는 정규 수업은 되지 않았다. 상급생 몇 명은 훈련배속장교와 같이 국군 8사단 10연대의 지원 요원으로 갔다.

인민군이 강릉시내에 진주한 후에, 인민반장의 등교하란 연락으로 학교에 갔다. 시내 도로변과 학교에도 카이제르 수염의 스탈린과 김일성의 사진이 곳곳에 붙어 있었다. 수업은 하는 둥 마는 둥 인민군 복장을 한 자가 나타나 스탈린 대원수와 김일성 장군의 노래를 가르쳤다. 그리고 유창한 언변으로 해방 전선에 빠지지 말고 동참하라고 선동했다. 나는 키 작고 어린 중학교 2학년이어서 그날의 의용군 대상에서 제외되었다. 그 후로는 아침에 책가방을 들고 시내로 가는 것이 아니고, 소를 몰고 산으로 가서 풀을 먹이며 지냈다.

새로운 인민의 시대를 외친 점령자는, 농촌에 세금을 부과하기 위해 수백 년 내려오면서 마음대로 따먹던 담 안의 감나무 열매의 수를 세고, 익어 가는 조 이삭의 낟알을 헤아려 빠짐없이 과세하려다가 국군의 9. 28 수복으로 해괴한 과세는 하지 못하고 끝났고, 자유로운 사회가 다시 되었다.

전쟁 발발 초 국군 전투지원을 간 상급생과 나이 많은 동료는 후일 국군이 되었거나 군번 없는 불귀의 객이 되었다. 의용군으로 간 동료는 반세기가 지난 지금까지 생사마저 알 길 없다.

피곤한 농민을 밤에 불러 수없이 세뇌교육을 하며, 청소년을 지속적으로 의용군이란 이름으로 올가미 씌워 데려가던 살벌한 3개월의 분위기는 생각하기조차 싫은 기억이나 오히려 뇌리에 생생하게 남아있다.

성년이 되어 국민을 안전한 가운데 편안하게 사시도록 하는 직업에 청춘을 바치고 퇴직했다. 민족상잔의 전쟁이 이 땅에 또다시 발생하지 않기를 기원하며 살았다.

햇볕정책은 튼튼한 안보 위에서 이룩된다고 DJ대통령이 수차 강조하며 추진하는 때에 맞춰 '남북 화해시대의 안보관'이란 모임을 가졌다. 이북에서 탈출한 분을 연사로 초청하면 말 잘하고 못하고 차이 없이, 당 간부란 새로운 특권층과 당원이란 세포조직이 항상 감시하며, 삶의 기본인 생필품이 부족하고 가난하면서도 자유마저 없나고 한다. 먹고살기 위해 목숨을 걸고 탈출한 심경을 말한다. 한국에서 지원한 쌀의 배급은 들은 적도 받은 적도 없다는 말이다. 북에 지원한 쌀은 당 간부와 인민군대에 전용되고 있으니 옥수수를 지원하여야 군용으로 전용하지 않고 배고픈 백성에게 바로 배급될 수 있다고 말한다.

대북 지원은 투명성과 신뢰가 이루어진 상태에서 행한 것이 아니고, 집권층이 실적을 올리기 위해 조급히 서두르는 과정에 생긴 불신이다. 지원한 현금은 독재 체제의 강화만을 가져오고, 돈을 준 남쪽을 겨누는 포탄으로 변할 우려가 있다. 결국 지금의 햇볕정책은 북 - 녁 인민을 옥죄는 기간만을 연장하며 경제발전에 투자와 보통사람의 생활 향상에 미치지 않는 안전장치가 없는 정책이라는 비판을 면치 못한다.

남북관계를 깊이 이해하는 인사들은 북쪽을 지원해야 한다는 점에는 의견을 같이한다. 민간단체와 종교단체에서는 못사는 북녘 동포의 배고픔을 도와주는 일은 지속적으로 해야 하고, 당국에서는 북쪽의 경쟁력을 기르는 방향으로 지원하여 개혁과 개방으로 스스로 잘 사는 체제를 만들도록 도와주어야 한다.

우리에게 지금 필요한 것은 상대를 이해하는 시기이다. 남쪽은 획일적인 관념에서 세계화를 지향하는 과정에서 다양화되었으며 많은 변화를 수용하고 있다. 자유로운 통신과 통행이 안 되는 저 북쪽이 얼마나 남쪽을 이해하는 체제로 변했는지, 그런 노력은 하고 있는지 알 수 없다.

좌左 우右라고 하는 이념의 시대는 흘러간 한 시대의 계절 돌개바람이었다. 그러나 자유로워야할 우리의 산하에는 인간을 짓누른 인위적인 이념의 돌개바람 잔재가 아직도 떠돌고 있다.

지금, 세상에는 '안보安保는 안 보고 안 생각하는 것이다'라고 역설적인 은유의 말을 한다. 우리 현실은 자기도 몰래 안보 불감증에 중독되었다. 햇볕정책으로 북쪽은 햇볕이 스며들까 두려워 꼭꼭 채우고, 남쪽은 걸치고 있던 안보란 옷이 귀찮다고 훌랑 벗었다.

모든 사람이 더불어 자유롭게 살아가도록 안전한 체제를 유지하는 기반이 안보이다. 사회를 지탱하는 힘으로 법의 안정과 안전을 유지할 수 있는 버팀목이 건재할 때 국민은 신뢰를 갖고 생업에 전념할 수 있다. 많은 지원을 해 주고 있으나 저들은 '남조선 해방전략'을 포기했다고 천명한 적이 없다. 이런 상태에서 대한민국을 전복하려하지 않은 사람에게는 아무런 불편 없는 안보법인 국가보안법을 개정 폐지하자고 아우성이다. 왜 그들은 북쪽도 상응한 조치를 같이하자고 목소리를 내지 않는가.

또 저들의 남침으로 인하여 6·25 동란에서 5만여 명의 희생자와 10만여 명의 부상자를 내며서 우리를 도와주며 자유를 지켜준 것이 미군이고, 이로 인해 주둔하게 되었다. 현재는 이념 전쟁의 상징적 억제력인 주한 미군을 감성적인 어린 학생을 선동해 물러가라고 하는 부류가 날뛴다.

의도된 목적을 이루기 위해 무리들이 벌이는 혼란은 언제 어느 시대나 있었다. 이런 혼미한 생각을 깨우치고, 혼란을 방지하기 위해 가장 건실하게 노력을 경주한 사회만이 천부적인 인간의 자유를 누리며 살 수 있다. 상대에게 자기의 안위를 의탁한 나라는 지구상에서 사라졌음을 명심해야 한다. 침략했던 그들에게 또 '같은 민족'이란 어휘에 현혹되어 속을 것인가.

지금 우리의 자유는 피 흘리고 지키고 쟁취한 자유이다. 자유는 지키고 쟁취한 자만이 누릴 수 있음을 명심하자.

선산에 남긴 흔적

금강산의 이름은 불교문화의 영향을 받기 전에는 우리 조상은 수려한 산에 신선이 살고 있다고 믿어 선산仙山이라고 불렀다. 이 선산은 근래 반세기 동안 반도의 북쪽을 담당한 분의 관할이다.

금강산 관광은 제한된 시간 내에 금강산 땅을 밟아 보는 관광이다. 한 많은 땅, 선산을 찾아가는 남쪽 관광객에 부과하는 벌금액을 정했다. 벌금은 그들에게 필요한 달러로 정했다. 쓰레기를 버리거나 침을 뱉는 행위 15불, 지정된 장소 외에서 용변 10불, 돌에 새긴 글 역사적 유물 봉사시설을 더럽히거나 손상의할 경우 50불 등 7개 항목에 10불에서 50불까지로 정했다.

이와 같이 고액의 벌금액수가 정해져 있고, 관광지 요소요소에 감시자가 있으므로 혹자는 금강산 관광을 벌금 관광이라고 한다. 구룡연 계곡을 오르는 중 주머니에서 휴지가 떨어져 발아래 바위 난간에 걸렸다. 실수로 떨어진 휴지를 잡으려고, 체인을 잡고 엎드려 떨어진 휴지를 줍는 나의 행동에 일행이 박수로 격려한다. 당연한 일이나 그 박수는 벌금관광을 면하려는 행위로 비쳐진 것이므로 야릇한 감정이 가슴에 스민다.

금강산 중 계곡의 아름다움을 잘 간직한 구룡연 계곡은 관리자의 정치구호로 얼룩져 있다. 관광객 시야에 보이는 아름다운 바위의 안면은 정치구호를 음각하고 글자에 페인트칠을 했으므로 자연은 곰보로 얼룩져 신음하고 있다.

92년 9월 '아시아의 평화와 여성의 역할' 제3차 평양세미나에 참가한 L씨에 의하면 금강산 내에는 천연바위 64개소에 3,690자의 정치구호가 있다고 한다. 그 이후에 더 선전구호를 음각했다면 그 숫자는 얼마일까.

구룡연 상팔담에서 건너편 산을 보면 자연 암반에 '주체사상만세'라고 크게 음각한 정치구호가 유난히 크게 보인다. 길이 27m, 넓이 8m의 암반에 글자 한 자의 너비 2.4m 깊이 1.2m으로 크게 돋보이게 새겨 만든 문자에 칠한 주황색 색깔로 더욱 선명하게 보인다.

구룡연 계곡 연담교 암반에 아비가 체제를 승계할 아들의 50해 생일을 기하여 한글과 한문으로 축시를 음각해 놓은 것이 있다. 그 문안에 '백두산정 정일봉' 하고 시작했다. 그로 보아 백두산의 한 봉을 정일봉으로 명명했을 것이고, 그곳에도 또 암석에 음각한 정치구호가 있을 것이다.

서산대사가 우리나라 명산을 평하여, 지리산은 장엄하나 수려하지 못하고(壯而不秀 - 장이불수), 금강산은 수려하나 장엄하지 못하고(秀而不壯 - 수이부장), 묘향산은 산중의 산으로 장엄하고 수려하다(亦壯亦秀 - 역상역수)고 평하였다. 이 수려하다고 한 선산이 정치구호로 얼룩져 있다.

우리가 겨우 가서 본 만물상계곡과 구룡연 계곡에서 현기증을 느낀 수많은 암반에 음각한 정치구호는 도저히 복원이 불가능하다고 생각된다. 후일 이 정치구호도 관광자원이 될까? 장엄하고 수려하다는 묘향산이나 민족의 발상지인 백두산과 구월산 등등 그 수많은 아름다운 산하에도 같은 정치구호가 새겨 있을 것이다.

침을 뱉는 행위에 벌금 15불인데 자연 암반에 글씨 새긴 것은 금액으로 환산하면 한 자에 몇 불의 벌금에 해당할까.

만물상 계곡의 천선대는 망장터를 지나 하늘문을 통과하여 휘돌아 암반에 올라서면서 만물상 계곡에서 가볼 수 있도록 허용된 마지막 관광 장소이다. 10여 명이 서서 관람하면 천하 절경 만물상 계곡의 진수를 알 법도 하다. 그러나 제한된 시간 내에 낙오하지 않고, 빨리 보려고 밀고 닥치는 와중에 움직일 수 없다. 되돌아 설 틈도 없다. 이것이 도떼기시장에서 극에 달한 혼란의 표현인 아비규환이다. 옆 공간, 김일성이 왔다 갔으므로 사적지라는 표석이 있는 곳은 관광객이 올라서도 안 되는 신성한 곳, 지킴이(감시자)가 노려보고 제지하는 그 곳을 제외하곤, 카메라의 셔터를 눌러 달라고 부탁하기도 어려운 혼잡이다. 밀치키면서도 눈에 보이는 신비한 산세가 못난 관광객의 불만을 잠재운다.

말로 다 표현할 수 없는 아름다운 절경을 보고 '하늘의 선녀가 하강하여 금강산을 구경한 천선대'라고 이름 지어 붙인 우리 조상의 행적은 그 시대의 풍류이고, 관광이었다.

관광이 정신적 즐거움을 위한 여행이라면 우리의 금강산 관광은 북녘 명산의 흙을 밟아보기 위한 한 많은 민족의 행동이다. 즐거움을 위한 여행은 자연과 산세를 바라보는 여유로움과, 지역 풍물, 지나간 옛분의 행적을 더듬기도 해야 한다. 그러나 우리를 감시하는 자를 제외하고 북쪽의 순수한 민간인을 한 사람도 만날 수 없다. 풍물을 음미할 수는 더욱 없다. 제한된 시간에 허락된 계곡의 한정된 지역을 통제하에 걸어 오가며, 정치구호를 보고 배경사진 몇 장 촬영하고 돌아올 뿐이다.

흐르는 물, 등하산 길, 보이는 어느 곳이나 쓰레기 한 점 없이 깨끗하게 보호한 점은 북쪽 관리자에게 감사한다.

관광으로 북쪽에 지불한 금액이 상당액수이다. 이 돈으로 우상을 더욱 공고히 하므로, 궁핍한 서민 머리 위에 군림한 북녘 기득권층의 보호와 세력 연장의 수단이 되지 않기를 바라며 관광을 마쳤다.

더 이상 정치구호를 신이 만든 선산을 얼룩지게하지 않기를 기원할 뿐이다.

소주고개의 어머니 비문

춘천시 남산면 소주고개 정상에 살신殺身 모정의 사연을 기록한 비碑가 있다.

민족상잔의 6·25당시 유광식柳光植은 50년 9월 22일 어머니 정 여사와 같이 남면 후동리 소주고개를 손을 잡고 넘다가 정상에서 인민군에 검문을 당했다. 소년 유씨의 몸에서 태극기가 발견된 순간 인민군 장교가 살상을 명하여, 유군을 구렁텅에 밀쳐넣고 돌로 난타하기 시작했다.

어머니는 인민군 장교에 옷자락을 잡고 애원했으나 들어주지 않으므로, 황급히 몸을 날려 온몸으로 아들을 감싸 가리었다. 난타는 계속되어 어머니는 두개골이 깨어지고 척추가 부러져 처참하게 시신이 되었다. 그 아들은 어머니의 결사적인 보호로 구사일생 생명을 구했다.

태양보다 뜨겁고 바다보다 깊은 살신모정殺身母情의 이야기를 널리 알리고자 1994년 5월 8일 제 22회 어버이날에 그 장소에 아래와 같은 모정을 담은 시비를 세웠다.

모정母情

6 · 25 동란 모진고개를

태극기 몸에 숨긴 아들 손잡고
멀고도 험한 길 넘던 어머니
인민군이 내려치는 큰 돌들을 막아
살신으로 아들을 살리시고
역사의 하늘
이 고갯마루에
영원히 잠드신 어머니
애잔한 바람소리
우뚝 선 모정
온 누리에 넋으로 퍼집니다.

그로부터 반세기가 흐른 지금, 태극기 손에 들고 몸부림 친 3·1독립운동의 절규도, 8·15 광복이 온 경위도, 6·25의 참상도 잘 모르는 젊은 세대가 그 비문을 읽으면, 왜 그는 태극기를 가지고 갔을까, 생각할 것이다. 같은 민족이라고 구두선처럼 종알거리는 세대가 보면 왜 인민군 장교는 죽이라고 명했을까. 명령이라고 인민군 병사는 그렇게 잔인할 수 있을까, 의아해 할 것이다.

그러나 그때는 그런 대로 사정이 있었다. 자유 대한민국을 수립 후 공산주의와 대치한 상태에서 국가를 상징한 태극기를 소중하게 다루었으므로 국민은 피난길에도 국기를 가지고 다녔다. 6·25 새벽 기습 침략하여 1개월 단기전으로 적화통일을 하려던 인민군은 미군의 참여로 9월말 패색이 짙어질 때 태극기를 소지한 자를 보았을 때 죽이고 싶었을 것이다.

춘천시 북산면 물로리 살던 옥문익玉文益씨는 원래 인제 출신이다. 해방 직후 당에 입당하라는 것을 차일피일 미루는 자신에게 위협이 닥쳐 옴을 직감하고 월남하여 가리산 산록에서 자연에 묻혀 살며 목수

일로 생활하던 분이다. 6·25 남침 패잔병들이 궁병골 화전민 가옥을 습격 수색하다가 집에 태극기가 나오니 산에 있는 밀정(간첩)이 아니냐며 구타하여 옥씨 부인의 애원으로 죽음을 면하고, 평생 그 후유증으로 고생하시는 분이 있다. 국가를 상징하는 태극기를 보면 이렇게 저들은 잔인했다.

참상의 민족상잔이 반백 년이 지난 지금 우리의 현실은 저들의 전술적인 선전선동에 마취되어 있다. 근대사 역사 교육을 등한히한 대한민국의 청소년층에는 좌경 서클에서 의식화 교육으로 주입한 세뇌 결과 6·25를 북침으로 알고 있는가 하면, 자유를 지켜준 미군이 한국전쟁에서 동포를 잔인하게 살상했다고 의도된 왜곡 선전 내용이 확대 재생산되어 골골이 스며들어 흐르고 있다. 그 결과 한국의 청소년층의 여론조사 결과 상당수가 이북은 같은 민족이고, 북쪽보다 더 나쁜 것은 미국이라 답했다 한다.

광복 후 북쪽에서 대남 게릴라의 양성소인 강동정치학원의 책임자로 있던 박병율朴秉律이 김일성의 숙청을 피해 소련으로 탈출하여 그레고리 박으로 개명해 살고 있다. 그에게 6·25가 북침인가 남침인가 하고 물으니, '6·25의 새벽 38선에서 기습당한 수많은 한국 군인이 더 잘 알고 있지 않는가?' 라고, 그는 말했다.

우리들이 단군의 후예, 단일 백의민족이란 말에 익숙해진 것을 역사학자이며 독립운동가인 단재 신채호 선생과 같은 운동가들이 반도半島에 살고 있는 분들이 일본에 대항해 대동단결을 하기 위해 절규絕叫했기 때문이다. 그런 연후 정치가들이 정략적으로 단일 백의민족을 되뇌어 지금은 아주 친숙해진 단어이다.

국제공산주의 운동에서는 노동자 농민이 아닌 '민족'을 부르짖으면 반동이다. 해방 직후 북쪽에서서는 대한민국의 '반동민족진영'으로 불렀다. 신탁통치를 반대하다가도 국제공산당 지령에 의해 찬탁으로 변했고, 6·25 남침 점령지에서 스탈린 대원수의 노래부터 가르쳤으므로 저들을 '괴뢰'라고 불렀다.

필요할 때는 사용하고 필요 없을 때에는 비판하는 것이 공산당의 수법이다. 저들은 남북대화와 경제지원을 요구하면서 같은 민족이라고 들먹이고 있다. 과연 그들의 숨은 저의가 무엇일까. 6·25에 기습 남침한 자를 승계한 자들이 민족이란 용어를 사용할 자격이 있는지, 생각해 본다.

같은 반도에서 반만 년을 같이 살을 맞대며 살아온 혈족血族 간에 상잔相殘의 비극이 다시없기를 기원하면서, 감성적인 민족民族이란 단어보다 자유를 지켜온 용기 있는 '국민國民'이란 말이 더 가슴에 와닿는다.

(2004. 10.)

공명하자고 찾아온 일본 학생을 보고

K대학에서 일본과 한국학생과 만남을 참관해 본 적이 있다. 한 사람 한 사람의 인상과 체격은 한국 학생들이 월등하게 잘 생겼다. 개성을 마음껏 발휘해 머리까지 원색의 물감을 아름답게 들인 한국학생들이 이어진 토론시간에는 대단히 피동적이다. 검소하고 단출한 차림의 일본학생들은 자기의 발표 순서를 기다리며, 차례가 왔을 때에 소신껏 할 말을 다한다.

일본 학생들이 한국에 온 것은 북한(북조선)에 의해 납치된 사건을 공동의 관심을 갖고 같이 호소, 공명共鳴하자고 왔다. 한일공명학생사절단韓日共鳴學生使節團으로 지원하여 한국에 온 학생들이니 자기의 소견이 있다.

고이즈미小泉 일본 총리가 2002년 북한을 처음 방문했을 때, 김정일이 일본인의 납치 사실을 시인한 후 일본내에서 사회적인 관심사가 되고, 학생들은 그 이후에 NGO 회원이 되었다고 한다.

이들은 6·25동란과 그 후에 수많은 국민을 북에 납치당한 한국에서 학생들과 공동의 관심을 갖고 호소, 행동하자고 한국을 방문한 학생들이다.

이들은 자기의 자비를 들여 한국에 왔다. 한국 땅에 와서 먼저 국립

현충원에 들러 헌화하고, 특히 6·25 한국전쟁시 일본에 있던 한국동포 학생들이 자원하여 참전했다가 전사한 50명의 묘소에도 헌화했다고 한다.

6·25동란시 한국에서 북쪽 집단에 납치당한 인사가 8만2천여 명이며, 강원도에서만 납치된 인원도 14,422명이다. 이 수치는 전원 자진 월북자는 절대로 아니다. 자진 월북한 자와 어린 청소년을 선동과 유인해 데려간 자와 행정착오로 포함된 자도 있었을 것이다. 전쟁에 패주하여 가는 자들이 절대권자의 명령 없이 귀찮게 다른 사람을 대동해 가겠는가. 6·25동란시 저들에 의해 피살된 백성의 수도 59,964명이며, 접전지인 강원도민의 피살자도 1,216명으로 보도된 바 있다. 휴전 후 해상에서 조업 중이던 어부도 납치되었다가 아직까지 487명이나 귀환하지 못하고 그 생사조차 모르는 가족들은 기다리며, 귀환시켜 달라고 애타게 호소하고 있다. 2006년 3월 이산가족 금강산 만남의 행사에 신성호 납북어부 천문석이 나와 남쪽의 가족을 만나는 장면을 방송하던 남측 기자가 '납북과 납치'란 용어를 사용했다고 모든 이산가족의 귀환이 9시간 지체되기도 했다.

납치되어 북으로 끌려간 명단이 휴전협정이 전에 작성되어 정부문서 보관소에 보관되어 있으나 북쪽의 예민한 부분을 건드리지 않고, 납치 집단에 비위를 맞춰 가며 달래듯 당근만 제공하여 왔으므로, 이 문제는 국내에서는 집권사들에 의해 무관심의 심연에 깊이 묻혀 버렸다.

일본에서는 김정일이 시인한 일본인 납치 인사는 15명(일본귀환 5명, 수명 이미 사망)이나 일본에서 NGO단체들이 파악한 일본 서해안에서 행불되어 북쪽 김정일 집단에 납치되었으리라고 추정하는 수는 무려 60여 명이나 된다고 한다.

탈북자를 돕던 한국의 김동식 목사가 중국에서 2000년 1월 납치된 직후 1월 19일에 외교부 영사과에 신고했으나 현재까지 그 안위도 모른다. 6·25 동란에 국군으로 참전했다가 포로가 되어 귀국하지 못하고 북에 남아 있다가 두만강을 넘어 탈출했던 71세의 한만택씨는 2004년 12월 26일 중국 연변의 고려호텔에서 남쪽 가족의 연락을 기다리는 중 12월 28일 중국공안에의해 검거됨으로, 29일 남쪽 가족이 한국정부에 알리고 협조를 요청했으나 2005년 1월 26일 중국정부는 그를 북송했다. 그동안 우리 정부는 무엇을 했는가.

일본에서 일본인 요리사를 납치하고 한국에 남파되어 활동한 간첩 신광수를 포함해 미전향 장기수 63명을 납북동포 귀환, 6·25국군포로 귀향, 등 어떤 상응한 조치 없이 북송했다. 이런 당국은 국민이 존경받는 목사가 저들에 납치되어 갔는데도 어떤 노력을 했는지 알 수 없다. 오히려 이들 63명은 감사는커녕 2005년 말에 상식이 안 통하는 10억 달러 보상을 고소란 형식으로 요구해 오기까지 했다. 국민으로부터 권력을 위임받아 정책의 중심부에 앉은 자들이 납북 동포에 대해 고의로 묵살했는지 정권의 유지를 위해 백성의 아픈 상처를 외면하였는지 어떤 피치 못할 상당한 이유가 있었는지는 후일 역사의 평가항목이다.

6·15 남북공동성명이 나온 정상회담을 하기 위해 수억 달러를 북의 위정자에 주고 구걸求乞 회담을 했다느니, 그 위정자가 재야시절 일본에 있을 때 북으로부터 많은 신세를 지고 대한민국의 대통령이 된 후에 북쪽에 보답했다느니 등, 별의별 유언비어가 인터넷에 회자되어도 공식적인 국가기구에서는 아무런 반응이 없었으나, 국정감사에서 부산 출신 엄호성 국회의원의 폭로성 질문으로 구색을 맞춰 겨우 북으로 5억 달러를 보낸 것이 우여곡절 끝에 확인됐다.

6·25때 북에 끌려간 국군포로는 약 1,500명 정도가 남으로 귀환하지 못했으며, 아직도 생존자 500여 명이란 숫자는 연로하여 저세상으로 가는 시기가 날로 가까워 가는데, 금후 이를 어떻게 처리할 것인지 궁

금하다. 겨우 김문수씨가 국회의원으로 있을 때 김 목사와 한만택 국군포로 북송 문제를 국정조사하자고 제의했다는 보도가 있었을 뿐이다. 심각한 인권문제를 보고도 말하지 못하는 수준인가.

전 세계인권 단체가 북한의 인권을 우려해도 우리 정부는 반응이 없으며, UN 결의에도 한국정부는 기권으로 일관했다. 그러나 북쪽에서 선동 선전하는 구호나 용어는 즉시 한국좌경 시위대의 구호로 열렬히 사용되고 있다.

병술년은 개띠의 해이다. 개는 이상한 것을 감지하면 짖는다. 옆집 개가 짖으면 이웃집 개도 덩달아 같이 짖는다. 이는 감각이 발달한 우공의 자연적인 생리이다. 북의 선동선전 용어에 꼭두각시로 따르지만 말고, 인권의 사각지 북쪽을 보고 우방의 자유 시민과 같이 소신을 말하는 해가 되었으면 하였더니, 2006년 말에 기권 없이 표결에 참여했다.

개별적으로 일본에 비해 월등한 한국학생과 정치인들이 납북동포와 국군포로를 돌려보내라고 제 목소리를 내기 바란다. 체제의 위험분자라고 가차 없이 수용소에 가두어 죽어가는 북한동포의 인권에 대하여 보다 관심을 갖는 해가 되기 바란다. 북의 인권을 호소하는 자유 우방과 더불어 긴밀한 협조로 북한 동포가 질곡에서 체제적으로 자유스러운 보장이 되도록 노력하길 새해아침에 기대해 본다.

남북이 사유로워진 훗날 북한 동포의 열악한 인권 상황을 알고도 당신은 그때 무엇을 했는가? 라는 물음에 나는 무엇이라고 대답할 것인가.

(2007. 1.)

V.

서민의 마음을 헤아리는 자가

계란에 바위가 흔들렸다

한강의 발원지 검룡소, 가장 긴 민족의 젖줄 낙동강의 발원지 황지, 단군성조의 얼이 배어 있는 서기어린 태백산, 이 모든 것이 자리한 국내에서 제일 높은 해발 700m에 위치한 태백시太白市.

주탄종유主炭從油 에너지 시대에 먹고 살기 위해 전국 방방곡곡에서 모여든 민초들이 지하에서 검은 흑진주 무연탄을 24시간 간단없이 캐던 곳, 이름만은 희고 희다는 태백太白, 초등학생의 하천 그림은 당연하게 까맣게 칠할 때, 살고 있는 거리는 온통 검은 무연탄 휘날릴 때다. 서울 동대문 밖에서 동해 어간에 제일 흥청거린다는 태백시 황지 대구관은 귀하신 손님을 맞아 번질거리는 얼굴 사이사이로 앉은 미녀들의 교태가 몽롱한 눈동자에 서려 형광등 불빛을 타고 넘쳐흘렀다. 여흥의 주석 상석에는 영감님이 주빈, 사법권의 칼자루를 쥔 귀하신 몸이다. 크나큰 방안에 가득한 사장님들은 저마다 영감님의 귀를 즐겁게 하는 말을 경쟁적으로 종알거린다. 영감님에게 잘 보이려는 소음이 방안에 가득 넘쳐흘렀다.

귀하신 분은 먼저 경치 좋은 야외에서 흥을 돋우고, 더 진한 향을 만끽하려고 2차로 대구관에 모인 금준미주金樽美酒의 좌석이다. 주석에 참석자들은 광부의 피땀 위에 보다 더 많은 이익을 차지하려는 사장들, 광산도시에서 하늘에 머리 둔 내노라 하는 분들, 귀하신 몸이 행차하신다는 관내 사장님의 귀띔으로 괘씸죄를 면하려고 참석한 시민의 대표 시장 S씨와 경찰서장 부재중에 대리 참석한 수사과장도 한쪽에 있었다.

시간이 흘러 자정을 바라볼 때다. 주지유림酒池肉林의 방 마루에는 시장 S씨가 술을 피해 나와 있었다. 과장도 다음날 일직 강릉으로 출장을 가야 함으로 빨리 술자리가 끝나기를 바라며 마루로 나왔다. 당시 태백경찰서는 교통편과 생활권을 감안해 태백시와 삼척시의 도계읍도 관할하고 있었다. 삼척 도계읍의 사건은 강릉지청으로 사건을 송치할 때이다. 화장실에 갔다 오던 귀하신 몸은 시장과 과장이 마루에 나와 있는 것을 보고 '이××들 손님 청해 놓고 밖에 나와 있기야! 하며 힐난과 추태이다.

광산 사장들이 초청했나? 구역질나는 좌석을 역겨워하던 과장은 지엄한 지존에게 '○○○이면 술좌석에서 나이도 없느냐!'고 한 한마디가 달아오른 여흥에 찬물을 끼얹은 격이 되어, 뿔뿔이 헤어졌다. 지엄한 분들도 보다 진하게 쉬어가지 못하고 깊은 밤에 어평재를 넘어 영월로 돌아갔다.

이런 일이 있은 후, 곧 과장이 구속된다는 말이 유비통신에 의해 회자되었다. 광산 노조원의 집단 시위를 처리하기 위해 그곳에 인사권자에 의해 일방적으로 배치된 과장은 그런 유비통신을 아는지 무관심했다.

광산촌은 우발폭력과 더불어 산다. 지열과 분진 속에 가장 열악한 작업조건하에 지하 깊은 동굴 속에서 무연탄을 캐던 단세포생리의 광부는 사소한 일에도 격한 물리적 감정 표시로 폭력이란 죄명으로 중한 법의 심판 대상이 된다.

검찰의 구속지침은 사법경찰관의 준수해야할 강령이다. 사건취급을 하는 실무자가 '이런 것도 신체적 속박을 해야 하나' 하는 사건조차 3주 이상의 진단서만 첨부된 고소장을 접수하면 구속영장을 신청해야 했다. 형식상 구속대상이라 해도 조사결과를 보면 구속이 부당한 것이 있다. 이런 것은 불구속 상태로 검찰에 사건 송치했다.

이런 불구속 사건의 피의자는 어김없이 검찰에 소환되어 '과장에게 어떤 청탁을 하고 구속되지 않았느냐?'의 추궁을 당했다. 아무런 청탁 한바 없으니 그들이 바라는 진술을 들을 수 없었다. 피조사자는 무릎을 꿇리고 바른 말을 하란 회유와 구속한다는 협박을 당했다. 때로는 발끝에 채이며 당할 대로 다 당한 후에 귀가하여 겪은 수모를 하소연하니, 그 이야기는 바람을 타고 삽시간에 탄광촌에 넘쳐흘렀다.

검찰에서 약점 있는 형사를 하수인으로 과장의 꼬투리를 잡으려 한다는 풍문을 내근직원이 듣고 근심스럽게 과장에 말했으나 그 과장은 덤덤했다.

경찰에 구속피의자를 자주 면회 오는 K와 Y는 법원과 검찰에 수시 드나드는 무위도식자들이다. 그가 면회한 구속 피의자들은 검찰에 송치하면 영락없이 즉시 검찰에서 석방된다. 그래서 경찰은 검찰의 구속지침대로 구속하고, 그들은 구속피의자를 풀어주는 자격증 없는 요사스러운 변호사 이상의 존재이었다.

이렇게 흘러가는 중, 시간이 흘러 지엄한 영감은 과장의 비위를 발견하지 못하고 타처로 전보되었다.

업무처리 중, 과장은 '요사이 K와 Y가 잘 있느냐?' 고 물은 것이 강력한 전류의 충격파로 전해진 듯, 그들은 잠적했다. 토요일 오후 비상소집된 내근 조사요원들은 조사계장의 인솔로 충북 음성에 은신 중이던 그들을 임의 동행해 왔다. 연행해 조사한다는 말은 동선에 전류가 흐르듯 연락되어, 그날 밤에 지청의 모씨 등은 급히 태백으로 넘어와 자기들과 교감이 통하는 외부형사를 통해 연행된 자들의 조사내용을 알려고 혈안이 되었다.

월요일 변호사법 위반으로 구속영장의 신청서류를 본 후에 그들은 안도의 한숨을 쉬었을 것이다. 변호사법위반 범죄 사실에는 법 위반과정의 협조자와 금전 수수자의 성명이 명기되지 않았기 때문이다. 또 사건을 검찰로 송치하면 자기들이 종결하기 때문이다. 조사형사는 며칠 후 구속자의 신병을 넘겨받아 사건을 종결하는 저곳의 관련된 것을 강력하게 추궁하기에는 제도상 한계가 있기 때문이다. 그 후 K와 Y는 시민의 감시와 여론에 힘입어 실형을 선고 받고 복역해야만 했다.

과장은 계란으로 바위를 친 격이 되었으나, 계란은 깨어지지 않고 바위만 요란하게 흔들렸다. 그는 백두대간의 대자연에 싸여 우직하게 살았으나, 그 후 승진하여 시군의 일선 치안 책임자를 끝으로 영예롭게 정년퇴직했다.

오늘도 산을 오르며, 함백咸白 태백太白 양 백산兩 白山 아래서 수사권 독점시대에 검찰의 수사 권력이 넘쳐흐르던 시절에 있었던 이를 되새겨 보며, 수사권은 분립되고 균형을 이루어야 진정 국민을 위한 제도로 진일보된다고 생각한다.

서민의 마음을 헤아리는 자가

‘3리 되는 성城과 7리 되는 외곽을 완전 포위한 것은 천시天時의 얻음이다. 이렇게 유리한 조건에서 성을 공격하고도 이기지 못하는 것은 천시가 지리地利만 못해서이다. 성이 높고, 군비가 견고하며, 물량이 충분함에도 성을 지키지 않고 버리고 가는 것은 인화人和를 얻지 못했기 때문이다. 대다수의 백성의 마음을 헤아려 인화와 정도로 행하면 모든 사람의 도움을 받느니라.’

이는 전국시대의 호전성의 제후에게 평화주의자 맹자孟子가 백성의 인화를 얻어 통치하도록 강조한 말씀이다.

해방 후 나라를 지켜 백성을 편안히 살도록 한 절대공로자는 경찰이다. 그렇게 많고 중요한 일을 하였으며 민생치안의 중추기관인 경찰은 책임에 버금가는 권한이 없으므로 하수인 집단이었으나, 근래 청廳으로 하여 외모는 갖추었다.

현실적으로 모든 수사 업무의 절대치를 경찰이 담당하고 있으므로 수사권을 가질 때가 되었다. 반대하는 이유로 업무 수행할 능력과 자질이 부족하다고 하여 왔다. 그러나 그런 말을 하는 분은 과거만 알고 현재를 모르는 구두선이다. 인권 운운하는 것도 과거에 있었던 구시대의 허물이다.

시대적인 흐름을 가장 예리하게 판단한다는 분이 야당 시절 경찰의 수사권을 현실화를 주장했고 그 후 국정의 최고 책임자로 선출되었으나 수사권 조정은 이루어지지 않았다. 그 정권은 대를 이었다. 그래서 천시天時는 계속되고 있다.

천시는 지리만 못하다고 했다. 하수인을 시도 때도 없이 마음대로 흔들 수 있는 주어진 여건을 고수하려는 계층은 반대할 것이다. 또 그들에게 빌붙어 사는 집단도 반대할 것이다. 남의 노력한 대가와 과실로 자기의 위치를 보다 빛내려고 하는 집단, 수사권 독점단체에서는 극구 반대하리란 것은 삼척동자도 다 아는 사실로 지리적地利的 여건은 불리하다.

서민을 편안하게 살도록 하는 것은 소극행정인 치안 분야 경찰의 몫이다. 보다 잘 살도록 하는 것은 조장 행정이 할 일이다. 더 잘살기 위한 경제발전도 문화의 창달도 편안한 삶 위에서 이룩된다.

통제위주의 행정이 주권자인 국민을 모시는 체제로 변하여진 지 오래이나, 오직 질서를 유지하는 사법적 서비스만 구시대의 통제의 틀을 고수하고 있다. 지금은 지구촌 시대이다. 자기 책임 하에 소신껏 일하도록 여건을 갖추어 주어야 한다. 지금은 신속과 능률로 경쟁하는 시대이다.

인간의 창조적인 에너지를 부정적인 방향으로 분출하면 사회의 비난을 면할 수 없는 탈법 행위가 된다. 법을 위반하는 사람의 부류와 계층이 따로 있는 것이 아니다. 다양한 현 세대는 각종 제한 규정에 고의든 과실이든 부지부식 간에 위반자가 될 수 있는 것이 현실이다. 그러므로 법의 규제대상은 누구나 된다.

유리같이 투명해야 하는 세상에, 누가 타인의 위반 행위를 감싸고 용서할 수 있는가. 아무도 없다. 하여서도 안 된다. 법아래 평등만이 공감을 얻을 수 있다.

각종 제한규범을 위반하면 소정의 절차에 따라 정당한 법의 평가를 받은 후에야 마음이 홀가분하게 되고, 사법적 불안으로부터 해방된다. 이런 불안으로부터 벗어나기 위하여 공평한 절차에 의한 불편과 불안 없이 조사를 받고, 종결하는 과정이 가장 합리적이며 그런 나라가 선진 민주주의 국가이다.

이웃 간에 음주 후 우발적인 폭력사건을 자기고장 경찰에서 조사 받고, 같은 내용을 다시 검찰에서 2중 조사 받는 것이 현실이다. 이는 형사 정책상 가장 비경제적이고 비효율적이다. 이런 연유로 수사권은 현실적으로 대부분의 수사를 담당하고 있는 경찰에 수사권을 현실화 해주는 것이 가장 합리적이다.

지리는 인화만 못하다고 했다. 법의 수혜자이고, 법의 규제를 받는 분은 일반 서민이다. '일반서민의 법적 권익을 가장 불편 없이 잘 보호하여 주는 자가 누구'인가 관건이다.

경찰 수사권은 누구나 모두 공감할 정도로 서민을 평소 잘 보호하면 누가 위정자든 시대의 흐름에 따라 당연히 현실화될 것이다. 그러나 저들이 수사권을 가지면 더 불안하다고 민초들이 생각한다면, 수사권 현실화가 이루어질 수 없는 것은 자명하다.

한 일이 순리적으로 이루어지려면 천시, 지리, 인화가 갖춰져야 한다고 한다. 그러나 인화를 얻지 않고서는 언제든지 아무것도 이루어지지 않는다.

전국의 방방 곡곡의 경찰이 모두 한마음 되어 '국민을 친절하게 모시고 민원을 가장 공정, 신속하게 처리함이 생활화되면' 국민의 인화人和에 힘입어 수사권은 꼭 현실화 될 것이다. 또 천시의 때를 만나 추진하는 지휘층의 능력도 인화에 힘입어 더 분발해야 할 것이다.

수사권이 이루어진 후에라도, 인화에 의한 주민이 협조 없이는 아무도 이룰 수 없다는 것을 좌우명으로 명심할 일이다.

누가 더 친절한가

요사이는 조석지간으로 너무 많은 변화를 접하므로 웬만한 일은 별 관심이 없다. 그러나 근래 위정자의 정치 공약으로 이어진 자치경찰과 수사권 현실화 문제는 서민의 생활과 직접적인 관련이 많으므로 관심이 된다.

범죄는 특유한 환경에서 자란다고 생각한 때도 있다. 그래서 과거 서양에서는 범죄 인류학설이 있었고, 동양에서는 골상학에서 범죄인을 구분하려고도 했다. 그러나 창조적인 인간이 분출하는 에너지를 긍정적인 정상의 궤도를 벗어나 분출하면 범죄가 된다. 고의범은 그렇다 해도, 과실법과 행정법규 위반은 복잡한 세태에 휘말려 살다 보면 부지부식 간에 법의 울타리 한계를 벗어날 수 있는 것이 현실이다. 그러므로 누구나 다 법의 제재대상이 된다. 그래서 범죄는 창조란 동전의 이면이라고도 하며, 노아의 방주를 타고 올 때 선善은 짝으로 악惡과 같이 세상으로 왔기 때문에 문명의 발달과 더불어 범죄는 성장해 왔다고도 말한다.

우리의 삶 중에 부지부식 간에 자기에게 닥친 법의 제재를 거치는 과정에는 그 조치를 신속하고 친절한 가운데 온당하게 마친다는 것은 대단히 중요하기 때문에 수사권 현실화가 모든 이의 관심이다.

지금은 지방화 시대이고 민주주의가 성숙해가는 시대이다. 하나의 제도가 이룩되려 하면 반드시 그 연유와 타당성이 있어야 한다. 수사구조 개선 문제는 최고 위정자들이 대를 이어 대권 도전시에 대국민 공약사항이므로 시기적으로 무르익었다. 관심과 기대 속에 검찰의 총수와 경찰 총수가 국정TV에서 토론으로 당위성을 논하는 단계까지 갔다. 경찰의 사건처리 능력, 인권을 보호하기 위해서 아직 수사권은 이르다는 말을 해왔다. 이것은 구실을 만들기 위한 말이란 것을 아는 사람은 다 아는 사실이고, 대부분의 수사는 경찰이 다하고 있다. 지금의 순경 시험 응시자가 대부분 대학 졸업생으로 경쟁시험을 거쳐 교육을 받고 임용되며, 한국의 수재들이 경찰대학을 거쳐 경찰 조직의 모든 기능에서 중추역을 하고 있다. 인권유린은 민주화 과정에 두 기관 공히 깨끗하다고 말하지 못할 것이고, 현재 어느 기관이 더 국민에게 친절하고, 권위적이 아닌지가 문제라고 생각한다.

촌음을 아끼고 경쟁하는 시대, 지구촌 시대에 사법제도만이 대륙법계의 구식 제도로 되어있다. 같은 사건을 경찰에서 조사받고, 또 다시 검찰에서 소환되어 조사 받는다는 것은 국민을 봉사의 대상으로 보지 않고 통제의 대상으로 보던 시대의 잔재이다. 대륙법의 본고장 독일도 현재는 수사개신권이 경찰에 있다. 변사사건은 노련한 수사 경찰이라면 범죄에 기인되지 않는 것으로 즉시 알 수 있으나, 탁상에서 지휘하는 검사의 지시를 따라야 하기 때문에 시간이 천연遷延하여 장례일정에 차질이 오는 경우에는 모든 문상객들은 정부 당국을 원망하게 된다. 기소 독점주의 나라에서 검사의 소추를 위한 미진한 수사의 보완을 위한제도는 얼마든지 발전해 갈 수 있다.

움직이는 정부인 경찰이 무력하면 서민 보호가 부족해진다. 국민을 통제대상이 아니고 봉사하고, 편하게 모시는 지방화시대의 형사소추 과정의 수사체제는 당연히 경찰에 수사권 부여로 현실화해주는 것이 국민편익 차원에서 당연한 것이 아닌가.

그리고 관련 경찰은 검찰보다 더 친절한가 반성하고, 안으로 채찍질하여 국민을 잘 모실 것을 소망한다.

(05. 04.)

심일로를 걸으며

진정한 국가 발전의 교훈은 역사에서 배운다고 한다. 배고픔을 모르고 자란 분들은 6월 항쟁을 논하고 6·15는 알고 있으나, 6·25는 잘 모른다.

북에 구금되어 있는 민족의 지도자 조만식 선생과 간첩 이주하 등을 26일 38선상 여현역에서 교환하자고 제의해 와 평화의 무드가 이루어지는 양 모든 관심을 쏠리게 하고, 그 하루 전 25일 새벽 04시에 기습 남침해 수백만 명의 동족살상 참극이 발생한 것은 반세기 전의 일이다.

6·25 한국전쟁의 삼대 격전은 춘천 전투, 다부동 전투, 인천상륙전을 말한다. 대구 북방 다부동 전투는 대구를 사수하기 위한 격전이고, 인천상륙작전은 적의 허를 질러 일거에 전세를 뒤집은 전투이다. 그보다 더 중요한 것이 춘천전투임에도 그 진상을 춘천에 살고 있으면서 모르는 분이 많다.

침략군은 수적으로나 전투력에서 막강했다. 인민군 1군단이 서울을 공격하여 한국의 후방 전투력까지 수도 서울을 방어하기 위해 투입할 때, 인민군 2군단은 춘천을 당일로 점령하고 수원까지 우회 포위하여, 한강 이북에서 대한민국의 군사력과 정치력을 일거에 소멸하려 한 전략이었다. 그리고 그해 8월 15일 서울에서 조선인민공화국 국토통일을 선포하려고 계획한 6·25 남침은 춘천을 당일로 점령하지 못함으로 그들의 의도는 파탄났다. 그리고 동족상잔의 비극은 3년 1개월이나 이어졌다.

양구 방향에서 38선을 쉽게 넘어, 춘천으로 진입하던 인민군 2사단 4연대는 예기하지 못한 강력한 저지를 당했다. 남침 도로를 내려다 보고 통제할 수 있는 위치에 견고한 방호진지화한 춘천경찰서 사내지서(현재 소양호에 수몰)에서 지서장을 포함한 경찰관 9명과 대한청년단장과 대원 1명 등 총 11명은 최후의 1인까지 남침을 저지했다. 다급한 침략군은 포격으로 겨우 지서의 화력을 잠재웠다. 인근에서 목격한 송종열 옹은 25일 11경에 총성이 멈추었다고 증언한다. 이렇게 침략자의 진격이 지연되는 사이에 국군 7연대 2대대는 신북면 샘밭 남쪽 원진나루에 주저항선을 구축할 수 있었다.

화천 방향에서 당일로 춘천을 점령하고자 한 인민군 2사단 6연대는 38 경계선상의 모진교母津橋(춘천댐에 수몰)를 점령하고 T-24 전차를 개조한 SU-76 자주포차를 앞세워 13km 남방의 춘천으로 진격했다. 진격전의 선두 자주포차 2대를 국군 7연대 대전차 중대의 심일 중위의 활약으로 파괴하여 침공의 예봉을 꺾어, 국군 7연대 1대대는 우두산 일원에서 춘천 방어전을 전개할 시간을 벌었다.

또 당일로 춘천을 점령하라는 절대 절명의 명령에 따라 무모하게 진격하는 인민군 보병부대는 국군 포병대의 정확한 포격으로 궤멸되었다. 우두벌을 감제할 수 있는 천혜의 요새 봉의산에서 적을 내려 보면서 제압하며 저격했다. 그리고 소양강 제방을 이용해 저들의 도강 기도를 군경의 전투요원이 저지했다. 후방 공비토벌 전투경찰 9대대와 경찰학교 신입 교육생까지 동원해 군관민이 하나 되어 방어전을 전개했다.

한편 모진교 폭파를 예상해 홍천으로 진출하는 인민군 12사단에 배속된 T-34 탱크부대를 화촌면 말고개에서 국군 19연대 육탄 용사와 2연대 대전차포병의 협력으로 선두에선 전차 11대를 파괴하여, 단일로의 벼랑길을 차단해 저들의 진입을 저지시켰다.

이와 같은 우리의 저지 작전으로 인해 침략군 인민군 2군단은 수원쪽으로 우회 포위하려 한 작전은 실패했다. 신속 기동 작전의 실패 책임을 물어 즉시 인민군 2군단장 김광협은 좌천되고 중공 8로군 포병사령관 출신의 무정이 2군단장으로 배치되고, 저들의 사단장도 인책되었다.

화천방면에서 춘천으로 진입하는 도로는 심일 중위의 충혼을 기려 '심일로'로 명명되고 흉상도 건립되어 있다. 그러나 양구방면의 적진격을 방어하다 산화한 내평지서는 소양댐에 수몰되었으니 경찰과 대한청년단원의 갸륵한 충혼을 기리는 상징적 기념물이 소양댐 주변에라도 있을 법하나 어디에도 없다.

또 말고개의 육탄용사의 기념비는 일반에 공개된 장소가 아닌 ○○사단 영내에 있어, 철조망으로 차단되었다. 그렇게 빛나는 전공의 전적비를 누구나 쉽게 찾을 수 있어야 충혼이 더욱 빛나는 것이 아닌가. 나는 군부대의 양해를 구하고, 참전유공 회원과 같이 철조망 안에 있는 육탄용사의 기념탑을 찾아 갈 수 있었다. 철조망 안으로 옮기면 누구나 쉽게 용사의 기념탑을 쉽게 갈 수 있는 것인데 아쉬웠다.

우리 민족은 6 · 25로 인해 400만 명 이상 인명피해와 1천만 이산가족이 발생했고, 모든 백성은 생사의 고비를 넘나들어야 했다. 그러므로 김일성은 6월만 되면 억울하게 죽음을 당한 원혼에 시달렸을 것이다. 그러나 김일성의 후계자들은 6·15공동성명으로 면죄부를 받은 격이 되었다.

6·15 공동성명 이후 지금은 평화 정착을 기대한다. 그러나 북에서는

한반도 비핵화 약속을 어기고 개발했고, '같은 민족'이란 말을 즐겨 사용하며 접근해 평화공존을 주창하며, 남남 갈등을 유발하는 간접침투를 하고 있다. 적화통일 전략을 변경한 사실도 없는 저들이다. 6·25 남침을 군경이 목숨 바쳐 나라를 지켰다. 6·15이후 간접 침투는 지식인들의 슬기로 저지해야 할 때이다.

(07. 6.)

전화 부대

말을 전파로 바꾸어 멀리 보내, 다시 음파로 환원하여 듣는 편리한 기계가 전화이다. 전화는 인류가 발명한 각종의 생활기기 중에 우리에게 가장 필요한 도구이다.

전화는 떨어진 먼 거리를 가지 않고 말을 전하여 주는 고마운 전령이다. 이 전화는 처음 유선통신 방법에서 이제는 위성통신까지 이용하는 무선통신 방법으로 발전되었다. 지구의 저쪽 구석구석까지 다 옆의 사람같이 말할 수 있을 뿐 아니라, 빠른 시일 내에 대화하는 사람의 얼굴을 영상을 통하여 보며 말하는 전화기가 대중화 될 시기가 멀지 않아 기다려진다. 그러므로 지구촌시대이고 정보화시대이다.

전화를 통하여 하는 말은 자기의 의사를 상대편에 전하는 소리이다. 그 소리가 서정적이고 율동적일 때는 듣는 이의 가슴에 잔잔한 파동을 일으킬 수 있고, 전하는 소리가 받는 이의 뇌신경을 자극할 때에는 불쾌한 감성이 생긴다.

95년 자치제 실시로 선거치안에 열중할 때의 일이다. 고급공무원을 지낸 분과 관허사업을 하는 두 사람이 하루 사이로 나의 사무실을 방문하였다. 강원도 광역자치단체장 입후보자 L씨와 C씨 중 누가 더 지방에 여론이 좋은가의 물음이다. 조직력과 경력의 대결이고, 여와 야의 대결 선거전이 막바지일 때이다.

묻는 이가 잘 아는 사이이므로 지방에서 보고들은 여론을 기탄없이 솔직히 말해 주었다. '집권당 후보로 조직력이 월등한 도백출신 L씨는 날이 갈수록 공무원 주변에서 그를 비방하는 말이 있는 듯하다. 고성 지방은 두 사람 다 별 연고가 없으나 그를 아는 행정공무원이 흘리는 말 한마디는 결정적이다. L씨를 지원하기 위하여 여론을 수집한다면, 행정공무원 주변에서 그분을 좋지 않게 평가하는 말이 없도록 하는 것이 급선무일 것이다'라고 말했다.

또 C후보의 플랜카드가 한쪽이 떨어져 도로에 방치되어 있으므로, '선거대책 사무실마저 없는 이곳은 떨어진 플랜카드를 고칠 사람이 없을 것이니, 더 훼손되지 않도록 전주에 묶어 놓고, 속초 그들의 선거대책 사무실로 연락하여 플랜카드를 제거하든가 고치라고 전하라. 혹여 야당의 선전물이라고 고의로 손괴하였다는 흑색선전의 자료가 되지 않도록 하라'고 선거치안을 담당한 나로서는 당연한 지시를 한 후이다.

늦은 밤 숙소에서 잠을 자려는데 전화벨이 울렸다. '00번입니다' 하고 전화를 받으니, 아리따운 여성의 목소리로 L후보의 선거사무실이라고 하며, 지지하여 날란 말이다. 이에 잘 알았다고 답하며 전화를 끊었다. 이런 전화가 다음날 늦은 시간대에 또 왔다. 그리고 그 다음 같은 시간대에 또 세 번째로 왔다.

나는 순간적으로 이상한 감이 들었다. 전화하시는 곳이 '어디냐'고 물으니 '춘천'이라고 답한다. '이 전화번호가 누구의 거처인지 아느냐' 고 물으니, '경찰서장관사 아니세요!' 한다. '고성 경찰서장관사에 심야에 한 번도 아니고 세 번씩 장거리 전화하는 것이 지나치지 않느냐? 이것이 득표운동을 하는 것이냐, 누가 시켜 이런 짓을 하느냐'고 하며 전화를 끊었다.

그 후로는 선거 끝날 때까지는 다시 전화부대의 심야 방문은 없었다. 이 전화를 받을 때까지 L씨는 공사간에 여러 번 만나 잘 아는 사이고, C씨는 직접 만난 적도 없었으나, 선거 사무실도 운동원도 보이지 않은 결과는 어떻게 나타날까 하고 호기심이 생겼다. 선거 결과는 지역에서나, 광역자치구 전체에서 C씨의 대승으로 끝났다.

요사이 언론에 의하면 어떤 정책을 발표하거나 돌출 발언을 한 정치인은 이익집단이 동원한 전화부대의 항의와 협박에 시달리며 공포까지 느낀다고 한다. 전화부대는 전부 아니면 전무의 싹쓸이 후진국 형태에서 나온 동원된 작태이다. 또 의도적으로 목적을 달성하려는 공작성의 협박이다.

보이지 않는 지점에서 전화로 타인의 의사를 강요하는 것은 온당치 않다. 이런 전화는 의도하는 반대급부를 얻을 뿐이다. 이와 같은 전화는 악랄한 언어폭력이다. 전화란 이기를 이용한 의사전달이 가장 변질 악용된 형태이다.

선거전에서 동원된 전화부대로 아리따운 여성을 부드러운 음정으로 유권자를 홀리려고 하지만, 이는 돈 받고 동원되어 소음을 파는 일꾼일 뿐이다. 정이 담긴 말을 전달할 수 없다. 소음 전달 이상의 효과가 날 수 없다.

아름다운 말은 시민의 존경을 받는다. 선한 행적은 사람을 돋보이게 한다. 기쁜 말은 듣는 것은 기쁨의 향기가 되어 가슴에 쌓였다가 말한 곳으로 흘러가 빛을 발한다. 이런 것은 동원된 전화부대로 이루어지는 것이 아니다.

깁은 실과 여민 바늘

지난 일이 아름다우면 길이 기억하고 싶을 것이다. 또 괴롭고 힘든 일이면 잊으려고 해도 오히려 오래 기억에 남는다. 전에 가졌던 직업을 전직前職이라고 한다. 그러나 일반적으로 사회에서 전직하면 경찰관이었던 사람을 지칭한다. 비단 여러 직업 중에 경찰관을 한 사람을 지칭하는 말로 통용되는 이유가 무엇일까.

전직과 비슷한 용어로 전신前身이 있다. 전의 신분을 칭하는 말이나, 불가에서 현세에 태어나기 전의 전생의 몸을 칭한다. 불가에서 인생을 전생 이승 저승의 셋으로 구분하는 말로 전생前生은 이생에 태어나기 전, 과거 삶을 표현한 말이다. 삼세인과三世因果의 연기설緣起設에 의한 말로 과거 현재 미래가 원인과 결과로 연관된다는 말이다.

경찰관은 전생에 불법을 수호한 사천왕에게 수고를 끼친 연이 있어, 이승에서 질서를 지키는 고통을 깨닫도록 하기 위하여 전직이란 직업을 갖도록 한 것일까.

'지금의 청빈을 허락한 것은 모다 전생의 덕분이라고 승한산僧閑山에 기록되어 있다今日如許貧, 總是前生作'고 한다. 경찰관이 퇴직 후에는 전직이란 호칭을 받으며, 모든 공직자 중에 대부분 청빈하게 살고 있다. 이도 전직으로 근무한 인과 때문이다.

어느 성직자도 감당하기 힘든 일을 계속적인 독려를 받으며, 해도 해도 끝없이 발생하는 일을, 불고가사하고 온갖 수모를 다 몸으로 부닥치며 치렀다. 퇴직 후 남는 것은 공허空虛뿐이다. 공허하기 때문에 부처님에 가까이 이른 것인가.

나 어린 취객이 제복 입은 아버지뻘들에게 거침없이 뱉는 호칭은 '야'이다. 젊은 '겨자씨'들도 느닷없이 지휘권이란 알량한 너울을 쓰고 반말로 일관하는 자 부지기수였다.

허기야 이십 초반에 제복을 입고 수십 년이 지나도 나이를 먹은 적이 없다. 동짓날 팥죽 먹으면 나이를 먹는다고 한다. 팥죽 아홉 그릇 먹고 나무 아홉 짐 한다는 말이 있다. 팥죽 한 그릇도 못 먹고 날 새워 뜬눈으로 헤매다가 팥죽 먹을 사이가 없으니 나이 먹은 사실이 없다. 설을 쇠면 나이를 먹는다. 비상경계로 양력 세모는 음력설에 미루고, 음력설에는 바빠서 그냥 지나쳤다. 조상에 엎드려 제사 드린 사실이 없으니 수십 년이 지나도 나이 먹은 사실이 없어, 20대 초반의 젊은 제복 그대로이니 호칭은 당연히 '야'인가.

고되고 힘든 순라꾼으로 근무한 것이 명예와 긍지를 갖도록 되어야 함에도 오히려 냉담하다. 과거 정치적 시녀 역할은 아부한 몇 사람에 의하여 이루어졌고, 부정을 저지른 자도 하나의 미꾸라지가 전 우물물을 흐린 격이니 말이다. 급하면 찾는 곳이요, 대가 없이 봉사하여 주는 조직은 그래도 그곳밖에 없다. 타 부처의 모든 공직기관은 은밀히 선배들의 퇴임 후 활동 단체에 음으로 양으로 지원한다. 그들은 친목 단체로서의 긍지와 명예를 가지도록 하여 왔다. 그러나 지방 곳곳의 경우회는 다르다. 또 개인도 전의 신분이, 퇴직 후 세상살이에 보탬보다는 오히려 장애가 되므로 한숨을 안으로 삼키며 살고 있다.

신뢰와 사랑을 못 받는 것이 어찌 개개인의 책임으로 남아야만 되겠는가. 그 숱한 사슬을 헤쳐 일한 일꾼은 허망만이 남았다. '에라, 모르겠다' 하고, 잘잘못의 과거를 잊으려고 안간힘한다. 그럴수록 더욱더 지난 일이 어른거린다. 지난 일은 잊을 수가 없는가. 이것이 업보인가. 체념하고 살기에는 너무나 지난 일의 마디마디가 생생하다고, 한탄과 푸념만 할 건가.

자유는 지키려고 노력한 분에게만 허용되었듯이 우리의 설자리도 우리가 세우고, 닦아 나가자. 그러기 위하여 지난날의 선배와 현재 이 사회의 버팀 돌로 활동 중인 후배 간에 격의 없는 마음의 통로가 우선 필요하다.

그러나 후배는 선배와의 가까이 하기에는 한계가 있다. 그들은 업무면에서 선배였고 인생의 앞선 길을 가고 있기 때문이다. 그러므로 선배들이 먼저 마음의 길을 트는 노력을 해야 한다. 선배는 자기 과거의 집착을 버려야 한다. 출가한 스님이 속세의 인연을 깨끗이 버리려고 노력하듯, 과거 내가 무엇을 했다. 무엇을 이루었다는 '지난날의 집착'에서 벗어나자. 지난날의 대가로 앞으로의 기대가 있어도 안 된다. 그래야 후배와 가까워지는 마음의 문이 넓어질 것이다.

또한 경쟁적인 산업사회를 거치는 동안 돌출하는 수없는 사회모순을 몸으로 막아 방패역할을 하는 과정에서 동료 간, 상하 간에도 잊지 못할 과거의 업도 있었을 것이다. 이 집착의 올가미에서 벗어나야 옛 동료 상호간에도 마음과 마음을 화합할 수 있을 것이다.

후배님들이 자라고, 든든하게 되는 것을 오매불망 바라는 것은 선배와 자기 의중을 표현하지 않는 서민뿐이다.

이런 현실 속에서 선후배간 만남은 뜻이 있다. 아우와 형이 웃음의 인사, 웃는 중에 들은 이야기 본 사실이 전하여져 도움이 되고 힘든 일의 위로한다. 이래서 애틋한 교감이 오간다.

현직과 전직 사이는 바늘과 실 같은 운명체이다. 전직은 긴은 실이고 현직은 여미는 바늘이다.

형들이여, 너 나 모두 옛날의 남아있는 한 맺히고 가슴의 찌꺼기를 훌훌 떨었는가. 경험한 기량으로 닥친 일에 힘겨워하는 후배를 돕는가.

아우님들이여, 형들이 남긴 때 묻은 흔적이 모여 오늘이 되었음을 기억하고, 수렁의 오욕 길을 되밟지는 말게나.

오늘, 녹음 푸른 동산에서 목청 높이 노래하자구나.

버팀목의 역할과 마을의 수호신의 일을 합하여 감당하세.

이 세상에 새로이 태어난 어린이같이 순수한 얼굴로 웃으며,

오늘 하루 즐겁게 보내세.

지난 순간순간이 길이길이 웃음으로 남도록 하자구나.

신속보고迅速報告에 얽힌 기억

중요사건 보고체계를 15분 단위로 하도록 개선된 사건이 강원도 철원에서 발생했다. 파출소에서 15분, 경찰서에서 15분, 지방경찰청에서 15분 이내에 보고하여 중요사건이 45분 이내에 치안본부까지 보고토록 했다. 다급한 심정으로 두서없이 신고하는 것을 6하 원칙에 의해 사건을 객관화 시켜 보고한다는 것이 최초 보고 단위 PB에서는 그리 쉽지 않은 일이다.

사건은 15사단 전차중대 임모 일병이 무기를 가지고 탈영해 93. 4. 19. 05시 40분경 인근 근남면 사곡2리 남○○씨를 위협, 그의 차량을 운전하도록 납치하여 서울에 진입해 인명을 살상한 사건이다.

112신고체제가 주민들에 생활화되지 않았을 때이다. 무기를 소지한 인근 군인이 남편에게 차량을 운전토록 하여 나간 후, 이상하게 생각한 피해자의 가족은 멀리 인천에 살고 있는 시아버지에게 06시 19분경 전화로 먼저 알렸다. 형사 출신인 시아버지는 사건의 전후 이것저것을 물어본 후 심상치 않다고 판단하여 철원경찰서 상황실로 06시 35분경 사건을 신고했다. 신고 받은 경찰서 상황실 직원은 다시 납치당한 피해자의 처에 전화로 사실을 확인하고, 관내 검문소와 인근 경찰서 통보, 5군단 상황실 통보, 강원지방경찰청에 보고는 06시 40분부터 07시

08분 어간에 이루어졌다. 그리고 강원 도경 상황실에서는 경찰청 상황실로 07시 21분에 첫 발생보고를 했다. 발생지점에서 철원경찰서 관내를 벗어나 경기도로 진입하는 비포장 18킬로는 28분이 소요될 뿐이다. 경찰서 상황실에서 사건을 접수한 시간에 범인이 납치한 차량은 강원도를 벗어나 경기도에 진입할 때이다.

그러니 탈영병은 납치 차량으로 서울 동대문에 09시 25분에 도착해 원한관계인을 살상했고, 납치당한 남씨는 생명의 피해 없었지만, 문제는 서울까지 탈영병이 무기를 가지고 차량을 납치 운전시켜 진입해 사고를 냈다는 점에서, 발생지 강원도 철원에서 경기도 포천을 거쳐 서울에 진입한 모든 경유지가 문책의 대상이었다.

그로 인해 강원도에서는 발생지 철원경찰서장은 경고조치를 당하고 경찰서 상황실장은 감봉 1개월의 징계를 받아야만 했다. 그 후 상황실 근무자는 책임을 면하려고 속사포같이 빠른 시간 내에 상부로 보고하는 버릇이 생겼다.

사건의 경중을 가려 보고하도록 함은 불변의 원칙이다. 그러므로 지방청 강력계장은 긴장 상태의 연속이다. 경비전화가 숙소까지 가설되어 있는 것은 경찰서장급인 과장에게 가설된 외에 계장급에 설치되어 있는 것은 민생 주무계장인 강력계장과 지휘관 눈과 귀의 보조역할을 하는 정보 2계장에게만 있었다.

민생 치안 주무계장 업무를 아무리 잘 처리해도 지휘관에 항상 마음에 부담을 주지 않을 수 없다. 시도 때도 없이 별의별 사건이 곳곳에서 발생하니, 완전하고 명쾌하게 조치하지 못하는 것이 치안 업무의 한계이다. 민생치안은 항상 다급한 일이 수없이 파도같이 닥쳐온다.

93. 6. 16 새벽 1시 30분경이다. 막 첫잠을 들었을 때 경비전화의 벨이 울린다. 강릉 남대천 제방에서 '배에 칼을 맞은 사건이 발생'했으며 중태라는 연락이다. 상황실 근무자는 규정된 시간 내에 상부에 속사포

같이 전달 보고만 하면 되지만 사건처리는 주무자가 해야 한다. 중요한 사건일수록 초동조치를 잘 해야 한다. 날이 밝은 후에 사무실에 출근해서 챙겨야 할 사건이 아니다. 강릉경찰서 형사 당직반에 경비전화로 최초 신고 받고 현장에 출동해 조치한 사실을 확인했다.

병원에 후송 상황을 물으니 칼이 배에 꽂혀 있으며 의식불명의 중태라고 한다. 최초 피해자 발견된 현장의 조사를 철저히 하고, 피해자의 인적사항을 파악해 조회하며, 소지품과 착의 피해상황을 자세히 파악하도록 다시 독려성 부탁을 했다.

그 후 다시 현장을 조사한 바 최초 발견 현장에는 상대방과 다툰 흔적이 전연 없고, 제방 뚝 어디에도 풀이 밟혀 꾸부러진 흔적을 발견할 수 없다는 보고이다. 옷은 추리닝을 착용했고 작은 가방에는 칫솔과 치약 등이 들어 있을 뿐이다.

속초시 장사동에 거주하는 최○○ 46년 5월생으로 조사결과 밝혀졌다. 칼에 꽂힌 상태로 병원에 옮겨 수술결과 2~3주의 경상이고, 진찰과 X-ray 소견으로 폐와 건강상태가 극히 나쁜 '행려자' 같다고 한다.

타인으로부터 공격을 받아 칼에 찔린 것이 아니란 것이 명백해졌다. 착용하고 있던 추리닝에도 칼자국이 없고 착용한 러닝에도 없다. 추리닝 상의를 젖히고 러닝을 걷어 올린 상태에서 자기 손으로 자기 몸을 찔렀으니 깊이 찌르지 못한 것이나. 그는 형사들이 사건의 경위를 물으면 무엇이라고 말할까 하고, 속으로 한없는 생각을 하며 의식이 없는 양 눈을 감고 말없이 누워있을 것이다. 범죄와 전쟁 180일 작전 중이었다, 타인에 의해 칼에 찔리지 않은 것은 다행이지만 삶에 지쳐 자해한 사건을 접수해 진상을 밝히느라고 한바탕 소동을 쳤다.

전 같으면 해당 경찰서 형사들이 조사해 처리하던 일을 속사포같이 보고하는 버릇 때문에 경찰청 상황실 근무자까지 소란을 떨도록 했다.

그동안 경비전화를 두 번 받고, 세 번 걸어 사건의 윤곽을 대강 파악하고 보니 새벽 3시 10분이다. 지금부터라도 눈을 좀 붙여야지 또 첫새벽에 출근할 수 있다.

내 직업이니 당연하게 감수해야 하는 소란이지만 같은 방에 잠자던 가족은 뒤척이지도 않고 자는 듯이 누워있다. 가족도 밤마다 형사 당직실 같은 소란 속에 밤을 지새어야 했던 것이 아련하다.

폭력시대를 보내며

폭력의 품에 안겨온 인간은 그 술수에 중독되어 개인 사생활에도 폭력의 늪에 푹 잠겼다. 이익을 갈취하려는 폭력배가 생기고, 이로 인해 '폭력행위 등 처벌에 관한 법률'이라는 숨이 차도록 읽어야하는 긴 제목의 법이 생겼다. 가정폭력, 성폭력, 학교폭력에서 근래에는 언어폭력, 왕따란 따돌림 폭력까지 생겨 이 사회는 온통 폭력의 늪에서 허우적거린다.

또 간사한 인지의 발달로, 보다 알량하게 이득을 챙기기 위한 가로채기와 속임수의 범람이다. 일성한 범위 내의 거짓말은 미화된 상술의 한 행태로 인정되어 벌하지 않는다. 이래서 속임수 천지에서 속고 또 속인다.

간교한 인간 지혜의 남용 덕분에 먹고 마시고 숨 쉬는 동물적 생존 기초마저 혼돈과 와중에서 흔들린다. 신성한 성이 향락의 도구로 전락하여 폭력의 유희물이 되었다. 자유란 이름하에 남의 불편은 아랑곳하지 않는 무질서와 방종의 시대이다. 분수를 지키는 자는 가장 분수 모르는 바보로 낙인됐다.

이 같은 행태가 지속되고, 갈라진 뱀의 혓바닥에서 날름거리며 흘러나오는 소리가 음률을 타고 지속하면 백년하청이다. 이를 치유하는 것은 양산된 사회지도층에게만 기대할 수 없다.

말과 행동이 같은 실천 수범하는 분의 참여가 더욱 소망된다. 다가오는 밀레니엄시대를 맞이하기 위하여 버리고 보낼 것은 멀리 보내고, 이웃과 더불어 정다움을 나누는 세상이 되길 바란다.

뿌린 대로 거두리!

콩 심은 데 콩 나나, 오염 안 된 땅에 재배한 콩의 알찬 새 열매를 기대하면서, 님에게 송구영신의 연하장을 보낸다.

흰 눈이 소복하게 내려 온 세상을 감싸듯 새로운 환희의 시대를 기대해 본다.

떨쳐 버리라 감싸서 보내어라
갈취 폭력 탐욕 무리 찌끼까지 보내어라
패거리 덩치둥치 모두 쓸어 멀리멀리 보내리라.

오는 님 맞으리라 믿음으로 모시어라
근역의 마음터에 청동와가 곱게 지어
성실히 보듬어 안고 옳음이를 키우리다.

(99. 12.)

VI.

습성이 밴 순라정신

습성이 밴 순라의 넋

솔깃한 감언이설로 시민을 현혹시켜 반사이익을 챙기려는 자,
사람으로 지켜야 할 약속과 신뢰를 헌신짝같이 버리는 것들,
작당하여 개미의 일터를 가로채려는 패거리,
자기들의 이익만을 생각하는 떼거리,
양심의 조각을 버림으로 기초질서를 어지럽히는 인간들에게
법대로 당당堂堂히 임하소서.

만남의 날 행사추진

순라꾼 생활을 그만 둔 후에도 마음은 변함없다. 온 정력과 청춘을 바쳐 온 직업을 그만 두었다고 하루아침에 다른 세상에서 사는 것이 아니기 때문이다. 인간이 사는 곳에는 순라꾼의 할 일이 있으므로 지난 수십 년간의 습성에 따라 관심을 갖고 보게 되기 때문이다. 그러나 현직이 아니므로 참여할 수 없다. 그래서 과거의 모든 잠재의식을 완전히 불식하려고, 의도적인 무관심의 생활과 현직과의 거리를 멀리하며 다른 일에 골몰하는 사이에 참으로 의외의 일이 생겼다.

전임 H회장의 적극 권유와 추천으로 강원도 재향경우회의 운영을 책임지게 되었다. '순경에서 총경까지 하며 강원경찰에 몸담지 않았는가, 경찰에 신세진 것을 갚으라!'는 또 다른 선배의 말에 더 사양하지도 못했다.

경우회 일을 담당하게 되었으므로 대한민국재향경우회법을 다시 보았다. 경우회는 친목親睦 공법단체公法團體로 조국의 평화통일平和統一과 자유수호自由守護에 기여한다고 명시되어 있다.

경우회 사무실을 방문했다. 실내의 색깔은 그슬린 곰의 집 같고, 깨끗함과는 거리가 먼 상태다. 경쟁하며 차지하려는 자리가 아니니 당연한 것이다. 도색할 돈을 만들어 실내를 흰색으로 도색해 분위기를 일신했다.

공법친목 단체로서의 활동을 할 여력이 없다. 생각다 못해 강원도지사를 방문해, 훈련된 우수한 안보단체 출신의 활동을 위해 지방비 지원을 요청했다. 없던 일을 새로이 요구하므로 지사의 결단이 필요했다. 지사가 도와주어야 할 상당한 이유로, 다른 안보 공법단체를 지원한 실적을 Memo해 가지고 갔다. 김진선 지사가 흔쾌하게 요청에 응해주시어 친목단체로의 활동의 기반을 만들게 됐다. 관변단체에 예산을 지원하지 말라고 지시한 YS정권 이회창 총리 지시 이후 단절되었고, 지방 자치시대 이후에도 지원을 받을 생각을 하지 않았던 지방비 지원은 이렇게 새롭게 시작했다.

지방비 지원으로 회원 간의 만남의 날 행사를 실시했다. 각 시군에 나가서 100여 명의 회원들에게 한 순간이나마 즐겁게 하기 위해 저명한 학자나 탈북한 동포를 연사로 강연이나 안보를 강조한 후 중식을 제공하고, 다음에 다시 만날 것을 약속하며 헤어졌다. 그러는 사이에 회원 간에 그간의 안부를 전하며 즐거운 만남의 날이 되는 것이다.

원주에 있는 민모 선배의 말이다. 퇴직 후 20년이 경과하는 사이에 경우회에서 오라는 이야기도 없었는데, 처음으로 모이라고 해서 옛 동료들을 만나 이야기하고 싶어 참석했다고 한다. 과거 나와 같이 근무한 옛일을 상기하며 손에 체온과 정을 담아 꼭 잡아 주신다.

이것이 험난한 길을 같이 걸어오며 동고동락한 강원도 재향경우회의 동료들과의 만남의 날 행사의 시작이다. 매년 영동과 영서 수복지구 광산지구에 골고루 만남의 날 행사를 했으며, 년에 많게는 6~7회까지 정이 담긴 회원과의 만남의 날을 지속적으로 했다.

웬 안보강연

'만남의 날'에 안보강연을 한다는 말이 사회에 퍼진 모양이다. 사무실로 전화가 왔다. 발신지 확인이 안된 전화이므로 어느 번호에서 한지 모르나 '대통령이 햇볕정책 추진 중인데 무슨 안보강연인가?'라는 시비성의 말을 한다. '누구신지 모르나 김 대통령도 햇볕 정책은 튼튼한 안보 하에서 추진한다고 하지 않았습니까. 만나서 이야기합시다'라고, 했더니 상대방은 전화를 끊었다.

안보강연은 꾸준히 지속적으로 실시했다. 탈북한 북한 동포를 연사로 한 안보강연을 종합하면, 북은 노동자의 천국이 아니고 자유가 없으며, 허가 없이 여행도 마음대로 할 수 없고, 직업선택의 자유도 없으면서 배고파 목숨을 걸고 탈출했다는 말로 종합된다. 황해도 사리원 출신으로 집단농장에 있던 홍금실이란 탈북 여성은 '자기가 돈을 벌면 비닐을 북한 농촌에 보내, 개량된 보온 농사를 짓도록 하고 싶다.'는 작은 소망을 말하는 것을 듣고, 50년 전 8·15 해방 후와 6·25전후 우리의 발전하지 못한 농어촌을 생각하게 했다. 탈북자의 입을 통해 지옥 같은 서민의 사회상을 전했다.

저명한 인사나 학자의 강연은 DJ의 6·15공동성명은 국가나 국민을 위한 차원보다 DJ 개인의 정치적 업적을 위해 한 것 같고, 낮은 단계의 연방제 운운하는 것은 학술적으로 검증되지 않은 깊은 함정이 있다는 말로 요약되었다. 대북협상의 전통을 잘 아는 이동복 교수의 강연은 많은 우려를 표했다.

특히 '조선노동당이 2003. 9. 역사적인 6·15남북 공동선언 발표 후 「남조선에 커다란 변화가 일어나고 있는데 대하여」란 당원 교육 자료에 의하면, 반공보수 세력에 밀린 진보세력이 20%미만으로 탄압받고 숨어 살았으나, 이제는 그 반대가 되었으며, 사회의 주류 세력으로 등장했다'는 이 교수의 노동당 자료를 인용한 강연은 듣는 회원의 머리를 쭈뼛하게 했다.

김대중 대통령의 햇볕 정책 이후에 대한민국의 안보의식을 홀랑 벗겨 발가벗은 격이 되었고, 북은 따뜻한 바람이 스며들지 못하게 꽁꽁 싸맨 격이 되었다는 느낌이다.

남북 정상회담을 하기 위해 5억 달러만이 아니고 그 이상 알파를 지급했다는 유언비어가 나도는 것을 현재로서는 알 수 없다. 후일 역사가 입증하겠지만, 그 많은 돈을 주고 회담하여 무엇을 했나. 미전향 장기수를 조건 없이 북송한 대가는 무엇인가? 서독처럼 돈을 주고 동서 베를린 경계선에 설치되었던 동독인 도주시 저격하는 자동무기를 철거했나? 아니다, 북은 대한민국 협박용 핵무기만을 만들었다. 서독처럼 정치범으로 수용되어있던 정치범을 데려왔나? 그것도 아니다. 6·25 당시 납북된 국군 포로 한 명도 데려오지 못했다. 납치된 어부, KAL기 승무원과 탑승객, 기타 납치된 어린학생 한 명도 데려오지 못했다. 그러면 무엇을 했나, 돈 주고 회담한 결과 핵무기를 만들 자금을 제공하고 우리의 안보의식만 희미하게 만들었다. 그리고 나라의 안보를 팔아 DJ 개인의 노벨평화상을 탔다고 생각한다.

전국에서 회원 간의 만남의 날을 운영하고 안보강연을 한 도는 강원도 경우회밖에 없다. 다른 단체의 안보강연도 유명무실해지는 느낌을

떨칠 수 없었다.

대학교 구내에 들어가 안보를 말한다는 것은 현실적으로 참으로 어려운 일이다. 강원도의 특성은 백두대간으로 인해 영동과 영서로 구분되었다. 그래서 영서와 영동의 한 대학씩 들어가 안보강연을 시도했다. 그 대학 교수가 특정안건을 발표하도록 지원하며, 학생과 그 지역의 경우회원들을 청중으로 했다. 행사 서두에 경우회 도지부회장의 인사말로 안보를 환기시키고, 교수의 연구발표 후 토론으로 국가의 정통성을 강조하는 행사를 했다. 이렇게 어렵게 대학구내에 들어가 틈새를 이용해 안보를 말할 기틀을 만들며 몇 년에 걸쳐 지속하던 행사는 나의 후임자에 이르러 중단되었다. 틈새를 이용한 활동이 승계 발전되지 못한 것을 아쉬워한다.

DJ정권을 승계한 노정권에 들어와서 집권자는 초기에 '대북관계만 잘 되면 다른 것은 다 깽판 쳐도 된다!'고 말한 적이 있다. 그 말은 무서운 뜻을 지닌 말이란 것을 시간이 지나며 알게 되었다.

48년 발생한 제주 4·3사건 진상규명 및 희생자 명예회복위원회(위원장 고건 국무총리)가 진상을 규명해 억울한 희생자의 명예회복을 시켜 준 것은 잘한 일이다. 그러나 대한민국을 수립하기 위한 5·10선거를 방해하기 위해 남로당의 치밀한 계획으로 4·3새벽 제주도 내의 치안을 담당한 지서를 일제히 습격 살상함으로 시작한 무장봉기에 대한 진압과정을 반란 야기한 무장 봉기자와 진압한 군경을 같은 레벨에 올려놓고 그 가치를 평가한다고 군과 경찰측의 위원으로 참석한 두 분(OOO 소장, OOO 교수)이 서명하지 않고 이의 제기하였으나, 묵살된 것도 역사의 한 페이지에 남아 있을 것이다. 이렇게 대한민국의 정통성을 희석시키는 일이 곳곳에서 나타났다.

좌경 학자들이 쓴 행방전후사의 인식을 읽은 정치인들의 오염된 생각은 대한민국의 정통성을 마구 뒤죽박죽으로 만들었다. 국무총리 산하의 '민주화운동과 관련자 명예회복 및 보상 심의 위원회'는 드디어 2006년 12월 4일 간첩으로 복역한 H도 민주화 운동자로 명예회복을 시켜 주었다.

2002년 6월 29일 연평도 근해에서 북괴군의 계획 도발로 발생한 서해교전으로 전사한 해군 참수리 357호 하사관에게는 3천만 원을 지급하고, 사회를 혼란시켜 출세한 운동권에게는 민주화운동의 유공자란 명목으로 억대의 보상금을 지급한 것은 주객이 전도된 역사의 흐름이다.

6월만 되면 북의 지도층은 6·25의 참혹한 민족 살상전을 야기한 것을 자책하는 회한의 기간이었다. 그래서 북침이라고 역사를 날조해 면책하려고 흑색선전 기를 쓰고 했다. 그러나 6·15 공동성명으로 과거의 업에서 벗어나 생기를 갖고 이념 선전에 모든 입 가진 자들이 민족이란 용어를 구사하며 제2의 대남선전 선동 침투에 열을 올리고 있다.

지금은 양식 있는 지식인들이 우리란 공동체를 위해 나서야 할 때가 아닌가.

녹전 전적지 추모행사

녹전의 전적지는 50년 6·25 한국동란시 경찰의 호국충정이 영원하게 빛나게 하는 곳이다. 당시 영월에는 국내 유일한 10만kw의 화력발전소, 자유진영 굴지의 상동중석광업소와 마차와 인근 함백 탄광은 국내 에너지 지하자원 보고寶庫 지역이었다.

국군도 후퇴할 때이다. 강원도 경찰국장은 김인호 총경을 영월지구 전투지휘관으로 임명하여 인제 홍천에서 철수한 경력 중 100여 명을 증원 지원하며, 영월경찰서 경력과 강원경찰 8대대와 9대대로 영월을 사수하려고 하였으나, 개인 화기로 경무장한 경찰의 전투력에는 한계가 있어 7월 3일 아침 5시에 영월에서 철수했다. 그리고 단양경찰서 후정에서 명령을 받은 강원경찰 9대대 3중대를 선두로 7월 4일 오후 2시 다시 영월로 진입했으나, 중과부적으로 7월 5일 오후 6시에는 영월에서 철수해 상동에 집결한 경찰부대는 7월 6일 오후 6시경 영월지구를 포기하고 후퇴했다.

그런 후 백성욱 내무장관이 국내 유일의 영월화력발전소를 사수해 달라는 요구로, 윤명운 강원도 경찰국장의 작전명령에 의해, 충청북도 단양까지 철수하던 강원경찰 8대대 1중대가 선발대로 영월로 또다시 재진입하려다가 고귀한 24명의 생명을 한 장소에서 나라에 바친 격전지이다.

이 추모행사는 강원도 경찰국장 유내형柳來馨씨가 경찰의 갸륵한 충혼을 기리기 위해 충혼탑을 건립하고, 나라에 생명을 바친 순국일에 추모행사를 성대하게 거행하던 전적지이다. 충혼탑을 준공한 80년 10월 21일 준공기념식에는 1군 사령관과 1군 군악대까지 참석해 성대하게 거행되었다.

그러나 이런 전적지도 전통을 모르는 순환보직 지휘관에 의해 잊혀져 갔다. 1995년 정○○ 강원지방경찰청장이 '왜 영월까지 가서 지방청장이 주관해 추모행사를 해야 하는가?'라고 했을 때 당시의 지방청 참모들의 바른 가치 판단을 제공하지 못한 때문일 것이다. 95년은 영월서장이 초헌관으로 추모제를 하고, 그 다음해부터는 영월경찰서까지 강원경찰 8대대원의 추모행사에 '왜 영월경찰서에서 하는가?'라고 외면해버렸다. 이렇게 방치하니 옛 전우의 갸륵한 순국일을 영월지구의 경우회에서 간소하게 추모행사를 해오고 있었다.

2000년 7월 8일 영월 녹전 추모행사에 참석했다. 경우회 영월지회장이 주관하며, 3실과에 제주를 준비한 것이 개인이 조상 묘를 찾는 수준이다. 그러나 충혼탑에 이르는 시멘트 계단이 20여 년 경과하여 손괴되므로 그 지역 영월군의원의 노력으로 군 예산을 반영해 면장의 주관 하에 돌계단으로 보수 공사 중이므로, 군의원과 면장에게 감사패를 만들어 그 고마움을 표했다.

영월지회가 주관하는 행사에 참석해서 본 광경이다. 현직 경찰의 외면도 너무했다. 총경으로 진급되어 영월경찰서장으로 보직된 자는 서울에서 전입한 분이였다. 경찰서장은 영월 삼옥三玉에서 전역한 해병대 사령관이 참석하는 해병대 출신 자연보호 행사에 참석하고 녹전 추모행사에 불참했을 뿐 아니라, 관할 녹전 파출소장도 서장을 따라 갔으므로 추모행사에 참석하지 않았다. 그 상황을 본 순간 참으로 한심함을 금할 수 없었다. 참석한 모든 경우회원은 서장의 불참 이유를 듣는 순간 발생하는 흥분을 잠재우는데 인내가 필요했다.

'이 격전지 추모행사는 영월 경우회원이 주관해 분향을 할 것이 아니다. 강원경찰 8대대의 격전지이다. 현직 경찰이 안하면 강원도 재향 경우회에서 내년부터 주관하리라'고 현지에서 결심했다.

춘천에 돌아와 녹전 추모행사에 참석하지 않은 서장의 행위에 대해 강력하게 강원지방 경찰청장에게 항의했다. 그리고 다음 해부터는 현직 경찰이 주관하거나, 참석해 달라고 요청했다.

이듬해 녹천 추모 행사를 준비하기 위해 강원지방 경찰청장을 방문해 현직 경찰이 행사를 주관할 것을 요청했으나, 영월경찰서장이 대신한다는 말을 듣고, 경우회 도지부에서 2001년부터 주관해 오고 있다. 또 장남의 후손격인 현직인 영월경찰서장이라도 참석해 추모제에 헌작하도록 요청해 오늘에 이르렀다.

2001년 7월 8일 녹전에서 산화한 8대대원에 대한 추모행사는 강원도 경우회가 주관하며 아래와 같은 추모사를 했다.

바쁘신 중에도 오늘 추모행사에 참석하신 영월 김태수 군수님과 홍병철 경찰서장님과 엄호성 국회의원님(전 영월경찰서장 출신으로 영월을 방문했다가 참석), 엄민영 도의원님, 고진수 군의원님에게 감사의 인사를 드립니다.

또한 경우회원님과 참석해주신 여러분에게 진심으로 감사의 인사를 드립니다.

50년 전을 되돌아 보면, 이념의 하수인이 되어 동족의 가슴에 총부리를 겨누며, 기습 남침을 감행한 한국전쟁이 발발한 지 어언 반세기가 넘었습니다.

북쪽에서 같은 민족에 대해 은밀히 무력으로 침공을 준비할 때, 남쪽에서는 다양한 의견의 계파간 갈등으로, 하나되지 못하고 이합집산의 혼미와 혼란을 겪어야 했으며, 국민을 현혹시키는 정치인들은 공허한 '북진통일'의 과장된 헛소리만 하고 있었습니다.

북괴군은 기동훈련을 가장해 최전방에 전차부대까지 배치하여, 공격명령만을 기다리는 6·25직전, 대한민국 국군은 남침의 우려 없다고 비상경계마저 해제하고, 군지휘관은 육군회관 준공파티에, 38선 경계근무병은 모심기 지원이란 구실하에 토요일 외출 외박으로 진지를 떠나 쉴 때이며, 잔여 병력은 다음 주 외출을 생각하는 새벽 4시가 다가오고 있었습니다.

그보다 먼저, 새벽 3시경 인민군 549 육전대와 766 유격대를 강릉 정동진과 삼척 임원진에 상륙하여 동해안 유일의 국도를 선점하고, 4시에 38선 전역에서 일제히 동족의 가슴을 향해 총탄을 뿜으며, 전쟁을 발발시켰음은 주지의 사실입니다.

국내 유일의 10만kw의 영월화력발전소를 사수하란 작전 명령이 충북 단양 경찰서에 집결한 강원경찰 8대대에 하명되었습니다. 8대대 1중대는 결사대원으로 편성한 중대장과 대원들이었습니다. 경기관총을 장착한 트럭 2대를 선누보 삼동산을 넘어 상동을 경유 영월화력발전소로 향하다가, 1950. 7. 8. 오후 2시경 녹전에서 후퇴하는 국군 8사단을 추격하던 인민군 5사단 예하의 내내병력과 조우하여 선제공격으로 많은 전과를 올렸으나, 중과부적으로 김해수 중대장과 석상익 경위 등 24명이 현장에서 전사하고 7명의 중상자가 발생한 경찰 전사에 길이 남을 격전지입니다.

이와 같이 국군마저 후퇴한 곳에, 경찰에게 발전소를 사수하란 명령을 한 것도, 이 명령을 충실히 수행하려 한 부대는 이 지구상에는 강원경찰 8대대뿐입니다.

동족의 가슴에 총을 겨누어야 했던 한국동란은 예방하지 못한 지도

층의 잘못과, 세기를 혼미하게 한 이념의 독소가 스며들며, 광란이 발작해 발생했으나, 막상 피비린내 나는 참상은 자기 의사도 바로 표현 못하는 일반서민들이 겪어야 했습니다.

지난해 6·25 50주년을 되새기는 행사는 '6·15 남북공동성명'에 가리어 유야무야 지나갔습니다.

6·15 남북공동성명으로 대결의 시대가 지양되고 남북이 더불어 사는 화해의 시대가 도래했다고 한 지 1년이 지났습니다만 실감되지 않습니다.

우리는 같은 민족으로 진심으로 전쟁 없이 평화롭게 살기를 바랄 뿐이나, 숱한 난제가 있는 통일을 감상적으로 생각하는 분이 많습니다. 북쪽에 비료와 곡물을 지원하며, 미전향 장기수를 조건 없이 북송 시켜주면서, 국군포로의 생사확인 이산가족의 서신교환을 요망하며 상봉을 바랐습니다만, 상징적인 선전 효과를 기하는 소수 인원만이 상봉했을 뿐입니다.

남북 화해시대라면 응당 대남 혁명 전략을 포기했다고 만천하에 공표해야 하지 않습니까. 그러나 저들은 그런 발표를 한 사실이 없습니다. 그러므로 선배가 피 흘린 이 전적지에서 다시 한 번 되새겨 봅시다.

50년 전 민족의 비극인 한국전쟁을 예방하지 못한 역사적 교훈을 명심합시다.

북쪽에서는 대남 적화전술은 '민족'이란 단어를 구사하며 남남 갈등을 조장하는 화법만을 바뀐 상태일 때, 이에 놀아난 꾼들이 혼란만을 조장해 사회가 혼란하고, 올바른 판단을 해야 할 분들이 혼미해지면 저들은 결정적 시기라고 오판하고, 또다시 제 2의 6·25를 획책하지 않는다고 누가 단언할 수 있겠습니까.

지금도 망상을 가진 분이 있다면 깨어나고, 혼란을 야기하여 이익을 얻으려는 분이 있다면, 자기의 행위로 우리 공동체가 큰 손실을 당할 수 있다는 것을 각성하시기 바랍니다.

국가의 주인인 우리 국민 모두 이 사회가 혼미, 혼란되지 않도록 노력합시다. 녹전에서 순국한 경찰의 충혼을 모르고, 어떻게 오늘의 편안한 삶을 영위할 수 있겠습니까.

하나밖에 없는 이생의 목숨을 나라에 바친 선배들의 순국한 혼이 뭉쳐 오늘의 번영된 대한민국이 되었습니다.

먼저 가신 선배님의 명복을 빕니다.

구국의 영령이여, 고이 잠드소서!

그 다음해 2002년 녹전 추념행사에서는 '남북화해 시대의 대명사인 '햇볕정책'으로 정이 담긴 지원을 하고 있으나 이에 대한 보답인가? 지난 6월 29일, 세기의 축제 월드컵 폐막 하루 전, 서해 북방한계선을 침범한 북괴 함정은 의도적으로 인명살상의 포탄만을 기습적으로 발사해 해군은 큰 손실을 입었습니다. 라는 내용을 포함하여 '상호성이 결여된 햇볕 정책'을 꼬집으며, 적에게 구걸하여 평화를 유지한 예는 역사상 세계 어디도 없습니다. 자유와 평화는 자기 힘으로 지켜야 합니다' 라는 말을 추모사에서 담아 간략하게 했다.

2003년 7월 8일 녹전 전적지 추모행사에서는 햇볕 정책 이후의 희미해지는 안보의식을 한탄하는 추모사에서는, '오히려 전통과 자유를 지킨 분들이 무시당하는 세상이 되고, 사회혼란을 잉태한 집단은 진보와 개혁이란 너울을 쓰고 전통사회를 흔들고 있습니다. 또 인터넷 사이버 공간은 반국가적 선전선동의 무대가 되었습니다.' 라는 구절을 포함했다.

2004년 7월 8일 추념행사의 추도문에는 6·15 공동선언 이후, '6·25를 무력에 의한 통일 시도'라고 남침자의 시각으로 말한 망발적인 정치가가 있더니, 지금의 젊은이들 중에는 6·25를 북침이란 흑색선전을 그대로 알고 있는 자가 있는가 하면, 자유를 지켜준 우방 미국을 침략자 김일성보다 더 싫어하는 층이 생기도록 안보의식이 헝클어진 세태를 한탄하며 이 자리에 모였습니다. 라고 하며, 과연 우리의 주변에 있는 진보란 세력이 순수한가, 과장되고 왜곡된 진보인가, 천상에 계신 영령만은 극명하게 아실 것입니다.

녹전 추모제 행사 이후에 참석한 영월, 평창, 정선, 원주, 태백, 춘천의 회원들에게 녹전면사무소 2층 대회의실에서 저명한 초청 연사로 하여금 안보현실을 강연하는 것이 정례화 되었다.

습성이 밴 순라정신

한번 경찰이면 그 정신만은 퇴직한 몸에 배어 우러난다. 경찰의 날이 10월 21일이고 그 1개월 후가 경우의 날이다. 경우의 날을 아는 분이 별로 없다. 전에는 회원이 모여도 점심 한 끼 먹을 예산이 없으므로 많은 회원을 초청하지도 못했다. 지방비에 예산을 만들어 퇴직한 원로 회원과 근래에 퇴직한 모든 회원을 모시고 자축행사를 하려고 노력했다.

99년 11월 20일에 36회 경우의 날 자축행사를 강원 경우회 유사 이래 처음으로 많은 회원을 모시고 베어스나운 호텔에서 했다. 위상에 버금가게 지사와 지방경찰청장도 초청하여 스스로의 자축행사를 빛내려고 했으며, 그 전통을 이어가게 했다.

37회 경우의 날에는 퇴직한 회원들의 신정과 현신을 표현하는 아래 글을 강원일보를 통해 발표했다.

반복되는 독려 속에 숨 가쁘게 뛰다가 퇴직했습니다. 지금은, 아비규환의 아우성 소리를 멀리하니 오히려 무료함을 느낍니다.

회원님들은, 전통적 농경문화시대에서 출생해 나라를 세울 때 혼신의 노력을 쏟았습니다. 나라가 위급할 때 목숨을 담보하여 구했습니다. 산업화시대를 이루도록 사회 안정을 유지했고, 소란 할 때 삭풍을 몸으로 막으며 지켰습니다. 타인의 평안을 위해 청춘과 인생을 바쳤습니다. 그리고 정보화시대에 퇴직해, 역발산기개세力拔山氣蓋世의 기백은 옛말이 되었습니다.

명예롭게 일했다고 자위하며, 퇴직 후 꿋꿋하게 살고 있습니다. 그러나 명예란 동전의 이면에 안주하는 꼴뚜기도 있습니다. 칠면조같이 변하고, 앵무새같이 잘 지껄이면 앞선 사람이고, 전통적 관념으로 옛것을 따르는 자는 고리 타분한 보수주의자이거나 낙오자로 평가받기 쉽습니다. 동전의 앞뒤가 바뀐 듯한 세태를 느끼실 것입니다.

지난 기간 땀으로 온건穩健한 이 사회를 만들고 지켜온 분들은 말이 없습니다. 말만 앞선 자들이 미사여구로 지껄일 때, 질박한 사람들이 오늘의 사회를 만들었습니다. 그 과정에서 많은 연緣과 업業을 남겼습니다.

이제 망각의 세월이 흐르니, 잘된 것은 저절로 된 것이요, 지난 자의 흠과 과오만이 회자되고 있습니다.

퇴직 공무원 중에 경찰관 출신을 전직前職이라고 부르는 것은, 평온한 사회의 틀을 만들고 지키기 위해, 남들이 싫어하는 일을 도맡아 했기 때문이라고 생각합니다. 그 과정에 많은 시행착오도 겪었습니다.

요사이, 웬만한 위치에 있으면 보통인이 평생 만져보지도 못한 억億 단위로 챙기고, 받았다는 뉴스에 현기증을 느낍니다. 야살스러운 자가 거리를 활보하면, 이는 전직이 재임시에 잡초의 뿌리를 다스리지 못하고, 겉껍질만 쓰다듬은 탓입니다.

혹자는 지금을 이성 없는 감성의 시대라고 말합니다. 새로운 천년을 기약하는 시대에는 감성만이 중요한 것이 아닙니다. 우리가 사는 현재는, 가장 냉철한 이성의 결집과 미숙한 행동의 결과까지 모두 모아, 오늘이 되었습니다. 오늘은 어제의 결과입니다. 온고지신溫故知新한 삶의 결과가 오늘이면, 당연히 내일을 기약할 수 있습니다.

끊임없이 변하는 세상에서 강인하며 의연하고, 꾸밈없이 질박하고, 과장 없이 어눌한 표현밖에 못 하는 것이 인에 가깝다(강의목눌 근인剛毅木訥 近仁)는 옛 성현의 말씀에 가장 부합되게 걸어온 분이 바로 경우회원이라고 생각합니다.

경우회원 여러분! 시행착오의 경험을 되살려, 힘이 닿는 한 후배의 길잡이가 되어야 합니다. 그리고 지난 일을 되새기며 오늘도 꿋꿋하게 나아갑시다. (2000. 11. 21. 제 37회 경우의 날에)

경우회 도지부 회장을 하면 당연직 중앙회 이사가 된다. 중앙회 당연직 이사 6년을 하면서 생각나게 하는 것이 몇 가지 있다.

99년 11월 22일의 중앙이사회를 은평구의 낡은 경우회 사무실에서 하지 않고 세종문화회관 소회의실을 빌려 개최한 적이 있다. 회의장부터 회의 분위기를 잘 만들려는 의도를 느낄 수 있었다.

회의 안건은 기흥골프장을 운영하는 이상달이 경우회 운영지원금이란 명목으로 준 1억2천만 원을 받아 추경 예산에 편성하려는 회의다. 일부는 각시도 경우회에 지원하고, 중앙회의 운영사금으로 쓰려는 취지다. 모두다 돈을 준다니 멍하니 있을 때이다. 이때에 발언권을 얻어 '이 돈을 받아도 되는가?'라고 물으니, 집행부에서 '경우회의 어려운 실정을 알고 이상달 측에서 지원해 준 것으로 변호사도 아무런 이상이 없다고 해서 받았다'는 답변이다. 그래서 다시 이의를 제기했다. '과거 우리의 선배들이 우매해 50대 50의 주와 운영권을 갖고 있던 기흥골프장 운영의 어려움을 해소하기 위해 이상달 측의 제의에 따라 제3의 사장을 영입해 각기 주 33.3%씩을 보유했고, 어느 날 허수아비 제3의 사장이 이상달 측에 주를 넘김으로 고등사기에 걸려 하루아침에 현직과 전직 경찰이 다 망신을 당한 것이 아닌가? 그래서 주 반환 소송으로

1심에서 이기고 제 2심에서 경우회가 패해 대법원에 소송 계류 중이다. 이때 소송 당사자 간에 돈을 주고받으면 현 패소상태를 용인한 것으로 간주되어 대법원에서 결과적으로 불리한 판결이 나올 것이 아닌가?'라고 다시 발언했다. 이때까지 침묵하고 있던 부회장 조성빈 씨가 격하게 '이 돈이 어떤 돈인데 받으려고 하는가?' 하며, 과거의 일을 설명함으로 결국 받은 돈을 되돌려 주라고 추경예산편성을 부결한 적이 있다.

다음해 2000년 4월 18일에 중앙이사회에서 일이다. 사전 회원들에 편지로 의견을 물어 취합해도 찬성이 많다면서 기흥골프장 소송에서 이길 확률도 예측할 수 없으므로 300억에 팔자의 제의다. 나는 의견을 묻는 우편물을 받지 못했다고 하니 배달사고인 모양이라고 답변한다.

돈에서 멀리 떨어져 생활한 경우회원들은 300억 하니 대단한 금액으로 생각하는 분도 있는 분위기다.

이때에 조성빈 부회장이 '왜 300억인가? 기흥골프장이 95년도 과표가 1500억이다. 지금은 그보다 훨씬 많은 3천 억은 되었을 것이다. 또 과표는 시세의 반도 안 되는 것이 아닌가? 그러면 과표 대로 해서 주 33.3%라고 하더라도 천억 이상은 되어야 하는 것이 아닌가?'

이런 취지의 말을 하며, 과연 팔려면 시가가 얼마인지 아는가?의 물음에 집행부에서 답하지 못해, 팔려면 값이나 알고 해야 한다며 기흥골프장을 3천만 원을 들여 시가 감정조사를 하자고 의결했다. 그 이후에 시가 감정을 했는지, 그 예산을 집행했는지의 보고가 없어 알 수 없다.

대법원에서 질 것을 우려하던 골프장의 주반환소송은 합의로 50%의 주를 찾았다. 경우회 집행부의 많은 노력도 있었다고 생각한다. 그러나 이상달 측의 소송담당 변호사로 있던 최종영씨가 사법부의 최고수장이 된 후 이상달 측에 합의를 종용했다는 정보가 더 설득력이 있다.

그러나 그 합의는 반절의 합의다. 50%의 주를 반환받되 그 중 한 주는 의결권이 없는 주라고 합의했다. 한 주의 의결권이 없으면 결국 51 대 49의 비율과 같다. 운영권을 가진 이상달 측이 마음대로 운영해도 속수무책이다. 이런 문제점에 대해서 조성빈 부회장을 필두로 반대가 있었으나 집행부에서 전국의 이사 중 뜻 맞은 분을 포섭했는지, 일부 이사들이 50% 주 환수를 대단한 집행부의 노고로 치하하며 박수를 치니 회장은 그 합의 내용을 통과로 의사봉을 쳤다.

이때 강력히 반대한 측도 있다고 이의를 제기하여 반대자의 수를 의사록에 남겨야 한다고, 반대자의 손을 들어 조성빈, 남상용 부회장과 인천과 강원지부회장 4명만이 반대의 손을 들어 이사 회의록에 기록하라고 했다.

절름발이 합의라도 그 후 기흥골프장에서 돈이 들어와 지금은 전국 각 곳의 경우 조직이 많은 예산의 혜택을 받는다.

합의과정에 집행부의 우여곡절과 고통은 다른 분은 그 노고를 잘 모른다. 이사회에 참석해 주마간산격의 설명으로 그 진의를 바로 안다고 생각하면 대단히 어리석은 짓일 것이다.

세월이 흘러 그 집행부도 바뀌었다. 경우회 사무를 총괄하던 황호황 사무총장은 회원의 자녀 교육을 위해 장학금으로 5천만 원을 내고, 또 얼마 후 다시 5천만 원을 기증해 도합 1억을 냈다는 것을 경우신문을 통해서 일았다. 퇴직 후 그 많은 금액을 두 번이나 장학금으로 기증한 것은 영원한 순라꾼의 정신이 배어있어 나타난 발로라고 생각한다.

언론을 통해 보낸 메시지message

'아샘 정상회담'을 2000년 10월 20일과 21일 서울에서 개최함으로 경찰의 날 행사는 25일에 했다. 김대중 정부가 들어선 이후 나라에는 고정간첩 수만 명이 활동한다는 유언비어가 나돌아도 국정원이나 경찰과 보안대가 간첩을 검거했다는 보도가 없다. 심지어 '청와대를 기습한 북의 124군부대가 없어졌다. 그들이 이미 한국에 다 들어 와 있으니 북에 124군부대가 있을 수 있나?'의 유언비어까지 횡행했다. 고생 하는 경찰의 격려를 위해, 다음의 글을 강원일보에 발표했다.

경찰의 날에 띄우는 편지

민생치안을 전담하시는 여러분!

누가 뭐래도 오늘의 편안함을 만들고 지켜온 것이 당신들임을 압니다. 가장 구석진 곳까지 편히 살도록 돌보아 주시는 분이란 것도 압니다.

항상 음지에서 시비와 소란을 몸으로 막으며, 모멸적인 언행은 귓전으로 흘리고, 평안한 세상 되길 염원하면서 오늘도 25시까지 동동임을 압니다. 그러나 아쉽고 필요한 때에 미쳐 보살핌이 부족하면 호된 비판도 합니다.

지구촌시대에 걸맞게 새로워지려고 환골탈태의 몸부림치는 자성과 변신을 거듭하고 있음도 압니다.

그러나 더 새로워지라고 요구하는 갈망의 바다는 당신들의 앞에 끝없이 펼쳐져 있습니다.

작은 미꾸라지 하나가 온 우물물을 흩트리듯, 몇몇의 잘못이 묵묵히 일하는 모든 동료의 가슴을 멍들게 하고, 이에 따른 가혹한 질책은 믿고 따르는 국민이 주는 사랑의 매 입니다. 당신들마저 기대할 수 없으면 근역槿域을 가꾸는 민초들은 기댈 곳이 없기 때문입니다. 당신들은 서민들이 마지막으로 의지할 울타리이기 때문입니다.

다른 기관의 열에 하나로 비교되는 잘못도, 이익을 주는 행정의 백에 하나밖에 안 되는 잘못도, 지도급 인사의 만 분의 일에 해당되는 잘못이 있어서도 안 됩니다. 당신들은 사회의 거울이기 때문입니다.

완벽한 민생치안을 지시하는 분!

광복 후 지금까지, 경찰은 이 사회의 소금이라고 달굼질해 왔습니다.

선진 민주주의 나라에서 봉사사를 양성하는 노력은 우리보다 두세 배입니다. 순경 임용 기본교육이* 독일은 30개월, 이웃 일본은 21개월입니다. 우리나라는 6개월 짧은 기간, 형식적 지식 진수 교육만을 받은 직원이 다양한 국민 기대에 부응하기에는 부족합니다.

저들이 사생활도 없이 동분서주 노력한 보람으로 이웃이 편합니다. 연일 고된 일을 도맡아 하는 분들이 상대적 박탈감이 들지 않도록 보살펴주시기 바랍니다. 선진국은 일반 공직자에 비해 월등한 급료를 지급하고 시민의 안녕을 책임지도록 하고 있습니다. 일에 버금가는 대우를 해 주시기 바랍니다. 열악한 근무환경에서 힘겨운 일을 수행하는 일꾼에 따뜻한 격려를 바랍니다. 빗발치는 채찍으로만으로는 화합의

꽃바구니를 창출할 수 없습니다. 작은 일 하나가 국민과 국가를 괴리乖離 시키는 원인이 될 수 있습니다. 새천년부터는 실적내기, 획일 행정, 바람막이 행태는 없어지기 바랍니다.

지금은 자기 책임으로 신속히 처리하는 지구촌 시대입니다.

최일선 지킴이가 비틀거리고 나약하면 서민이 불안합니다. 나라의 주인인 국민을 모시기 위해, 책임에 버금가는 힘을 보태주십시다.

소신과 신념을 갖고 당당하게 일 하도록 도와주시기 바랍니다.

민생 치안의 주역인 여러분!

그늘진 곳의 작은 불안과 불편도 찾아 어루만지므로, 우리의 평온을 지키소서.

가장 믿음직한 일꾼에 메아리를 띄우며, 오늘도 25시까지 순라巡邏를 바랍니다.

(새천년 첫해 경찰의 날에)

* 순경 임용 교육기간 : 독일 2년 6월, 영국 2년, 일본 21개월, 한국 6개월, 미국의 FBI요원은 경찰 근무경력 7~8년된 자 중, 석박사 학위소지자를 선발 폴리스 아카데미에서 1년 교육을 시키고, 시보 기간 2년을 거쳐 정식 직원이 된다.

다음은 민생치안을 실제로 책임지는 경찰이 좌측으로 기우는 정권의 눈치만 보는 듯한 인상을 받고 의연하게 당당하게 민생치안을 해달라는 취지로 2001년 10월 강원일보를 통해 글을 띄웠다.

의연毅然합시다

한 세기를 풍미한 이념理念의 하수인되어, 백의민족은 편 갈라 혼란과 시련을 겪었습니다. 아비규환의 와중에서 당신은 젊음과 생명 바쳐, 휘몰아치는 삭풍을 맞으면서 오늘의 평온을 이루었습니다. 그러기에 당신은 의연합니다.

시민을 감시하고 군림하는 식민경찰의 잔재로 인하여, 봉사자인 우리의 경찰을 싫어하는 경향이 있었습니다. 당신은 거듭 새로워져, 여린 서민의 이웃과 벗이 되었으니, 새 천년 경찰은 참다운 공복이 되었습니다.

덕德으로 세상을 다스렸다는 시대는 역사 속의 그림입니다. 지금은 양심과 균형을 바탕한 법의 보호를 받는 세상입니다.

전통적인 농경사회에서 산업사회를 거쳐 정보화 사회에 이르는 동안, 간사하고 흉폭한 자들이 양의 가죽을 쓰고 현란眩亂하게 손짓하고 있습니다. 패덕悖德한 자들이 가면을 쓰고 오늘의 사회에 항상 기식하고 있기에, 당신의 할 일은 한없이 밀려들었습니다. 능력의 배가 되는 짐을 지고도, 저들을 가리고 구별하여 법의 품으로 보듬어 왔습니다. 그러므로 믿음직한 경찰입니다.

희망을 이루는 사회를 몸으로 지켜주고, 침묵하는 다수의 서민을 가슴으로 안아 주며, 삿邪된 것을 격리하고, 법이 보장한 안전을 누리며 사람답게 살 수 있는 사회를 지켜주는 경찰은 영원하리! 그래야 장壯한 경찰입니다.

솔깃한 감언이설로 시민을 현혹시켜 반사이익을 챙기려는 자, 사람으로 지켜야 할 약속과 신뢰를 헌신짝같이 버리는 것들, 작당하여 개미의 일터를 가로채려는 패거리, 자기들의 이익만을 생각하는 떼거리, 양심의 조각을 버림으로 기초질서를 어지럽히는 인간들에게 법대로 당당(堂堂)히 임하소서.

새 천년 지구촌시대, 노력한 대가로 생활하는 시민사회가 영원하고 편안하도록 이끌어 주십시오. 명정(銘旌)에 오른 허명보다, 현재의 불안을 해소해 주는 순라(巡邏)가 더 간절하게 소망됩니다. 서민들이 의지하고 믿을 곳은 당신밖에 없습니다.

시간을 초월하여 꿰뚫어 보고 제한된 공간을 넘어 살핌으로, 웃으면서 옆구리를 좀먹는 자를 구별할 수 있는 당신입니다. 오직 반석같이 울타리 되어 주심으로, 온 백성 안심하고 자기 생업에 정진할 수 있습니다.

질박하고 굳센 경찰!

당신의 한없는 봉사와 끝없는 충성으로 백성은 편히 살 수 있습니다.

이렇게 의연하고 장한 경찰을 아끼고 사랑함은 시민의 몫입니다.

백만 경우회원은 우러나는 우국의 정을 한 아름 가득 담아 보냅니다.

자기의 입신양명만을 생각하는 분들

의암호 변의 경관 좋은 명승지에 있는 전 서면지서 부지에 2000년 1월 1일자로 경찰 충혼탑이 건립되었다. 이 충혼탑은 한국전쟁에 전사한 경찰관 525위, 순직 142위의 영혼을 봉안할 것을 준비한 전임자의 계획에 의해 후임 L강원지방청장이 경찰청장의 강원도 순시일을 기해 준공식을 거행했다. 또 '경찰개혁 원년'이란 청장과 지방청장의 명의로 된 비석도 같이 제막하며, 윗사람의 의사에 영합하려는 노력이 지극했다. 그러면서 그 후임자는 금방 전입한 참모의 성함까지 각인하는 민첩함을 보이면서, 충혼탑을 기획한 전임자의 성함이나 건립 경위기 누락되어 부당함을 지탄받고, 추가로 보조 비석을 후일 설치해야만 했다. 충혼탑에 기명된 순국한 영혼과 어깨를 나란히 해 참전한 유공 선배의 법률상 조직은 흘러긴 물이므로 거명 조차하지 않았다.

살 절음이 얼어오는 추운 날씨임에도 전사하지 않고 살아 있는 동료들은 옛 전우와 유명을 달리한 순간을 더듬으며, 충혼탑 준공행사에 참석했다. 준공식은 예정시간에서 한 시간 이상 지연되어 거행되었다. 늦게 도착해 자기들의 명의의 개혁원년비까지 제막 후, 추위에 떨고 기다린 선배들에게는 고맙다는 인사나 악수도 없이 훌쩍 떠나버렸다. 이런 오만한 행태가 '충혼탑건립 제막식' 현장 개혁 원년의 수준이다.

제막식의 의의를 지역의 특성과 결부해 보자. 6·25 기습 남침으로 시작한 한국전쟁을 야기한 저들은 속전속결의 1개월 단기전으로 한반도를 통일하고 그해 8월 15일 서울에서 조선민주주의 인민공화국을 선포하려던 전략이었다.

강원도 경우회원의 충혼을 더듬어 보자.

38선은 월선해 남한의 농산물 탈취를 방지하기 위해 시작된 38선 경비는 민족의 분단 경계선의 경비로 되어갔다. 이 경계선 경비를 위해 경찰은 춘천에 지암 사북 고탄 등 8개 지서와 모진강 추전 등 2개 경비초소에서, 인제는 기린 방동 등 6개 지서와 하답출장소에서, 주문진경찰서는 서림, 잔교 등 6개 지서에서 경비를 전담해 도합 3개 경찰서 20개 지서, 2개 경비소와 1개의 출장소에서 38선 경비를 전담하다가 1949년 9월 1일을 기해 군에 경계임무를 인계했다. 이 과정에 숱한 지서와 초소의 피습사건으로 생명을 나라에 바친 것을 일일이 열거하기에는 너무나 많다. 또 대한민국을 전복하려는 10여 회에 걸쳐 2,300여 명의 게릴라 침투로 지역 방어 전투를 감당해야 했다. 그 기간 군은 좌경세력을 숙청하며 진통을 겪는 과정에서 경찰이 주도적으로 공비토벌을 했다. 대한민국을 전복하려 한 게릴라부대의 명칭만 해도 김승삼 부대, 김상호 부대, 감무헌 부대, 김달삼 부대—.

휴전 후 5·16후에도 끝없는 침투와 그 대응전으로 강원경찰의 투혼과 충혼은 청사에 길이 빛나는 것이다.

이렇게 중요한 전사를 국군 2군단이 6·25 50주년을 기하여 기념전사집을 만들며, 당시의 경찰의 활동 상황을 작성하여 달라고 요구했다. 군단 주무자들이 강원지방경찰청을 방문해서 한 브리핑에 L청장은 그 취지에 호응하고서도 요구하는 기간 내에 원고를 제출하지 않고, 전사를 아는 사람이 없어 못한다고 했다.

이 특집을 군단에서 작성한다는 보도를 들은 참전 경찰들이 군단 담당자에게 전화로 자기의 경험담과 긴박한 당시의 상황을 말하며 관심을 보이니, 군단에서는 다시 강원경찰청에 전사 자료를 요구했다. 군단장은 6·25 직후 강원경찰국장을 역임한 황확성씨의 차남인 황규식 중장으로 경찰의 활동을 사실대로 부각하려 한 특별한 배려였다.

그 전사기록 작성 작업이 나에게 넘겨졌다. 나는 6·25 당시 강릉에서 6년제 사범학교 2학년에 다니는 어린 학생이었다. 그러므로 춘천지구 전투상황은 구경하지도 못했다. 또한 춘천이 고향도 아니다. 다만 현재 살고 있을 뿐이다. 나도 모르니 작성할 수 없다면 그만이다. 그러나 경우회원으로 선배들의 활동사실을 조금이라도 기록에 남기려고 외람하게도 시도했다.

경찰국 경비계장으로 참전하였던 염계 손계천 선배와 몇 분의 참전한 경우회원의 증언과, 『영광의 서곡』(황확성 편저)과 『호국경찰전사』(윤장호 저) 『강원경찰국 경찰사』 등 자료를 참고하여 마치 평소에 공부하지 않던 학생이 시험전일에 벼락공부하듯 짧은 시간에 주마간산 격으로 「백두대간의 파수꾼」이란 제목으로 급히 만든 난삽한 글을 군단에 제출해 「춘천대첩, 무엇을 남겼나?」에 등재해 경찰의 활동상황을 기록에 남겼다.

국립경찰이므로 지방에서 그 지역의 특성을 가장 잘 아는 분만이 지휘관이 되는 것이 아니다. 해당 계급으로 신급한 분들을 보직한다. 그런 순환보직 근무 중에 조직을 혁신하고 새롭게 한 분이 대단히 많다. 그러나 혹자는 자기의 입신양명에 도움이 되는 일이면 기발한 아이디어로 분주奔走를 떨면서도 자기의 출세에 도움이 안 되면 꼭 밝히고 다듬어야 할 일도 헌신짝같이 멀리하는 것도 비일비재하다.

반세기 후에 육군 2군단에서 만드는 『춘천대첩』에 경찰 활동을 밝히는 것이 자기의 영달에 관련되어 도움이 된다면 기를 쓰고 부풀려 작성하고 미화했을 것이다.

분단국가이며 좁은 국토이다. 경찰의 힘을 일사불란하게 통합해 효율적으로 운용해야만 다양한 욕구불만이 분출하는 급변 세태에 대응하고 범죄를 진압하여 국민을 보다 안전하게 보호할 수 있다고 생각해 왔다. 또 6·25보다 더한 최단기전으로 적화하려는 저들의 야욕을 버리지 않은 한 국립경찰의 필요성이 강조된다.

그러나 자기 입신양명만을 생각하는 해바라기 성향의 자가 비일비재하다. 이런 분들이 발탁되는 것을 방지하는 제도적 틀도 지방자치시대에는 필요하다고 생각한다.

염계 손계천

존경받는 대선배가 병원 중환자실에 있다. 강원도의 경찰국장을 했으며, 6·25한국동란 후, 군대가 무소불위의 시대에 경찰국장을 군사령관과 같은 반열로 생각하도록 경찰 조직의 위상을 잘 관리하신 분으로 제2대 경우회 강원지부회장을 한 손계천씨가 폐암으로 위독하다. 강남 성모병원의 입원실을 회원 몇 분과 병문안을 갔다.

손계천씨는 중환자실에 있었는데 용태는 평상시와 다름없어 보였다. 보기에는 곧 훌훌 떨치고 일어날 것 같다. 의사는 폐암말기로 그리 오래 이 세상에 계실 것 같지 않다는 소견이다. 병리 검사를 하다가 목을 다쳐서 말을 못 하신다.

종이에다가 '강원노 경찰동지에게'란 7언 절구의 한시를 기록해 나에게 준다. 누웠던 환자가 부축을 받아 앉아서 쓴 글로는 놀랍다. 너무 정확하고 힘 있는 글씨이다. 평소에 생각한 시구인지, 순간 떠오른 시구인지 알 수 없으나 남자의 호연지기가 넘치는 글이다.

일주일 후에 다시 병실을 방문했을 때는 며칠 사이에 너무나 차이가 났다. 곧 운명할 것 같다. 목사가 병상에 와서 임종 세례식을 한다. 병문안 후 돌아와 밤에 쉬려는데 전화가 왔다. 22시 10분경 운명했다는 전갈이다.

손 선배가 운명할 때 '경우회장'警友會葬으로 하자는 제의를 먼저 전용찬 강원지방경찰청장이 해왔다. 참으로 고마운 제의다. 그러나 경우회는 사무국장과 나외에는 일할 사람도 없다. 재정 능력도 없다. 그래서 현직경찰이 전적으로 도와달라고 했다.

경우회장 장례葬禮는 전국 어느 곳에도 그 예가 없다. 재향군인회도 그 예가 없다. 그러나 강원도 경우회에서는 경우회장 장례식을 했다. 서울 강남성모병원 장례예식장에서 강원도 경우회장으로 영결식을 가졌다. 경우회장의 형식을 취했으나 강원지방청장이 전적으로 지원하여 하는 경우회 장례이다.

이 날에 한 나의 조사이다.

염계念溪 선배님! 어찌 이렇게 허무하게 가시었습니까! 병상에서 힘있는 필치로

金剛山下 吾生地　中原萬里 我遊庭
白馬鞍上 嚴然吐　天下英雄 自來拜
금강산 아래에 태어나 중원만리는 나의 정원이었다
백마 안장에 앉아 호령할 때 천하영웅이 절로 머리 숙였네

라는 한시를 써주시던 선배님은 훌훌 병마를 떨치고, 곧 나오실 줄 알았습니다. 그러나 어찌 따르는 후배를 남겨두고, 영면永眠의 길을 떠나셨습니까.

이 땅에 태어난 이는 누구나 힘든 삶의 길을 걸었습니다. 그러나 염계 선배님은 가장 험난한 길을 앞서면서도 항상 '우리'라는 공동체를 먼저 생각하며 행동하신 선배이시기에 영전에 엎드려 통곡합니다.

8·15 광복 후, 혼란의 와중에서 공공의 질서를 지키기 위하여, 지난

경험과 경력을 앞세우지 않고, 경찰의 가장 말단 순경으로 입문하였습니다.

치안 거점의 경찰서 자체 경계근무부터 시작하여 경찰학교 교관을 거쳐 10년 만에 강원경찰의 총수의 지위까지 이른 국가의 동량지재였습니다.

가난한 박봉의 초임 간부시절, 월남한 옛 전우에게 국군창설 기간요원 선발시험에 빨리 가라고, 수령한 봉급봉투를 개봉도 하지 않고 여비로 지원하여 주신 의리와 정이 넘치는 분이었습니다.

민족의 염원과 관련 없이 타의에 의해 분단된 38 경계선을 군이 담당하기 전 경찰이 경비할 때, 동해안에서 경기도 경계까지 모든 능선과 고지를 일일이 답사하면서 경계 임무를 완수할 수 있는 초소와 진지의 위치를 빠짐없이 선정하신 국가 안보의 선구자였습니다.

공산이념의 하수인들이 오대산을 해방산解放山이라고 부르며 백두대간으로 유격대를 침투시켜 태백산과 지리산 일원에서 자유 대한민국을 전복하여 공산화하려고 게릴라전을 전개할 때, 저들을 분쇄하는 실무 책임자로 우리 강토를 지키는 대對 유격전에 탁월한 능력을 발휘한 공은 끝이 없습니다.

6·25남침시, 당일로 춘천을 점령하고 경기도 수원까지 우회 포위함으로써 대한민국을 한강 이북에서 궤멸하려던 인민군 2군단의 주력부대를 일군 후배인 임부택 연대장과 긴밀한 협조로 국군 7연대와 강원경찰 9대대를 포함한 군경 합동작전으로 소양강 방어전을 사수하여, 속전속결하려는 저들의 기도를 저지, 지연시킴으로써 오늘의 번영된 대한민국이 있게 한 초석이었습니다.

한국전쟁 후, 전쟁을 치른 지휘관들의 자세는 고압적이었으나, 염계선배는 강원 전북 경북의 치안 총수로 재임시, 인간애를 바탕으로 한 합리적인 지휘로 모든 험난한 일을 순조롭게 처리하였으며, 군경과 관계기관과의 유대를 공고히 하신, 님이 남긴 한없는 정은 후배들의 가슴에 깊이 남아 있습니다.

그러므로 후배는 두고두고 선배님을 기립니다.

4·19이후 정권의 변혁기를 지나며 모든 정열을 다 바쳤던 경찰을 떠날 수밖에 없었음은 가장 안타까운 일입니다.

'남겨주신 금강산하 오생지, 중원만리 아유정'이라는 호연지기의 기백을 지닌 선배님을 다시 뵈올 수 없음을 통탄하며, 선배의 영전에 분향합니다.

분단分斷과 갈등葛藤 없는 저 세상에서 편안히 잠 드시옵소서!

120만의 친목

경우회 일을 6년간을 하면서 느낀 것은 현직에 있을 때의 계급의식에 연연하는 사람은 친목단체원으로 수양을 더 쌓아야 한다고 생각하게 되었다. 이 생각은 경우회 일 6년을 하고 깨달은 점이다.

경우회원증에는 생년월일과 주소 성명뿐이고 계급이 없다. 계급 조직의 모임임에도 전前 계급을 기록할 난이 없다. 계급을 표시하지 않는 것은 조선조 500년을 질곡의 사회로 만든 반상계급班常階級을 일거에 타파하려는 기발적인 발상이 있었다면 그에 상응하다고 생각해, 이 신분증 도안을 기획하고 확성한 분에세 감사한다.

같은 법률조직인 재향군인회 신분증은 현역일 때의 군 계급이 있다. 그들은 계급에 따른 중요한 일을 하고, 그 명령에 따라 움직이는 무력조직이므로 당연할 것이다.

경찰은 계급에 따라 한 일의 중요도 차이가 없는 것은 아니나, 법을 집행하고, 치안의 첨단 역할은 비 간부층이 대부분을 담당한다. 그들이 하는 모든 일은 국민의 자유 재산 신체의 안전과 보호에 관련된 일이므로 그 정도의 차이를 논할 수 없이 다 중요하다.

경우회원을 통계상 120만이라고 하나 등록회원은 그보다 훨씬 적다. 왜 퇴직 회원이 모두 등록하지 않았을까, 법률상 강제가 없는 임의 등록이 첫째 원인일 것이다. 또 계급조직에서 존경하지 않는 상급자이었던 분을 퇴직 후에는 대하기 부담스러워 피하는 분도 없지 않을 것이다. 그러나 그런 분은 경우회원증에 전의 계급을 기록하지 않는 참뜻을 모르고 있기 때문일 것이다.

인생에서 나이의 선후배는 당연히 지켜야 할 천륜이다. 또 숱한 역경을 감내하면서 도야陶冶한 인격으로 주변의 모든 이에게 덕을 베풀면 그 아니 좋은가. 그러므로 경우회원은 나이와 덕성만으로 구분해야 한다고 생각한다.

강원도 경우회는 전국에서 유일하게 임대료를 지불하고 사무실을 운영한다. 청사가 비좁아 지방청사에서 나왔다. 그러나 우리 사무실은 근무하지 않는 시간에는 웃음의 소리가 항상 가득한 곳이다.

주 5일 근무제도를 앞서 실시해 토요일에는 근무하지 않는다. 가업을 일으킨 후, 연로하여 버림받은 머슴신세 같은 처지가 된 회원들은 모일 곳도 갈 곳도 없고 오라는 데도 없다. 회원들이 사무실을 찾아와서 몇 시간 동안 즐겁게 농담도 하고 장기바둑도 두여 재미있게 놀다 가는 것이 정례화 되었다. 그 모이는 분의 전 계급은 각양각색이다. 다만 나이만 비슷하며, 농담도 할 수 있는 나이다. 그래서 그분들은 토요일을 기다린다.

경찰청사 내의 사무실은 한계가 있다. 법을 집행하는 긴장된 사무실에서 장기바둑 등 기박을 부담 없이 즐길 수 없다.

친목을 도모하기 위해 회관이 필요하다는 것을 시간이 지나며 겨우 알았다. 그래서 강원도 자체 회관을 준비해 질년耋年인 80세의 노년층, 경우회의 장년층인 70대, 경우회의 가장 젊은 층인 60대와 전 의경 출신도 부담 없이 모일 수 있는 휴게실을 만들려고 노력하여 2005년에는 그 가능성이 보였다.

건국 60년을 되돌아 볼 때, 혼란의 와중에서 간교한 이념의 소란을 제거하며 나라를 세우고, 한국 동란 전후 군과 같이 구국의 소임을 했으며, 나라의 전통성을 지켜온 경찰이 군에 비해 중앙이나 지방의 회관이 있고 없음은 차치하고 비교할 수조차 없이 열악하다.

이런 때에 초라한 경우회 중앙회를 교통이 편한 서울 중심부로 사무실을 옮겨, 여러 회원들이 쉽게 모일 수 있게 하였다. 사무실에는 전국 최고의 기원을 능가하는 '사랑방'도 만들어 친목단체의 대화방 역할을 다하려고 시도하는 것을 환영한다. 이제야 같은 운명의 배를 타던 120만 회원의 진정한 친목단체가 되어 가고 있다.

회관 마련

나라를 세울 때 안정을 유지해 건국의 초석이 되었으며, 나라가 위급할 때 군과 같이 총을 들고 싸운 경찰이다. 사회의 안정을 가져와 오늘의 발전된 대한민국이 있도록 한 유공대열에 어느 단체보다 큰 희생을 치르고 현지를 이르렀었다.

각급 조직의 퇴직자들의 숱한 모임은 다 버젓한 회관들이 있다. 나라의 양대 축의 공법단체가 재향군인회와 재향경우회다. 재향군인회는 국방회관, 육해군 해병대의 개별회관이 있음은 물론하고, 용산 전쟁기념관을 포함해 전우회관과 각시도 각 시군에도 다 위상에 버금가는 자기 회관을 보유하고 있다.

그러나 경찰은 어떤가. 중앙의 재향경우는 교통안전공단의 건물에 세 들어 있다. 그러니 당연지사라고 할까, 강원도 경우회 역시 청사 관계로 지방청사 안에 같이 있지도 못하고 임대료를 지불하고도 부속건물에서 사무실을 운영했다.

최소한의 위상에 버금가는 사무실을 만들려고 춘천시에서 불하해도 응찰자가 없어 유찰상태인 춘천시 요선동에 있는 구 춘천시 중앙동 건물을 구입할 계획을 수립해 보았으나 자금을 만들 수 없었다.

전국에서 유일하게 강원도만이 임대료를 지불하고 사무실을 운영하는 실태와 부산 경남 전북의 자체회관을 보유한 상황, 그리고 강원도의 재향군인회의 도시군의 회관을 지방비의 예산지원을 받아 자체건물을 보유한 현황표를 만들어 또 지사에게 건의했다.

재향군인회 강원도지부 건물 신축시에 도비를 지원한 지사는 경우회의 요구에 공감하시고, '중앙동 건물을 응찰하여 낙찰을 받으면 그에 상응한 예산을 지원해줄 방안을 연구하라'고 지시하는 말에 희망을 걸었다. 세 번째의 입찰마저 유찰되면 춘천시와 수의 계약으로 구입하려 할 때에 서울에 거주하는 춘천출신 입찰 전문가들이 응찰해 왔다. 급히 응찰대금을 준비해 같이 경쟁입찰에 응했으나 약간의 가격차로 실패했다.

그렇다고 포기할 수 없었다. 다시 처분하려는 여러 구·동 사무실 중에 가장 장래성이 있다고 부회장단이 시청에서 불하할 건물을 답사해 결정한 효자 2동 구사무실을 구입대상으로 정했다. 건물로 구입 예산 5억을 요구해 도지사의 협조와 도의회의 승인으로 3억을 2005년도 강원도 기본 예산에 반영했다. 또 지사의 동의하에 국회의원 C씨를 동창인 곽○○씨와 일가라고 자처하는 최◇◇와 같이 방문해 중앙에서 강원도에 개발비를 지원하는 자원대체 방식으로 지원받을 수 있도록 지방비 반영액에 상응한 예산을 지원 받을 길을 협의해, 좋은 반응을 만들었다. 주의할 것은 중앙의 금액은 수령할 때까지 변수 없이 상황과 여건을 효율적으로 대처해야 우리 손에 들어 올 수 있다.

자체 정기예금한 9천만 원, 사무실 운영 일반 통장 (1) (2)에도 현금 1천5백만 원가량이 있으며, 05년도 강원경찰 차량의 보험료 도수료도 수백만 원이 입금할 것이 있으므로 금년(2005년)에도 도지부를 운영하고도 충분히 1천만 원 이상은 족히 정기 예금할 수 있다. 그러므로 자체자금이 1억이고, 중앙회에서 각시도분 돈 1억을 예금하고 있으므로 우리의 몫 1억을 받을 수 있다. 그러면 경우회 자체자금 2억과 지방비

3억 또 지방비에 상응하는 액수의 3억 정도를 중앙에서 정책적으로 배려할 수 있으니 도합 5억 내지 8억이다.

자체자금 조성 시작은 나의 전임회장 H씨부터 했다. 강원도경의 자동차보험 7.5%를 도수료로 경우회가 얻는 방법을 지방경찰청장에 이야기해 시작된 것이다. 내가 회장직을 인수 받았을 때에 도수료가 바탕이 된 정기예금액이 2천5백만 원이 있었다. 이 자동차보험 도수료가 인수 1년 만에 그만 중단되었다. 강원도경의 차량사고 발생률이 높아 대한화재보험회사에서 자동차보험 취급을 포기해, 강원도경의 차량보험을 이곳저곳에 협의해 겨우 가입할 때, 보험료 도수료는 생각 할 수도 없었다. 수년이 지나 제일화재를 거쳐 삼성으로 다시 보험이 이뤄지며 현재는 전과 같이 8%대의 액수가 되었다.

도수료 수입이 전연 없을 때도, 명맥만의 도수료 수입이 있을 때도 이면지를 사용하며 집행예산을 최대한 절약해 예치했다. 협조를 구하기 위해 나부터 개인통장에서 수표로 인출한 금액을 사무처장에 주어 입금하도록 하여 솔선했다. 춘천에 있는 관서장급 출신 총우회원이 연에 10만 원 이상 경우회 운영에 협조했다. 뜻있는 이사 몇 분도 동참했다. 이렇게 협찬한 모든 금액을 알뜰히 모아 매년 1천만 원에서 2천5백만 원까지 정기 적금한 것이 자체자금 1억 운운하는 모체가 된 것이다. IMF를 거치며 갖은 고생을 다하고 살림을 알뜰하게 꾸려 적금하도록 한 사무처장(사무국장) 두 분에게 진심으로 감사한 마음을 잊을 수 없다.

모든 회원이 소원하던 자체 회관을 2005년에는 구입할 수 있게 되었다. 나는 강원도회장 2회를 연임하여 6년을 했다. 회관을 마련할 때까지 예외규정을 이용해 다시 한 번만 더 강원도 경우회를 이끌어 달라는 여러분의 요청을 단호히 사양했다. 중앙회장의 권유도 거절했다. 도지부 회장 직무를 수행하는 중에도 남이 모르는 스트레스도 있다.

이런 것이 싫었다. 그래서 회관 만드는 일을 마쳐 달라는 말을 따르지 않았다.

강릉에 있는 전의경 휴양소 부지를 주무과에서 물색하지 못하는 것을 강릉 수사과장인 내가 했고, 강릉시장 안○○은 총무처 휴양시설 부지로 제공하려는 것을 정○○ 부시장 이하 모든 참모들이 같은 조건이면 경찰에 주어야 한다고 주장하도록 하여 경찰 휴양소 부지를 만드는데 결정적인 역할을 했다. 고성경찰서의 현 대지도 역대서장이 마련하지 못한 것을 했다. 정선 임계 반천리의 명소에 있는 넓은 국유임야를 경찰림으로 관리 전환해 경찰충혼탑을 건립했다. 그리고 퇴직 후 경우회관 마련 기금을 늘리고 지방비에 예산을 반영했다. 이것으로 순경에서 총경까지 하는 과정에서 강원경찰에 진 업보를 조금이라고 갚았다고 생각한다. 공을 빙자해 사익을 챙기지 않으면 자연적으로 할 수 있는 일을 했을 뿐이다.

도지부 회장은 생활의 수단으로 하는 곳이 아니다. 옛 동료에 대한 무한정의 봉사를 해도 항상 부족하다. 후임회장으로 희망하는 분은 나보다 젊어 잘할 것이 기대되었다. 또 근래에 퇴직한 경우회원들을 모아 구심적인 역할도 잘할 것이다. 총경으로 신급하시 못하고 시징을 한 분이니 남은 능력을 최대 발휘할 수도 있다. 그의 입후보 자격을 구비하는 05년 4월 29일에 총회를 소집해 투표 없이 도지부 회장으로 추대했다.

오매불망 바라던 회관은 후임자에 의해 급매물로 나온 춘천시 효자1동 591-51 대지 110평 연건평 222.41평의 지하 1층 지상 5층의 철근 콘크리트 라멘조 건물을 준비된 예산으로 2005년 9월 6일 5억 3천만 원에 매입계약을 했다. 급매물로 나온 회관 구입과 사무실 이전 과정에 의례상 있어야 할 협의를 은익하거나 웃기는 말은 자연스럽게 후일 알게 될 것이다.

그 후, 해를 지나 도지부 건물 구입과정에서 많은 부채를 지고 있다는 말을 우회해 여러분으로부터 들었다. 먼 거리에 있는 원로를 찾아가 하소연한 말도 들린다. 건물 구입 결산을 들은 사실이 없는 나도 궁금하나 알 수 없다. 여러 사람이 나에게 물어도 온다. 춘천의 원로 회원들과 같이 지방청장에서 새해 인사차 간 자리에서 지방경찰청장도 같은 액수의 경우회 부채 이야기를 한다. 그래서 지방비를 지원해 준 도의 지원과는 연말 정산과 건물구입과정을 상세히 알고 있으니, 그 부족 액수를 알고 난 후에 지사에 지원을 부탁하는 것이 좋을 거라고 말했다.

그리고 도지부 감사에게 정기총회 서류에 감사보고로 건물구입 후 총 부채액을 명시하도록 요청했다. 그런 후, 2007년도 정기총회 서류에 부채액 총 6천9백여만 원임을 명기되었다. 이로써 회관마련에 대한 나의 마음의 업을 벗었다고 생각한다.

도지부는 절약해 운영하면 연 얼마씩의 예산을 적금할 수 있다. 그런 자구 노력을 하면서 중의를 모아 대안을 강구하면, 도지부의 부채는 힘들이지 않고 정리될 수 있다.

도지부 회관이 모든 회원들의 즐거운 만남의 장소로 활성화되길 기원할 뿐이다.

마지막으로 도지부 회장 임기를 마치고 대선배로부터 한통의 서신을 받은 것을 여기에 소개합니다.

현직에 있을 때 영국신사란 평을 받던 안영섭 선배의 친필 서신이다. 그 편지 내용에는 '김동지의 아름다운 발자취를 생각하든 중에 머리에 떠오르는 시 한 수를 적습니다' 라고 하시며 보내주신 서사내사의 한시는 다음과 같다.

踏雪野中去 (답설야중거)

不須胡亂行 (불수호란행)
今日我行蹟 (금일아행적)
秀作後人程 (수작후인정)

친필로 써주신 해석은 '눈 덮인 벌판을 거닐더라도, 발걸음을 흩트리지 말라. 오늘 내가 남긴 발자국은 뒤따라오는 사람들의 이정표가 될 것임으로'이다.

VII.

자경대

울진 삼척 침투 무장공비의 기본임무는

1. 경북과 강원도의 경계지구의 산간마을을 혁명기지화 하라.
2. 불가능할 때에는 귀환 노정(도중)에서 동일한 임무 수행하라.
3. 귀환 중, 전도유망하고 정보가치 있는 자를 대동 납북하라.
4. 남조선의 내부 모순을 격화시키어 인민들이 들고 일어나도록 하라.
5. 군사 정치 경제의 정보수집과 변절자 및 악질자를 처단하라!

등이다.

둘째 녀석

구두 전형

일제에 국권을 빼앗긴 식민지 시대 최초의 교육기관인 국민학교에서 처음 교육을 받았다. 그 국민학교란 이름도 우리나라 사람을 일본 천황의 신하를 만들기 위한 황국신민의 약자인 '국민'의 다음에 학교자를 붙인 간교한 저의가 숨어 있는 것을 실제로 경험했다.

1936년생인 내가 처음으로 학교에 들어갈 적에는 일본말로 전형시험을 보고, 합격자에 한하여 입학이 허용되었다. 전통적인 농경위주의 사회에 교육기관으로는 각 면별로 겨우 하나의 학교가 있었다. 입학하고자 하는 학생수에 비하여 수용할 인원은 남녀 합하여 겨우 한 학급이다. 절대 부족한 수용이므로 입학 구두 전형시험도 상당히 부담되었다. 농촌에서 태어나 소나무 동산아래서 뛰놀던 나는 큰아버지에게 불리어 가 무릎 꿇고 앉아 일본어 단어를 배웠다. 우리 아버지는 농사일만 하는 농부로 일본말을 할 줄 몰랐다. 큰아버지는 지방유지 어른으로 상당히 넓게 출입하고 있었으므로 일본말을 잘하셨다.

일본어 공부란 입학 전형시험에 필요한 정도의 일본어 단어의 외우기이다. 아버지, 어머니, 형, 누나, 할아버지, 할머니, 하늘, 땅, 돌… 등

등의 기초 단어와 아침저녁 어른에 인사하는 말과, 시계의 초침을 보고 몇 시 몇 분을 일본말로 대답하는 암기 연습이다. 명사인 단어를 외워 일본말로 답하는 것은 그리 어렵지 않았으나, 시계를 보고 시, 분, 초를 일본말로 대답하기는 정말로 힘들었다. 시계가 12시간씩 낮과 밤이 구분되고, 한 시간이 60분이고, 일분이 또 60초이고, 분초를 계산할 때에는 한 칸의 단위가 5분, 5초씩 된다는 것이 정말로 어려웠다. 그런 대로 외워서 대답하다가도 묻는 사람이 바뀌면 또 틀렸다. 그래서 아버지와 큰아버지의 바람은 입학 구두 전형시험에 시계 묻는 일이 없었으면 하였다. 입학전형 일에 하나씩 교실에 들어가 선생님 앞에서서 절도 있게 굴신 경례를 하고 물음에 대답하였다. 묻는 그 선생님이 시계를 가리키며 지금이 몇 시 몇 분이냐는 질문이 없어 무난히 입학시험에 합격되어 학생이 되었다.

한 면에 하나의 학교밖에 없으므로 10리 이상 걸어서 등교해도 학교에 입학한 것만도 부모의 자긍심을 세운 것이었으나, 나는 학교가 우리 집에서 건너다보이는 가까운 거리에 있어서 고생 없이 학교에 다녔다.

영토와 주권을 빼앗은 일본은 한국의 언어문화를 말살하려는 정책의 일환으로 학교 내에서 일체 한국말을 못하게 했다. 일본어를 상용화하기 위하여 일본말로 발표하게 하는 방법은 가혹하고 혹독했다. 낙제가 있는 초등학교에서 수업성적도 중요하지만 일본어를 사용하지 아니하고 한국말을 하다가 적발되면 일일이 적어 훈육점수가 과락일 때 낙제를 시킨다고 하여 무척 두려웠다. 교내에서 한국말 하는 학생을 선생에게 일러바치라고 하니 순진한 아이들은 노는 시간 장난 중에 자연스럽게 튀어나온 우리말을 사용한 것까지 선생에게 고자질하는 자가 있었다.

3학년에서 몇 번 적발 당한 나는 무척 조심하는 중에 선생님 앞에서 또 우리말을 사용하다가 직접 적발 당했다. 그 적발 방법이 너무 야속한 수법이어서 아직도 잊혀지지 않는다. 집에 가서 옛날이야기를 듣고 일본말로 발표하는 수업시간 중에, 지게를 지고 산에 나무하러 간 목동이 호랑이 만난 이야기를 하는데 '지게를 지고'의 '지고'란 말을 몰라 우리말로 그냥 '지고'라고 하였더니 모리다森田 담임선생이 그 즉시 적발하여 기록하는 것은 정말 야속했다. 모리다 선생은 일본인도 아니며, 개명시에 한국의 전통적인 성씨를 완전히 버리고 왜색으로 개명한 분이다. 그리고 얼마 되지 아니하여 8·15해방이 되어 모리선생은 동리 청년에 맞고 도망간 것으로 기억한다.

해방으로 서투른 일본말을 안 해도 되니 후련하고 기뻤다. 일본책을 태우고 일본말을 하지 말라는 지시가 정말로 좋았다. 그래서 조금 배우던 일본말을 사용하지 아니하므로 지금은 다 잊었으나, '짊어지다'란 일본 단어의 '가스이데'는 지금도 또렷이 내 머리에 남아있다.

공출이란 이름으로 수확한 양식을 수탈해가므로 농사짓는 농부도 일년 식량이 부족했다. 해방이 되니 은닉한 비상식량까지 수색하러 면서기와 일본순사가 오지 않아서 좋았고, 콩기름 짠 무거리를 대두박이란 이름으로 빼앗아간 쌀 대신 주는 배급제가 없어져 좋았다. 총의 실탄을 만들 놋그릇 가져오라는 학교 담임선생의 독촉이 없어 더욱 좋았다.

언어와 문화까지 말살하려고 한 일본 제국주의가 멸망함은 당연한 신의 심판이었다. 8·15해방 직후에 모든 사람의 입에 회자膾炙되던 잠언箴言적인 말이 있었다.

'미국을 믿지 말고, 소련에 속지 말라! 일본이 일어나니, 조선인은 조심하라!' 2차세계대전에 패망한 일본은 전쟁 폐허에서 일어서 반세기가 지난 지금, 세계 경제대국이 되어 승전국 미국과 어깨를 같이 하며 독도가 자기의 땅이라고, 극우분자들이 계속 지껄이며 시비를 걸어

오고 있다. 우리는 천 년 전 삼국시대로 환원하였는지 지역감정이 합리적 이성을 앞서고 있다. 양심을 팔아먹는 소인배만이 동분서주하고 있다. 단군의 후예는 '홍익인간'의 참뜻을 진정으로 깨닫고, 사물을 바로 보고, 올바른 말을 해야 한다. 궤변으로 자기를 미화하는 자가 평가받는 시대가 되어서는 안 된다. 양심에 따라 바른 행동을 실천할 때이다. 큰 '우리'를 만들어 부강한 나라가 되도록 실천할 때이다.

감나무

내가 출생하고 자란 학산리는 '꽤나무'(李木, 자두나무의 강릉지방 사투리) 동산이다. 조그마한 공지에도, 밭둑에도 꽤나무를 심어 강릉지방에서는 꽤나무 고장은 당연히 학산리다. 봄, 꽃 피는 개화기에는 전 마을이 하얀 색의 고운 꽃동산으로 된다. 특히 꽤꽃으로 분장한 동리가 은은한 달빛을 머금고 있을 때에는 무릉도원의 하얀 선경이다. 그 꽤는 빨간 색을 띄우고 익었을 때에는 산뜻한 단맛이 나지만 익기 직전까지 무척 신맛이 난다.

옛날 고려 말 지금의 서울 한성에 자두나무가 많이 자생했다. 자두나무를 한자로 표시할 때 이목李木이라 함으로 이씨 싱을 가진 자가 번창할 시역이라고, 자두나무를 체취하는 벌이사伐李使를 두었다지만 이씨의 이성계가 등극하고 수도로 되었다. 학산에도 자두나무가 잘 자라는 곳이므로 이씨의 번성지라고 이씨 성의 몇 분이 전입해 살았으나 6·25를 거치고 난 후에 거의 다른 지역으로 이주했다.

강원도에서 감의 산지는 강릉이다. 학산리에는 감나무도 많이 있고, 고가 집주변에는 더욱 감나무가 많았다. 특히 감 껍질을 벗껴 말린 곶감은 감이 나무에서 완전히 익으면 홍시라고 하여 대단히 맛좋다. 겨울까지 보관하는 유일한 겨울철의 과일이었다.

감이 나뭇가지에서 자라 가을철이 되어 색깔은 아직 푸르나 맛이 들려고 할 때 떨떠름한 맛이 나는 감을 따서 물에 24시간 이상 잠기도록 하는 방법으로 떫은맛을 없애고 단맛이 나도록 하는 것을 '침들인다'고 한다. 침들여 먹는 것은 대단한 먹을 거리다. 감은 농가의 최대 부수입이었다. 감이 다 익기 전에 따서 껍질을 벗기고 그늘에 말리어 곶감을 만들면 조상 제사상에 우선적으로 올라가는 겨울철 최고의 과일이었다. 이런 감나무는 바로 농가의 부를 측정하는 단위로 보였다. 과일이 귀한 시절 감이 맛들기 직전 떫은 감도 어린이들은 없어서 못 먹었다. 감이 꼭지에서 빠져 나무 밑에 떨어져 변하는 과정에서 단맛이 나는 것도 주인이 아니면 주워 갈 수 없었다.

우리 집은 학산 1리 2반 239번지였다. 이 번지가 나의 출생지이다. 우리 아버지는 둘째로 한문 공부하기 싫다고 일을 희망하여 처음부터 농군이 되었다. 큰댁 동녘 밭에 초가삼간을 지어 살도록 분가하여 나의 5남매는 이 집에서 태어났다. 우리 집이 있는 텃밭도 우리 땅이 아니었다. 집만 아버지가 사는 집이지 밭은 대를 이은 큰댁 큰아버지의 것이었다. 단지 수년간 소작료 없이 채마는 지어먹을 수 있었다. 밭 주변의 감나무 여러 나무도 당연히 큰아버지 소유였다.

과일이 부족하고 먹을 것이 없어 배고픈 시절의 어린이들은 어른 몰래 감나무에 올라가서 그 떫은 감을 따서 날로 먹은 것도 큰 희망이었다. 어느 날, 초등학교 초급학년 때 코흘리개 동무(동무란 말은 어린이 사이에 잘 사용하는 친구란 말이었으나 분단 후 공산주의자들의 전용어가 되어 대한민국에서는 자연히 사용하지 않는 껄끄러운 말이다)들과 같이 집앞 동편의 제일 작은 나무에 올라가서 떫은 생감을 따먹을 때, 멀리서 큰아버지의 호통 치는 소리가 들려왔다. 놀란 우리는 급히 나무에서 내려와 방문을 닫고, 방안에서 숨을 죽이고 있었다. 얼마 있지 않아 마당에 오신 큰아버지께서 '익지 않은 감을 왜 따느냐? 왜 아이들이 남의 감나무에 올라가서 감을 따먹느냐!' 이런 말씀으로 호통 치셨다. 호랑이같이 무서운 큰아버지께서 빨리 갔으면 좋으련만 가지 않고 또 호통을 치시는 것이었다. 그 때 내가 방문을 열고, 뜰에 나가서 '감나무는 할아버지가 심어 기르신 것인데 왜 큰아버지만 가지시고, 우리도 할아버지 자손인데 한 나무도 없습니까. 나도 좀 따서 먹으면 왜 안 됩니까?' 이런 식의 대답을 당돌하게 했다. 더 큰 호령이 떨어질 줄 알았는데, 큰아버지는 '나무에 올라가지 마라! 떨어지면 어찌 되느냐' 한 번 더 강조하시고 큰댁으로 가셨다.

아버지는 일하는 시간을 제외하고 틈만 있으면 큰아버지에게 가 말씀을 나누셨다. 감을 따먹다가 큰아버지에게 꾸중들은 이야기는 아버지에게 말하지 않았다. 야단맞을 것이 겁이 나서 언젠가는 아버지의 불호령이 있을 것을 예상하고 늘 조마조마 했다. 하루는 아버지께서 큰아버지께 갔다 오시더니 우리가 감을 따먹다가 들킨 바로 그 나무를 지칭하시며 '동편 작은 감나무는 앞으로 우리가 감을 따도 된다'고 하셨다. 큰아버지께서 집앞 작은 감나무 하나를 우리에 주신 것이었다.

가을에 감이 익어 무르기 전에 감나무에 올라가 긴 장대로 감 달린 가지 하나씩을 꺾어 감을 땄다. 오래된 나무는 오르기도 힘들고 가지의 마디가 갈라 떨어질 우려가 있어 감을 따는 삯꾼 아저씨들도 대단히 힘들어하고 주의했다. 하루종일 딴 감의 7할은 주인이 가지고 일한 사람이 3할을 가지고 갔다. 우리 집도 수십 년 된 감나무가 하나 생겼으므로 감을 따고, 감을 깎아서 벗긴 껍질을 분을 내어 어린이들의 겨울 먹을거리가 생겼고, 곶감도 만들 수 있었다.

감나무가 없어도 집에서 매년 곶감 몇 접과 분낸 감 껍질 먹을거리는 먹을 수 있었다. 아버지가 감을 따주고 품값으로 가져온 감을 깎아 건조했다가 분을 내어 곶감을 만들었고, 어머니가 가을철에 감을 많이 딴 집에 무쇠로 만든 작은 과도를 가지고 가서 감의 껍질을 벗기는 일을 하여준 대가로 감 껍질을 가져와 그늘에 말리어 변하지 않도록 적당히 싸서 두면 하얀 분이 난다. 이렇게 분이 난 것을 명절 때나, 어린이 손님이 오면 한 대접씩을 벽장에서 꺼내어 주었다. 분이 난 감 껍질을 꼭꼭 씹어 먹으면 달콤한 맛이 참으로 좋았다.

감나무 한 그루를 딸 수 있는 집에서 그 후에도 10년 이상을 살다가 집터를 사서 바로 옆으로 옮겨 갈 때까지 정든 감나무였다. 지금은 고목으로 된 감나무는 수종 갱신으로 마을 안에 다 없어졌다. 내가 큰아버지에게 말대답하고 10여 년가량 따먹던 그 나무만이 쓸쓸히 아직 남아있다. 지금은, 감이 떨어져도 주워갈 사람이 없고 달린 감의 9할을 따가고 1할만을 주고 가라고 하여도 감을 딸 사람이 없다. 학산의 특징인 꽤나무도 수종갱신과 새마을 사업 후에 마을에서 없어졌다.

밭가의 허전한 고목 감나무가 있던 넓은 빈자리를 보고 있노라면 엄하면서도 인자하시던 큰아버지의 모습이 떠오른다. 큰댁은 오래된 고가였는데 6·25사변 1·4후퇴 때에 폭격으로 소실되었다. 큰댁을 다시 지을 때에 집안에는 내가 유일한 심부름꾼이고, 젊은이로 나 혼자만이 집에 있었다. 큰아버지가 도목수에게 하루의 일을 시키고, 일반 잡부에게 이것저것 하라고 일을 시키는 것을 보았다. 하루의 일을 시키기 위하여 며칠 전부터 시킬 일감을 미리미리 준비하였다가 일꾼들이 일하는 당일에는 순차적으로 차례차례 시키는 것을 나는 심부름을 하며 보았다. 쉬는 시간이 적당히 지나면 '여보게, 이거 좀 하세' 하며 일을 시작하도록 하여 무한정 농담하며 길게 쉬지 못하게 하셨다. 목수와 일꾼들이 '이댁 영감님은 잠시의 시간도 쪼개 쓰도록 한다'는 불평을 들으면서도, 참을 먹고 게으름을 피우지 못하게 하는 것을 봤다.

내가 후일 경찰의 수사간부가 되어, 하여도 끝없이 밀어닥치는 민생민원을 처리하는 형사들을 가급적 일의 접속되는 시간대에 점검하며 독려했다. 형사들의 푸념이 '좀 더 있다 나타나지' 하는 말을 한다는 이야기를 들은 적이 있으나, 개성이 각양각색인 형사들을 물의 없이 통제했다. 이런 접속시간대의 감독 방법은 교실의 행정관리 시간에 책으로 배운 것이 아니고, 집 짓는 일 심부름을 하며 큰아버지가 목수나 일꾼 아저씨들에게 일 시킬 때, 미리 준비했다가 적절히 시키는 것을 보고 체험하며 배운 것이었다.

또 방학에 「명심보감明心寶鑑」 첫머리 일부를 큰아버지에게 배운 것이 나의 한문 기초 실력이다. 이때 옥편 찾는 방법과 문안 해석하는 방법을 배운 것이 공직 생활의 살이 되고 피가 됐다. 동료에 비하여 낙오되지 아니 할 수 있었던 것은 학교에서 배운 것이 아니고 6·25 동란을 겪으며 가까이 모실 수 있었던 큰아버지의 덕이라고 깨달은 것은 불혹不惑의 나이를 먹은, 많은 시간이 흘러서다.

둘째 녀석

내가 자란 자연부락은 학산리 양시 마을 장안성長安城의 동대東臺가 있던 동대골이다. 장안성은 고려 우왕이 이성계에게 축출 당하여 마지막으로 계시다가 저세상으로 떠나간 곳이다. 우리 집 뒤 소나무 동산에는 학鶴이 봄에 날아와서 가을까지 있다가 겨울이면 남쪽으로 날아가 월동을 하고 다음 해에 다시 오곤 했다. 그래서 우리 마을 이름이 학이 날아다니는 학산리鶴山里라고 나는 생각했으나, 학산리란 이름은 마을에 신라시대 9대 선문 중의 하나인 굴산사가 있던 뒷동산에는 법일국사의 출생설화에 나오는 학바위鶴岩가 있어 학산이라고 한다.

강릉향언에 '생거 모학산生居茅鶴山'이란 말이 있다. 모산리와 학산리가 사람살기 좋은 곳이란 뜻이다. 두 마을은 칠성산과 망덕봉을 바라보고 아래 위에 있으며, 칠성산 계곡에서 흐르는 물이 학산마을 앞을 지나 모산을 거쳐 동해로 흐른다.

농촌에서 농부의 둘째 아들로 태어나, 보고 듣고 느끼는 것은 근면하면 굶지 않고 먹고 살수 있다는 것뿐이었다. 농토가 부족한 농부는 그래도 농사만이 생계 유지방법이다. 힘든 일을 하여 가족을 먹여야 하는 우리 아버지는 큰 힘든 일은 잘하셨으나, 가정 내의 잔잔한 일은 할 사이도 없었다. 여유가 있는 집이나 노인들이 계신 댁에서는 방안에 깔고 사람이 앉는 자리부터 달랐다. 가난한 서민의 방에는 부들로 매어서 만든 부들자리와 갈 자리가 전부다. 잘사는 집 방에는 장판을 한 곳도 있고, 큰댁의 사랑방에 가보면 왕골로 곱게 만든 왕골자리, 돗자리 등이 깨끗하게 깔려 있는 것이 무척 부러웠다. 이웃 노인들이 자리 매는 것을 보니 자리틀에 노끈이 달린 고드랫돌(자리를 엮을 때 날을 감아서 매는 돌)을 당기며 앞뒤로 넘겨 그 무게로 자리를 만드는 것이 재미있어 보이고 힘든 일같이 안보였다.

나는 자리틀을 만들어 달라고 하여 짚자리부터 만들어 보았다. 다음으로 부들자리를 매어서 어머니와 동리 어른들로부터 칭찬을 받았다. 만든 자리의 품질은 최하위품이나, 어린것이 만들었다는데 후한 칭찬을 아끼지 아니했다. 그 잘한다는 말에 고무되어 방안에서 토닥토닥 자리를 매는 것을 본 장사꾼 아주머니가 집에 가서 뛰노는 자기 아들에게 말하여, 학교 친구로부터 너는 왜 자리를 매서 나까지 못 놀게 하느냐고, 항의조 농담도 들은 적이 있다. 이때에 노끈을 당기며 일하다가 생긴 흔적이 아직도 남아 있다. 왼손 시지의 끝 부분의 살이 안쪽은 딱딱하게 굳어졌다.

이 시절에는 신고 다닐 신발이 극히 부족하였다. 2차 세계 대전 막바지로 원래 물자가 부족한 일본이 자원을 착취하려고 유발한 전쟁이 패색이 짙을 때다. 평소 이웃 나들이도 슬리퍼형 일본식 이름의 게다를 신고 다녔고, 학교에도 게다와 짚신을 신고 등교했다. 농촌에 일하는 농부는 짚으로 만든 짚신이 제격이었고, 출입하는 노인들은 참신이라 하여 삼(麻 - 마)과 왕골을 섞어서 만든 것을 마른땅에서는 고급 신발로 신고 다녔다.

내가 초등학교에 입학하였을 때에 학급에 겨우 신발 3켤레가 배급되었다. 어찌 한 배분인지 나에게도 하나가 차례 왔다. 70여 명의 신입생 중에 운 좋은 선물이었으나 그 신발은 검은 색 남자용 고무신이었고, 나의 발에 비하여 너무 커서 신을 수 없었다. 그래도 어머니는 기뻐하시며 기름을 칠하여 두었다가 후일 신은 기억이 난다.

처음 등교할 때 게다를 신고 다녔다. 그 게다도 농사일에 바쁜 아버지가 목수가 아니라서 제때 만들어 줄 수 없었다. 목수 일을 잘하는 분이 부러웠다. 신발을 짚으로 만드는 것을 보고 배우기도 하고, 학교의 실습시간에 만들어도 본 짚신을 삼아서(만들어서) 엉성한 하품이지만 한 죽 10켤레씩 달아 놓은 적이 있다. 큰어머니가 오셔서 '작은애야! 큰어미에게 하나 다오' 하여 짚신 한 켤레를 드렸더니 칭찬을 아끼지 아니하시던 기억이 풍요의 시대, 물자 절약을 모르는 지금에 새롭게 생각난다.

어린것이 짚신도 만들고, 자리도 매고, 형보다 4살 아래이나 형보다 건강하니, 농부인 아버지는 둘째는 대를 이을 농사꾼으로 바라신 것이다. 중학교에는 장남을 진학시켜 면서기라도 하는 것이 희망사항이고, 농토도 많지 아니한 집안 살림형편상 차남까지 중학교(해방 후 중학교는 6년제이고 고등학교가 없었음)에 진학시켜 공부시킨다는 것은 힘들었다.

나는 하기 힘든 일본말도 안 해도 되고, 공부하란 말도 별로 없어 마음껏 뛰놀던 5학년 초에 일찍 잠이 들어 자는 중 잠결에 이야기 소리를 들었다. '큰애는 어떻게 하든지 중학교에 보내고 작은애는 일을 잘하니 농사일을 시키자'고 호롱불 밑에서 어머니와 아버지가 이야기하시는 것이었다. 잠자던 나는 벌떡 일어나 '나도 중학교 갈래' 하고 말했다. 잠자는 줄 알았던 내가 일어나 방금 한 양친의 말에 이의를 제기하니 '그래, 너도 중학교 시험에만 합격하면 보내주마' 하셨다. 그 때부터 열심히 공부하였으나 원래 학급에서 중간층인 나의 성적이 올라가기 힘들었다.

4년 차이 형제이나 초등학교부터 1년 차이로 학교에 다녔다. 중학교에 형을 보내고, 다음 해에 다시 동생을 중학교에 보내시기 벅찼을 것이다. 그래서 국립으로 학비부담이 적은 사범학교에 시험을 보라고 하셨다. 당시 사범학교 6년을 졸업하면 초등학교 선생님이 되며, 강원도는 영동 영서의 지리적 여건 때문에 춘천과 강릉에 각기 사범학교가 있었다. 나의 실력으로 도저히 우수한 학생만 응시원서를 작성하여 주는 사범학교에 응시할 성적이 안 된다는 것을 아시므로 합격하지 못하리라고 하신 말씀인지 알 수 없다. 미련하게 공부한 덕분에 1949년 강릉사범학교 1학년 학생이 되었다. 농부를 시키려 하신 아버지도 시험에 합격하니 정말로 기뻐하셨다. 농부로 만들려고 한 둘째녀석이 이렇게 중학생이 되었다.

강릉사범을 다니는 중에 나는 '음치'라고 음악 선생님으로부터 평을 들었다. 집에서 자랄 때 노래 소리를 입밖에 조금만 내어도 '광대 되려 하느냐!'의 호통으로 노래를 불러보지 못한 촌아이가 중학생이 되어 음악선생 앞에서 '도, 레, 미, 파' 하고 '코리분겐'이란 음악책의 악보에 따라 발성할 때 소리가 점점 목 속으로 들어가니 음치라고 할 수밖에 없었을 것이다. 잘 못한다고 나를 무시하는 음악선생이 몹시 두렵고 미웠다.

6·25사변을 겪는 과정에서 학교 학제가 변하여 중, 고등학교로 구분되었다. 사범 병설중학을 졸업한 후, 음악이 없는 강릉 농업고등학교에 응시하여 농업고등학생이 되므로 초등학교의 교사가 되려던 꿈은

멀어졌다. 그 후 공직에 있을 때에 기회가 있어 노래를 하려고 하여도, 음치라는 자격지심에 노래 부르기를 멀리한 것이 습성화되어 노래 가사 하나도 암기하지 못하므로 음치로 굳어졌다.

말구 자승법

용무지지用武之地

농업고등학교 입학 후 5년 만에 졸업했다. 강릉사범 병설중학을 졸업하고, 52년 3월 영동에서 제일 전통 있는 강릉농업고등학교 임학과林學科에 통산 26기로 입학을 했다. 강릉사범에 입학할 때부터 늘 사도師道 정신 훈육으로 발랄하고 방자한 청소년의 기가 순화된 나의 기준으로 보았을 적에 입학한 학교의 분위기는 보다 남성적이었다. 다른 학생은 과거부터 아는 친구 사이나 새로이 모든 학우를 만나게 된 나는 생소한 것이 많았다. 임학과에서 배우는 학과 중에는 측수학測樹學 사방공학沙防工學 측량학測量學 등이 있어 수학을 응용하는 학과가 많으므로 당시 인문학교가 없는 강릉에서는 대학 진학을 하려고 임과에 입학한 학생이 많았다. 실과 교과서도 별로 없고, 선생님이 수원농대 다닐 때에 자기가 공부한 노트로 학생 공부를 시키는 상태였다. 영림서의 간부로 있는 삼촌이 좋아 보이기도 하였으나 나도 대학을 갈 생각으로 임과를 택했다.

음치이기 때문에 나만이 학교를 옮겨온 생각에 잠겨 멍하니 있다가 새로운 분위기에 적응하지 못하였다. 내성적인 성격으로 고민이 생기고 이 고민 기간이 길어지니 신경쇠약이 되었는지 머리를 들지 못하도록 앞머리가 띵하고 아팠다. 눈도 침침하여 글자가 잘 보이지 않았다. 지방의 한약방을 찾고, 의사를 찾아가 약을 먹어도 아픈 머리는 낫지 않았다.

계속 아픈 머리 때문에 얼마 쉬면 좋아진다고 하여 첫 번째 1년간 휴학을 했다. 서울 세브란스의대(현 연세의대) 안과의는 내 눈이 잠복 사시로 두 눈의 초점이 맞지 아니하여 항상 머리가 아프다는 진단을 내렸다. 그때부터 안경을 쓰는 안경쟁이가 되었다. 머리 아픈 신경쇠약 증세로 복학했다가 다시 1년 이상을 쉬었다. 그 기간 산야에서 몸에 좋다는 건강식을 직접 채취하여 섭취한 덕분에 그 후에는 30여 년간 약하다는 이야기는 듣지 않고 공직 생활을 할 수 있었으나, 머리나 이마에 찬바람을 싫어하는 것은 지금도 남아 있다.

26기로 입학한 나는 건강 때문에 정상적인 공부를 못하고 5년 만에, 등교 일수는 2년도 안되나 졸업시험만을 보고 강릉농고 28기 졸업생이 되었다. 출석일수가 부족하다는 이의가 있었으나 졸업시켰을시 다른 졸업학생에 비하여 손색이 없다는 담임 김경록 선생님의 특별한 배려가 있었던 것으로 안다.

졸업 후 군에 입대하기 전의 일이다. 건강 한 친구들은 지금 대학 2학년이 되었는데 나는 무엇인가? 생각하니 암담했나. 낙오되었다고 생삭하니 한없는 절망감에 빠지기도 했다. 책을 보면 머리의 통증이 생겼고, 아버지도 내가 책을 보면 건강을 염려하여, '작은애야 책 보지 말라!'는 걱정을 하셨다. 이렇게 뒤져서 살면 무엇 하나? 하는 반문도 해 보았다. 생을 포기할까 하는 망상에 잠기기도 했다. 평생 힘든 일을 도맡아 하시면서 나의 건강을 항상 근심하시는 부모님의 생각도 났다.

무료함을 달래기 위하여 경북 영덕 영해에서 서울영림서 영해관리 소장으로 근무하시는 삼촌댁을 방문했다가 무전여행을 했다. 영양, 봉화, 강원도 영월, 정선 산골 마을을 거쳐 집으로 돌아왔다.

무전여행 하는 과정에 많은 경험을 했다. 잠을 재워 주는 집은 큰 기와집보다 작은 오막살이 초가집이었고, 이런 집이 인심도 후하고 정이 있다는 것도 체험했다. 영암선 봉성역 부근에서는 배고픈 학생에게 줄 밥이 없다 하며 샘물에 장을 타 주면서 먹으라고 하는, 기갈을 체험한 할머니의 마음 한 사발을 먹고 용기를 냈다. 해 지기 전에 잠잘 곳을 구하지 못해, 경북과 강원도의 경계지점 무인지경, 영을 넘는 산길을 달밤에 혼자 넘어 새벽녘에 영월지역 덕구리 경계초소에서 쓰러져 자기도 했다. 6·25동란 당시에 부상한 아들의 면회 가던 촌노인이 대전에서 소판 돈을 쓰리 당하고 망연해 할 때에, 여비를 도와 준 어떤 젊은이를 잊지 못하고 그 젊은이에 대한 보답의 실천으로, 손녀 손자가 홍역의 우환 중에도 잠을 재워 주고, 옥수수밥을 맛있게 하여 준 평창군 미탄면 기화리 이옹(이송달씨의 부친)의 따뜻한 가슴에서 하룻밤을 지내기도 했다. 정선 입구 배나루터(지금의 정선 대교가 있는 지점)에서 지방인은 무료 도선하고, 외지인은 도선료를 받는 상황에서 광하에서부터 같이 동행한 시골 아주머니가 읍내 상동(당시 정선읍 지역을 상동 중동 하동으로 구분하여 부르고 배 터는 하동 쪽임)에 있다고 말하라고 시켜 주는 대로 '상동에 산다'는 말을 하여 무료로 강을 건넌 사실도 있다. 무전여행 기간에 체험은 내 인생에 큰 힘이 되었다.

이러는 과정에서 이 세상에 태어난 이상 아무 것이나 부닥쳐 보자는 용기와 자신이 생기었다.

군은 육군에 입대하여 고사포부대(현재의 대공포부대로 지금은 공군 소속임)에 복무하고 만기제대 했다. 당시의 이승만 대통령의 경호임무의 하나인 경무대 대공방위를 삼청공원에 배치된 우리 부대에서 담당했으므로, 부대 서무 행정을 본 덕분에 삼청공원을 구경하고, 당시 경무대 경찰서(현재 경호실 업무담당 부서)에서 군부대의 근무 상황을 확인하는 것도 보았다. 61년 5월초 우리 부대에 군 지휘검열이 있었다. 제대 직전 고참의 열외 생활의 관례를 깨고 최선을 다하여 감사준비를 하여 부대가 검열을 잘 받도록 준비해 주고, 집에 와 며칠 쉬는 사이에 5·16군사혁명이 발생했다.

61년 5·16 후 젊은이들이 취직할 자리가 없었다. 젊음 하나로 어떤 일이라도 다 하겠다는 넘치는 의욕이 있어도 일할 자리가 없었다. 출중하고 용맹스러운 무사라도 무술을 보일 자리가 있어야 하는데 그 무용을 사용할 용무지지用武之地가 없으면 그 능력을 발휘할 수 없다.

전통적인 농경문화 사회로 산업시설이 극히 미약했다. 직장을 구할 수 있는 자리는 많은 직원을 물갈이하는 경찰관 시험만이 대학을 다니지 않은 나에게는 농촌에서 탈출할 길이었다. 61년 여름에 순경채용시험을 전국적으로 고졸이상 병력 필자를 대상으로 실시하였다. 강원도에서 고졸이상 대학재학중이거나 졸업생 380여 명이 응시하여 35명이 합격됐다. 전국적으로 많은 수를 충원한 인원을 동시에 교육시킬 수 없으므로 각 도별로 2주간 경찰관의 일반소양 교육을 시킨 후에 61년 9월 5일 순경으로 임용되었다.

최선을 다하여 근무할 각오를 새롭게 했다. 순경 복장을 한 경찰관이 집에 드나드는 것이 보기 싫다는 어른들의 말씀을 따라 고향 강릉을 기피하고, 평창경찰서를 희망하여 배치 받았다. 견습見習이란 표찰을 달고 보조 근무하다가 부평 경찰전문학교에서 보통과 35기로 10주 정기교육을 받은 후 견습의 표찰을 떼고 근무했다.

새 직장에서 의욕이 넘쳐있던 나는 참을 수 없는 치욕적인 말을 들었다. 배명 후에 일용품을 준비하러 집에 간 나의 앞에서 아저씨벌 되는 분과 마을의 유지급에 해당되는 분이 나누는 대화에서 '경찰은 일상생활에서 필요한 모든 것은 다 타인에게 신세를 지거나 부당한 방법으로 구하는데, 너는 일용품을 다 가지러 왔느냐?'라는 취지로 말을 했다. 부정도 돈만을 주면 다 면제되는 양 말한다. 자기가 한 잘못을 돈을 주고 면한 이야기도 했다. 그 말을 듣는 순간 바로 경찰을 그만 두고 싶은 심정이었다. 그런 말을 하는 분에게 '나쁜 짓을 하지 않았으면 그런 일이 없었을 것 아니냐?'고 그의 말을 막고 나서 생각하여도 부끄러운 조직에 몸담은 것 같아서 속이 상했다.

이때에 들은 이야기가 나의 후일에 약이 되기를 바라며, 치욕적인 말을 되새겼다. 당시의 순경 봉급이 쌀 두가마니 값보다 약간 많았다. 나는 이 봉급으로 나의 생계만 유지하면 된다. 절대로 부정한 처신을 하지 않겠다고 스스로 다짐했다.

혁명 후 신임 1기

경찰에 들어가니 공문서의 글을 아래로 내려쓰고 있었다. 다른 기관도 마찬가지다. 공문서 건명을 '○○○에 대한 지시'라고 되었으면 본문에서는 '수제지건에 대하여'라고 시작했다. 또 한문을 가급적 많이 쓰는 것이 유식한 것처럼 인식된 듯했다.

근무하는 직원의 한문 실력은 천차만별하여 사서삼경을 읽은 분에서부터 천자문 실력도 안 되는 분이 있었다. 군에서 부대 서무행정을 보아 행정학 개념의 문서 분류와 가로쓰기 공문에 익숙했던 나에게는 내려쓰는 것은 부담이었다. 그러던 중 공문을 가로쓰고 십진분류법으로 관리하도록 하는 행정학이 도입 실시되었다. 오랫동안 종으로 된 공문을 보던 분들은 당황하고 얼떨떨해하셨다. 나의 경우는 참으로 좋았다. 신임인 내가 오히려 대 선배에게 가로쓰기 공문의 기안과 10진 분류법에 의한 문서 관리에서 선생격이 되었다.

5·16 군사혁명의 공약은 부정부패를 일소하고 능률적 국가로 혁신

하려고 강력히 추진했다. 당시는 건축을 하려 하여도 기초 건축자재인 시멘트와 철근이 없고, 농사를 잘 지으려고 하여도 비료 공급이 원활하지 못했다. 도시로 집중하는 서민을 수용할 도시의 가옥이 절대 부족한 시절이다. 건축 자재는 산의 소나무가 최선의 선택일 때이다. 산림자원이 많은 강원도의 산골 면소재지에 목상이 들끓고 음식점에는 접대하는 아가씨가 수없이 많을 때다. 당시의 국민소득은 일인당 80불이었다.

혁명 과업을 실천하고 감독을 하여야 할 핵核에 해당하는 분들이 자기소임을 다하지 못하는 분이 있었다. 새로 부임하여 온 자나, 과거부터 있던 자들이나, 특별한 감독 부서의 근무자도 구분이 안됐다. 말과 이면의 행동이 다른 자들이 대부분이었다.

혁명공약을 열거하면

1) 반공을 국시의 제1로 삼고, 지금까지 형식과 구호에만 그쳤던 반공의 태세를 재정비 강화함으로써 외침의 위기에 대비한다.

2) 국련헌장國聯憲章을 충실히 준수하고, 국제협약을 이행하며, 미국을 위시한 자유우방과의 유대를 강화함으로써 국제적인 고립에서 빗어나야 한다.

3) 구 정권 하에 있었던 모든 사회적 부패와 정치적인 구악을 일소하고, 청신한 기풍의 진작과 퇴폐한 국민도의와 민속정기를 바로 잡음으로써 민족 민주 정신을 힘양한다.

4) 국가 자립 경제 재건에 총력을 경주하여 기아선상에서 방황하는 민생고를 해결함으로써 국민의 희망을 제고시킨다.

5) 북한 공산세력을 뒤엎을 수 있는 국가의 실력을 배양함으로써 민족적 숙원인 국토 통일을 이룩한다이다.

경찰의 중요한 임무도 임산물의 부정을 감시하는 일같이 보였다. 평창경찰서만 그런 것이 아니고 이웃 경찰서에도 같았다. 당시 행정기관인 군청의 일도 산림의 벌채가 그 지방의 제일 중요한 관심사였다. 산림과가 없고 산업과장의 산하에 있는 산림계 업무가 군청의 제일 중요한 일이고 산림계장이 요직인 듯이 보였다.

산림의 부정을 방지하는 제도의 하나로 나무의 반출증을 연도변의 경찰 파출소에서 확인하고 기록한 후에 운반하고 있었다. 운반하는 나무의 반출증의 용량이 입방미터로 표시되어 발부되었다. 잡목인 참나무의 갱목용 원목 반출증은 3입방이고 소나무 원목의 반출증이 5입방이었다. GMC에 더 높게 적치할 수 있도록 보조대를 대고 나무를 운반하여도 반출증은 항상 같았다. 또 주간에 운반하는 나무는 약간의 양이 더 운반된다 하여도 정당품이다. 야간에 운반하는 나무는 양도 다르고, 같은 반출증을 가지고 2번씩 사용하거나 반출증만 소지하고 기재 확인을 받지 않고 변칙적으로 운반하는 자가 있었다. 당시 근무하던 선배 경찰은 신임인 우리들을 경계하며 마음속 이야기를 하지 않았다.

파출소 근무는 야간에 소내 당직을 밤 1시를 기준으로 전, 후반 교대했다. 나는 체질상 초저녁잠이 많다. 신임이므로 고참들이 좋아하는 전반 근무는 그분들에게 하게 하고, 주로 후반을 도맡아 했다. 처음에는 숙소도 정하지 아니하고 숙직실에 상당기간 기거할 때에는 매일 야간 후반 근무는 나의 담당이었다.

야간에 나무 운반하는 차량은 밤 10시와 11시 사이에 평창 관내를 통과하여 횡성을 경유하고 새벽에 기차역이 있는 원주까지 갔다. 당시는 도로의 확포장이 안 되어서 원주까지 4~5시간 내외가 소요되었다. 내가 있던 대화파출소에는 새벽에는 나무 운반차가 없다. 후반 근무를 도맡아, 조용한 시간에 처음으로 구입한 업무에 필요한 법률학 서적의 총론이나 각론을 읽었다. 당시의 파출소에는 20세 전후의 남자 사환이 있었다. 그가 하루는 '김순경 아저씨는 왜서 매일 후반 근무만 하느냐'

고 물어서 '어머니 닮아 초저녁에 잠이 많고 새벽에 잠이 없어 좋아서 그런다'고 대답하면서도 그가 왜 그런 말을 묻는지 몰랐다.

그러는 중 하루 새벽에 웃 대화 흙베루 언덕으로 GMC가 힘들게 올라오는 소리가 들렸다. 곧 반출증을 기재하러 운전석의 탑승자가 사무실로 들어오려니 기다려도 안 들어왔다. 이상히 생각하고 도로 쪽으로 나가려고 하는데 가속하는 엔진소리가 나며 파출소 앞을 질주하여 나무 실은 트럭이 원주방향으로 도주한다. 바로 8km밖의 방림 3거리 검문소에 차량 도주 사실을 연락하였다. 얼마 후에 삼거리 근무자에게서 온 연락은 정상적인 나무이며 반출증이 있는 차량이고, 새벽 근무자가 졸음이 오는 시간대이므로 그냥 통과하였다는 말이다. 원주까지 가려면 여러 곳을 통과하므로 대화에서 기록 안하여도 문제는 없다. 직원의 말을 믿었지만 혹시 한 반출증으로 두 번 운반하기 위한 짓이 아닌가 하고 의심도 했다.

다음 날의 같은 시간대에 또 흙베루 쪽의 언덕길에 엔진소리가 들리므로 미리 도로에 나가서 확인하려고 기다렸다.

미리 기다리는 경찰관을 보고 차량은 정차했다. 승무자가 언제 나의 성을 알았는지 '김 순경 잘 있었어요' 하며 진설한 척 한나. 반출증을 보자고 하니, 이미 기록한 반출증을 주머니에서 꺼내며, 착각하여 새 것을 가지고 오지 못했다고 급히 진부의 목상집으로 전화하며 오들갑을 떤나. 전화기에 울리는 음성은, 누가 근무하는데 왜 통과하지 못했느냐는 식의 말이 오간다. 곧 진부에서 반출증을 가지고 온다고 했다. 차량이 반출증 없이 임산물을 운반하는 것 자체가 위법이다. 부정 임산물이다. 운전자와 승무자를 대기시켰다. 신임인 나는 수사서류를 만들어 본 적도 없고 어찌 처리하는지 구경도 못한 신임 순경이다. 전화하고 부산을 떨다보니 아침 기상할 때이므로 급사를 파출소장 관사에 보내어(당시는 체신 전화가 집집마다 없었고 소장 관사에는 경비전화도 없음) 연락을 드렸더니, 그냥 대기시키면 아침에 차석이나 고참 순경이 처리한다는 사환의 전갈이다.

아침에 출근한 직원에게 인계하고 파출소장에 보고했다. 김 순경 수고했으니 근무 교대 후 식사하고 오라고 해, 재빨리 세수하고 급히 아침을 먹고 사무실에 와 보니 차량이 없다. 어찌하였느냐고 물으니 부정목이 아니어서 반출증을 가져와 기록 통과시켰다는 말이다. 반출증 기록대장에도 기록되어 있다. 모두의 표정도 덤덤하다. 어떻게 처리하는가 보려고 한 기대감에 차 있었는데 허탈했다. 사환의 눈동자만이 나를 동정하는 듯 했다. 시간이 흐른 후에 사환에게 물으니 관내 이름 있는 목상의 나무이고, 모두 다 잘 아는 사이인데 김 순경 아저씨만이 모른다는 것이다.

당시 유언비어인지 모르나 원주에 있는 특수부서의 안기부요원이 진부의 어느 목상의 나무를 캄보이 하여 간다는 말도 있었다. 그 때 직원들은 5 · 16 이후 처음으로 들어온 신임인 우리를 공공연히 혁명 1기 순경이라고 하며, 우리를 기피하고 모르게 했다.

대화 파출소에는 당시 사복형사 1명이 있었다. 정년이 가까운 심 형사이다. 그분은 고향 사람이라고 나에게 무척 친절히 대해주었다. 심 형사는 정보수사 담당이다. 수사서류를 작성하여 수사과로 보내기 전에 봉투에 넣어 두면 그 다음 날에 체송이 가져간다. 나는 새벽 근무를 하며 심 형사가 작성한 수사서류를 꺼내어 보았다. 넓은 칸의 종이에 횡으로 큼직한 펜글씨로 한 줄에 몇 자 만을 기록하는 것에 놀랐다. 수사서류는 당시에 다 그렇게 작성했다. 그 내용을 읽어보니 우리가 평상시 하는 용어로 묻고, 답한 내용이었다. 여러 번 보았으나 별것이 아니었다. 조용한 산골의 후반 근무 시간에 그의 조서를 따라 써 보았다. 오래된 직원들도 마치 수사서류는 특별한 사람만이 작성할 수 있는 듯이 생각하고 있었다. 고소장을 접수하면 보충조서를 작성하여 고

소장과 같이 본서에 송부한다. 폭력사건의 고소장 접수 후의 보충 조서도 6하 원칙에 의거 기록만을 하면 된다.

주간에 접수된 고소장의 보충조서 작성을 시도했다. 경찰서 조사계의 친절한 김 형사에게 전화하여 폭력 고소 보충조서를 작성해 보고 싶다고 하며, 접수된 고소장의 내용을 이야기하니, 조서 작성시의 주의할 점을 말해주었다. 군대에서 행정 보던 글씨체로 또박또박 박아 써서 수사 보충조서 기록을 수사과로 보냈다. 기록을 검토한 김 형사는 내용은 그만하면 되었는데 한 줄에 글자를 너무 많이 써서 수사서류인 조서로는 쓸 수 없어서 경찰서에서 다시 작성하겠다고 했다. 한 줄에 7자 내지 8자 이상을 쓰지 말라고 한다. 지금의 타자 글씨나 워드로 조서 작성은 상상도 못할 때의 말이다. 또 조서에는 한문자의 초서草書를 많아 썼다. 당시의 형사는 멋진 한문 초서 글씨로 조서를 작성하여 초임 검사에게 자랑하거나, 한문을 모르는 그들을 골려 주는 듯했다.

말구 자승법末口自乘法

둥근 원목 나무의 재적을 계산하는 법이 말구자승법이다. 정확하게 둥근 원목의 재적을 계산하려면 나무의 그루 쪽 면 원구의 단면적과 나무의 끝부분 면 말구 단면적의 넓이를 더하기 하여 길이를 곱하여 2로 나누어야 정확하다. 이 공식을 스마리안Smalian 공식이라고 하고, 많은 재적의 나무를 원구 말구 구분 없이 적치積置한 곳에서 재적을 산출하는 공식이나 사용하기에는 약간 복잡하다. 말구자승법은 간편하기 때문에 일반 목상이 사용한다.

말구 자승법은 말구를 자승하여 12분에 길이를 곱하면 된다. (말구치

수의자승, 곱하기, 길이(척) 12는 재래공식임) 이 공식은 원목의 형태가 아래 위가 미끈한 완만재의 나무는 실제 재적보다 더 많이 산출되고, 원구와 말구의 차이가 많은 말초재의 경우는 실제 재적보다 적게 산출되는 결점이 있으나 간단하여 일반 목상들의 사회에서는 공통적으로 사용했다. 일반 사회에서 원목 길이 6자, 8자, 9자, 12자의 환산표를 보고 그 재적을 안다. 이 환산표에 나온 길이가 아니면 나무를 앞에 두고도 재적을 계산하지 못하는 분도 많았다. 길이에 불구하고 어떤 나무도 다 산출하고, 길고 큰 원목을 스마리안 공식으로 재적을 산출하여 제시하였더니 나무에 대하여 해박한 지식이 있다고 소문이 났다.

63년 6월 14일 도암파출소로 이동되었다. 대화는 나무의 주생산지가 아니다. 진부면, 도암면, 봉평면이 평창군 관내의 임목 주생산지이다. 도암파출소에 이동되어 1주일이 지나서 파출소 사환 조○○ 군이 한 말이다. '김 순경 아저씨가 근무하는 날은 나무 차가 안 다닌다. 김 순경이 근무하는 날은 진부에서 도암파출소에 누가 근무하는지 안다'고 말하여, 어떻게 네가 그런 것을 아느냐고 하니, 진부 목상이 아침 일찍 일반전화로 물어오면 말하여 주는 직원이 있다는 것이다. 자기도 처음은 무슨 전화인지 몰랐으나, 며칠이 지나는 동안 매일 아침 청소할 때에 오는 전화기를 직원에게 건네주면서 알게 되었다고 한다. 그 사환은 나의 정보원이고 바른 일을 하려는 유일한 내 편의 한 사람이다. 그 조군은 후일 군에 입대하여 주임상사로 근무했다.

도암면 병내리에 허가 없이 낙엽송을 전주용으로 수백 본 벌채하여 야간에 운반하려 한다는 첩보를 입수했다. 김영하 파출소장에게 보고했다. 첩보 보고를 받은 파출소장은 그럴 리가 있느냐고, 사실이 아닐 것이라고 무시해 버린다. 첩보에 의하면 벌채한 목상은 평창관내의 모든 기관은 물론하고 정보기관이나 검찰청까지 잘 안다고 소문이 나 있는 막강한 진부의 김왈로로 그가 시켜 벌채했다는 것이다.

다음날 혼자 기동복(군복)에 워커를 착용하고, 병내리의 젊은 이장 원영해 씨에게 벌채 현장에 안내해 달라고 했다. 원 이장은 산중턱에 이르렀을 때에, 평야지대에서의 말씨와는 다르게 거칠게 나왔다.

'조사해서 어떻게 할 것이냐? 내려 가자. 순경 하나가 조사해 봐야 별것 아니다!'

이런 식의 말이다. 젊은 때이고 급변한 이장의 태도에 격분된 감정을 억제하고, 그를 설득해 현장까지 안내 받았다. 300여 본의 굵은 전주용 원목이 두 곳에 적치되어 있다. 이장은 담배만 피우고 있으므로 혼자 수량을 세어서 파악했다. 파출소에 돌아와 소장에 보고해도 가타부타의 반응이 없다.

인지보고를 작성하여 경찰서에 송부했다. 며칠인가 지나서 방범과장(당시의 편제상 호칭은 보안계장)께서 전화로 '인지보고를 되돌려 보낼 터이니 그리 알라. 근무일지에 단속사항이 기록되어 있으면 다시 작성하여 근거를 없이 하라.'는 지시다. 임산물 단속지시는 방범과의 소관으로 지시되고, 파출소에서 인지한 수사기록은 방범과를 거쳐 수사과로 갈 때이다.

기록을 되돌려 받은 당시의 심정은 암담하였다. 원 이장이 뱉은 말 '순경 하나 조사 해봐야 별거 아니다'란 말이 귀에 쟁쟁했다. 수삼 일이 지나서도 소장은 말 한마디 없고, 같이 근무하던 고참식원은 경찰을 안 하려면 몰라도 근무일지를 고치고, 그 서류를 소각하라고 한다. 경찰직을 그만 둘까 하고 생각했다. 취직하기 힘들 때이다. 취직했다고 좋아하시던 어머니 아버지 생각을 하니 용기가 나지 않았다. 그 수사기록은 몰래 오래 보관했었다. 근무일지는 고치지 않고 두었다. 물론 반대급부인 금전의 수교 같은 것은 나에게는 있을 수도 없었다. 이때 용감히 사표를 던졌으면 나의 비굴한 경찰 생활은 종지부를 찍었을 것이다. 용단을 내지 못하고 굴욕과 업보의 경찰 생활을 이어갔다.

그리고 며칠이 지난 후 내가 소내 근무할 때이다. 진부에서 국유림 목상과 사유림 목상을 하는 지방의 유지급인 심봉태씨가 찾아왔다. 그 분은 김왈로와 처남남매 간이고, 나의 삼촌이 서울 영림서에 근무 하다가 퇴직 후에 강릉에서 국유림 목상을 하는 내용을 알고 왔다.

'김 순경 혼자 그렇게 해 보았자 별일 없이 혼자만이 외롭다. 이 사회는 상부상조하는 사회이다. 웬만한 것은 눈감을 줄 알아야 한다.' 마치 경찰관으로의 처세술을 친조카에 이야기하는 양 말하고 갔다. 나는 '좋은 말 고맙다'고 인사하고 그를 보낸 후, 더욱 철저히 단속을 했다.

이런 중에 '김 순경이 돈 먹고, 부정 목을 통과시켜 준다'는 여론이 있다는 것이다. 통곡을 해도 시원찮을 일이다. 혼자만이 고군분투하며 외로운 싸움을 하는데 이런 말이 유포된다는 것 자체가 이상했다. 말을 옮긴 자를 찾아서 누구에게 들었는지 대라고 요구하니, 도벌목상으로 평이 나 있는 김동찬씨에게서 들었다는 말이다. 그는 외지에서 들어와 나무를 취급하는 당시 40세가량의 자이다. 그의 소재를 찾았다. 유천리 원씨 제재소 앞 주점에서 나의 감독자인 김 소장과 낮에 술상을 마주하고 있었다. 김 소장에게 잠깐 실례한다고 하고, 김씨를 밖으로 불어냈다. 그리고 발설한 말의 출처를 대라고 강력히 추궁했다. 혈기왕성한 기백을 다하여 그의 멱을 유도식으로 양손으로 잡아 조이며, 추궁했다. 그는 호흡의 곤란을 느끼며 그런 말을 안했다고 극구 변명했다. 소장과 같이 있던 분을 밖으로 불러내 이 정도 하면 되었다고 생각하고 그만 뒀다. 그 후로는 나를 헐뜯는 말이 없었다.

이때 나를 구렁텅에 빠뜨리려고 유언비어를 날조 유포한 것은 그 김씨의 혼자 머리로 만들어낸 말이 아니고, 도벌 목상들이 외골수의 나를 골탕 먹이기 위해 유포한 말일 것이다.

12월 3일, 나의 결혼일이다. 5일간 휴가를 얻어 결혼 휴가 중에 강릉으로 연락이 왔다. 수사가 형사계 외부 형사로 발령이 났으니, 결혼 후에 경찰서로 바로 출근하라는 것이다. 도암파출소로 이동된 지 6개월도 안되었다. 정규 인사도 아니다. 수사과에 근무를 내가 희망한 것도 아니다.

결혼 휴가를 마치고 경찰서에 신고하고 보니 인사발령도 아닌 근무지시다. '왜 나를 발령 냈느냐'고 책임 간부에게 물으니, 나무 재적 산출도 잘하므로 산림단속에 필수요원으로 발탁 형사계로 배치한 것이라고 답한다. 부정임산물 단속의 필수요원이라고 하고는 형사의 일일 근무 지정은 평창읍을 벗어나지 못하게 나의 행동반경을 제한하여 꼼짝 못하게 했다.

당시의 경찰서장은 경감 계급일 때이다. 서장은 이○○씨다. 경무과장 유○○씨가 도암파출소에 감독 순시를 와서 나에게 '김순경은 지방에서 말이 많다'고 한 적이 있어, 즉시 '내가 일을 잘못 했느냐? 부정이 있느냐? 무엇이냐?'고 감독자에게 당돌하게 물었더니 그 과장은 갑자기 안색을 바꾸어 '김 순경 일 더 잘하라'고 한 말이라고 둘러댄 적이 있다. 나는 그들이 다 목상의 돈을 받아먹고, 인면수심의 감독자라고 속으로 능멸했다.

나의 수사과 발령은 발탁인사인 양 하고, 나의 발을 묶어놓으려는 목상과 감독자 인사발령권자의 합작품이다. 정식발령은 근무지시 1개월 후 64년 1월 9일에 났다. 이렇게 수사형사에 빌을 들여놓은 것이 굴레가 되어 경찰생활 대부분을 수사 부서에서 숱한 시련과 애환을 맛보며 청춘과 인생을 다 바치게 되었다.

간부幹部

경찰 간부는 경위부터이다. 나는 처음 경찰에 들어갔을 적에 나의 주변 모든 분이 탐탁하게 여기지 않는 직업이므로 약 5년 정도 경험하고 사회를 좀 알면 그만 두려고 생각했다. 모든 공직 중에 가장 힘들게 일해도 일한 만큼 인정을 받지 못하는 직업이다. 또 농업고등학교를 6·25 동란 직후에 졸업장만을 탄 격이므로 법학개론 하나 읽어본 적이 없다. 경사급 파출소장도 상당한 지식과 경륜 및 덕망을 갖추어야 할 수 있다고 생각했다. 물론 금테모자(후에 변경되어 전 경찰이 금테 모자를 씀)를 쓴 간부는 대단한 학식과 능력과 덕망을 겸비한 분으로 생각했다. 정복경찰 외근 순경과 수사 외부형사, 수사조사 등을 거치면서 실무를 익히고 관계법령을 연구하며 보고 느낀 것은 내가 생각한 것과 차이가 상당히 있는 분이 많았다.

나도 지서장, 파출소장이나 간부를 해보고 싶었다. 현재 그 직위에 있는 분들보다 더 잘하고 어떤 일이라도 자신을 가지고 처리할 수 있다고 생각했다. 권위의식에 젖어 군림하지 아니하고 참되게 봉사할 수 있다고 다짐하고 승진하기 위하여 공부를 시작했다.

준 간부급인 경사시험은 세 번을 보았다. 결혼 직후에 실시한 경사 승진 시험은 수사형사로 선발 이동 과정에서 공부도 못하고 경험 삼아 응시하였으니 당연한 낙방이었다. 그 다음해의 경사시험은 도내에서 17명을 선발하는데 일차 학과시험에 21명을 합격시켰다. 알아 본 바로는 학과 성적이 12번이라고 했다. 면접시험은 도경 수사과장실에서 수사과장과 방법과장인 염보현 총경(후일 치안본부장과 서울시장을 역임한 분) 등 4명이 면접 시험관이었다. 긴장된 상태로 시험관이 묻는 질문을 나름대로 답을 하고, 문을 닫고 나올 적에 실내에서 들리는 시험관인 어느 분이 '저렇게 어려서, 경사가 되어 지서장하겠나?' 하는 말이 들렸다. 결국 최종 발표에서 또 떨어졌다.

수사 외부형사에서 조사로 옮겨 내근을 하며 다시 공부했다. 예상문제의 주관식 답을 작성해 보고, 형법과 형사소송법은 조사를 하면서 한 건 한 건 처리할 때마다 관계된 법리론을 읽고, 판례까지 찾아보는 등의 형사법 공부는 조사요원으로 일을 처리하며 익혔다. 행정법은 퇴근 후에 집에서 책과 시름하여 66년 경사시험에 합격하여, 그해 8월 1일자로 경사가 되어 바로 평창 직할 파출소장으로 1년간 봉직했다. 파출소장은 경사 초임시와 경위가 되었을 때에 각기 한 번씩 하여 본 것이 전부이다.

경사 시험을 유별나게 세 번이나 본 덕분에 전국적으로 선발하는 경위 시험은 울진 삼척지구의 전방 지휘 요원으로 차출되어 공부할 시간이 없었음에도 자격을 갖춘 첫번째 시험 공고 후에 겨우 책을 펼쳐 몇 번 읽어본 것인데도 전국적으로 우수한 성적으로 합격되어 69년 2월 15일자로 간부가 되었다. 경찰에 입문한 지 7년 6개월에 간부가 된 것이다. 전국적으로 보았을 때 진급기간이 늦은 편은 아니었으나 경찰법 개정으로 경감 진급부터는 시험 승진 제도가 없었다. 한동안 책을 멀리하고 바쁜 수사업무에만 전념했다. 다시 법의 개정으로 일부 시험승진 제도가 부활하였으나 시험 승진을 못하고 심사 승진을 하게 되었다. 경위와 경감 계급을 강산이 두 번 변할 19년간이나 긴 세월 동안 달고 경찰의 3D업무인 강력과 수사에 종사하다가 젊은 기간을 다 보냈다. 담당 업무에 최선을 다하다 보니 언제인가 강원도의 '수사 대부'란 호칭을 누가 붙였다.

수사 간부를 하는 동안 서울 등지에서 전입하는 몇 사람의 참모와 지휘관에게 강원도의 수사 대부라는 호칭 때문에 숱한 시련을 당했다. 먼저 가지고 있던 부정적 선입관, 가장 공명정대한 듯 하면서도 착시현상, 공권력을 이용하려는 두뇌회전, 말과 행동이 다른 분을 대할 때마다, 그들이 준 시련이 오히려 나를 좌절하지 않고 더 강하게 단련시켰다. 다행스러운 것은 이런 분들보다 소박한 참일꾼이 더 많다는데 자위하며 참고 넘겼다.

학산가鶴山家

소장은 야당편이지

1967년 평창경찰서 하리파출소장으로 근무할 때 5월 3일 제6대 대통령 선거와 6월 8일 제7대 국회의원 선거가 있었다. 먼저 실시한 대통령 선거에서 만년 여당인 강원도에서 횡성과 평창이 같은 선거구로 윤보선 후보가 박정희 대통령 후보를 앞섰다. 연이은 국회의원은 여당인 이우현 후보와 야당인 김재기 후보 및 군소 정당의 대결이었다.

김재기씨는 영관 출신으로 군사혁명 후에 발탁되어 평창군수와 횡성군수를 하고, 도에 근무하다가 퇴직하고, 야당후보로 대통령 선거 책임자로 도내에 유일하게 평창과 횡성 선거구에서 승리할 때이다. 그분의 4촌 김삼金三씨는 독립운동가로 당시 강릉의 야당 국회의원으로 활동했다.

김재기씨는 평창군수로 근무할 때, 회합 장소에서 처음 만난 분이다. 그러나 한국의 선거가 지연 학연 혈연으로 이루어지는 때이므로 파출소장인 나에게는 부담이 되는 분이었다. 성씨가 등본으로 항렬상 나의 숙행이다. 그러나 그분과 나의 촌수를 칠 수 없는 단지 일가 일뿐이고, 고등학교 선배이며 또 같은 강릉출신이다. 당시 공화당 지역

책임자인 관리장이 나에게 '파출소장은 아저씨 따라 야당편이겠지요!' 하고, 농담을 걸기도 했다.

공식상으로 선거에 개입하지 않는다고 했지만 경찰이 음성적으로 선거에 개입할 때다. 선거에 득표 예상보고를 했다. 여당의원이 당선되어 원내 안정 세력을 구축해야 한다는 정도는 공공연히 말할 때이다. 나의 득표 예상보고는 당시 경찰의 호구조사 담당제도를 이용하여 리별로 직접 나가 이장을 상대로 성분을 세밀하게 파악했다. 당시는 전체가 나무로 불을 지펴 밥을 해 먹고 방에 불을 땔 때이므로, 어느 곳 어느 집이나 임산물 단속으로 철저히 조사하면 다 단속의 대상이 될 수 있다. 산골이었으므로 이장이나 동리 유지가 경찰의 물음에 적극적으로 성실하게 대답해 주었다. 파출소 관내 나의 최종득표예상보고는 적중했다. 근소한 차이로 여당 후보 박정희씨가 승리한다고 되었다. 평창읍의 선거 결과는 분석한 표수에 12표 차이밖에 없었다. 상당히 예상표 분석을 잘한 것이다.

평창경찰서가 공화당이 압승한다고 예상보고 했다가 야당이 승리한 직후이다. 밤늦은 시간 숙소에서 자려고 할 때에 파출소 직원으로부터 전화가 왔다. 정보부 직원이라고 하며 나의 책상 서랍 중 시정 안된 것을 열어보고, 자물쇠로 채운 것을 강제로 열려고 하여 제지했다는 것이다. 정보과장을 찾아서 정보과장도 나오시고 있는 중이란 이야기나. 급히 사무실로 나갔다. 처음 보는 분이다. 그러는 중에 정보과장도 사무실에 나왔다. 이○○ 정보과장과는 안면이 있는 듯하며, 그는 상당히 고압적이다. 선거에 진 책임을 추궁하면서 득표 예상보고를 보자는 것이다. 이 예상보고는 소장이 직접 작성하여 보관하고 있는 사문서 형태의 보고서이다. 그런 보고는 없다고 했다. 공식적으로 대외에는 말할 수 없는 것이므로 당연한 답변이다. 옆에 있던 정보과장이 제시하란 말에 의하여 보여 주었다. 예상보고를 보던 그는 지참한 읍면별

득표 상황표와 비교하여 보고, 오히려 놀라면서 파출소장은 잘 못이 없지 않으냐?고 정보과장을 바라본다. 그리고 그는 경찰서로 갔다. 아마 나의 득표 예상보고가 상당한 차이가 있었거나, 여당이 이긴다고 했는데 야당이 승리했으면 야당후보 지지자로 낙인되어 어떤 시비를 당했을 것이다.

내가 감시당하는 기분 속에, 이어 실시한 국회의원 선거는 대통령 선거와 다르게 여당 국회의원 후보자가 평창, 횡성에서 압승했다. 나는 어떤 선거도 특정인을 지지하라고 말한 적이 없다. 후에도 그랬다. 여러 정권을 거치는 동안 경찰이 선거사범을 단속하는 외에 득표 활동을 안하는 것은 참으로 잘된 일이다.

평창경찰서의 변함없는 산골 분위기에 염증을 느꼈다. 경찰국 근무를 희망하여 67년 7월 강원도경 정보과로 발령이 나므로, 춘천 시민이 되었다.

춘천살이는 처음 운교동에서 방두 칸 전세방에서 시작해, 효제초등학교 뒤 달동리에 대지 48평의 토담집 오막살이를 나의 소유로 인연을 맺었다. 나보다 평창에서 늦게 도경에 온 친구나, 내가 추천하여 도경에 오도록 한 동료도 전입하자 즉시 반듯한 목조가옥을 구입했으나, 나무의 고장 평창에서 목상을 상극으로 생활한 나에게는 돈이 있을 리 없다.

첫아들을 평창에서 낳아 돌 직전에 춘천으로 전입하여 이 토담집에서 둘째 딸을 낳았고, 방위계 창설을 하는 과정에서 숱한 고생을 하고, 경위시험에 합격하여 방위주임으로 근무하다가, 그늘진 음지에서 고생한 사람을 우대한다는 대상이 되어, P국장님의 인사지침에 의하여 70년 2월 정선경찰서 사북파출소장으로 발령 받았다.

광산지구 사북파출소는 사북지역이 인구 1만 명, 고한이 2만 명 정도로 광산이 획기적으로 개발이 시작될 때였다. 정선군 동면의 사북리와 고한리의 내무행정은 동면 사북출장소에서 관장할 때이고, 치안 행정은 사북파출소에서 고한 지구까지 담당할 때다. 나는 신임 간부로 30대 초반이므로 역대 사북파출소장에 비하여 제일 젊었다.

지방에서 젊은 소장이 왔다고 경계하는 듯 했다. 광산 개발 초창기에는 부정임산물이 갱목을 대부분 충당한 지역이다. 일개 경위에게 이렇게 신경을 쓴다는 것이 나를 긴장시켰다. 대부분의 전임자들은 사교성도 있고 처세도 노련하며 임기응변에 능한 분이었을 것이나, 나를 내가 평가해도 사회 이면에는 눈먼 봉사이다. 있는 동안 흠 없이 임무를 완수하려고 노력했고, 초임 간부로서 경찰의 누를 끼치는 일은 없도록 신경을 썼다. 이곳에 있는 동안 수사 형사와 조사를 하여본 경험이 많은 도움이 되었다. 소장이 새로 왔다고 접대하려는 분들도 경계했다.

70년 여름 게릴라성 폭우가 하늘에서 물동이를 쏟아 붓는 것같이 내렸다. 주간에 쏟아진 폭우이고 의용 소방대(당시는 경찰에서 소방업무까지 관장함)를 독려하여 사전 대피토록 했다. 갈래천 작은 하천으로 흙물이 노도같이 흘렀다. 갱목이 수없이 떠나려왔다. 대피하라는 '긴급피란 조치 지시'를 주민들은 들으려고 하지 않았나. 시난해에도 물이 마당까지 차다가 끝이었다는, 편한 생각이다.

나의 명령으로 하천변의 주택 내의 사람과 아이들을 강제로 옮기는 순간, 이들이 보는 앞에서 성냥갑이 물에 떠내려가듯 광산촌 판잣집들이 하나하나 유실되어갔다. 그제야 하천변의 주민이 경찰과 의용소방대의 말을 듣고, 보다 높은 지역으로 피난 이동했다. 40여 동의 주택이 유실되었다. 강력한 조치로 별일 없으리란 주민을 일깨워 인명 피해 하나도 없도록 한 것을 자위한다. 이어 철로가 유실되고, 육로 교통은 물론 모든 통신이 두절되었다. 육지 속의 외로운 섬과 같이 외부와 연락을 할 수 없었다.

국가공무원인 교원, 철도역 직원, 면출장소 직원, 예비군과 경찰관을 혼성 편성하여 피해조사를 주도해 실시했다. 면출장소의 예규철 양식을 찾아 정해진 양식에 의하여 피해상황을 파악했다. 사북면 출장소와 정선군 동면사무소 간의 취약지 전화만이 유일하게 소통되었다. 이를 이용해 동면을 경유하여 군청과 경찰서로 보고했다. 이 폭우는 게릴라성 지역 폭우로, 이렇게 엄청난 사실이 모든 통신 두절로 일체 보도되지 않았다. 3일 후 군수와 서장이 헬기편으로 피해지역을 시찰했으나 피해당시 크게 보도되지도 않았으므로 획기적인 지원은 없었다. 후일 서서히 수해 복구사업이 있었다.

무정한 아버지

경찰관이라고 다 나같이 자녀들의 일에 시간을 할애 못하지는 않았을 것이다. 다정하고 자상한 아버지로 평을 받는 동료들도 많다. 우직한 나는 주어진 일에는 내가 아니면 안 되는 것으로 생각하고 살다보니 자연히 아이들의 일에 등한하고 무관심하게 지낸 것이 사실이다.

강원도 동해출장소 수산담당관으로 근무한 김모씨가 아들이 한림의대를 졸업한다고, 직장에 휴가를 내고 가까운 친지와 졸업식장에 참석했다가 나의 사무실로 찾아왔다. 그는 나에게 '고종 매제의 아들 졸업식에 참석하는 줄 알았다'는 인사말을 하다가 돌아갔다.

다음날 집에서 같은 의대에 다니는 맏딸에게 '너는 어찌 오빠가 되는 친척의 졸업인데 말하지 않았느냐'고 하였더니 '아버지는 남의 졸업식에는 관심이 있느냐'고 항의조의 답변이다. 그러고 보니 나의 자녀들의 초등학교부터 중·고등에서 대학까지 입학식이나 졸업식에 단 한번도 학교를 방문한 적이 없다.

딸아이의 말이다. '경찰은 다 바빠서 우리 아버지 같다고 생각하였더니, 그렇지 않은 분이 있더라'는 것이다. 고등학교에 재학 중 같은 반 친구의 아버지가 자상하다고 하여, 아버지의 직업을 물어 보았더니 형사라고 하더라는 것이다. 그 형사란 분이 나와 같은 사무실에 있고, 나의 업무감독을 받는 분이었다. 그래서 '우리 아버지는 직업 때문이 아니고 무관심하다고 생각한다'는 말을 가족을 통하여 들었을 때 많이 미안했다. 앞으로는 관심을 가지고 잘해야지 했다가 그 후 대학 졸업식에는 참석했다.

요일 없이 다른 공무원에 비하여 훨씬 빨리 출근해야 했다. 퇴근하지 못하고 사무실에서 잔 적이 많다. 늦은 시간 들어가 지친 몸을 눕혀 잠시 휴식을 취하는 장소가 집이었으니 당연히 가족이나 자녀들과 대화할 시간을 갖지 못하였다. 휴가를 총경이 될 때까지 한번도 가지 못하였으니, 처와 아이들과 같이 강변에서나 해변에서 여가 시간을 오붓하게 가져보지 못했다. 대화의 시간, 즐기는 시간을 갖지 못한 것이 지금 생각하면 가장 아쉽다.

새로 학교에 입학한다고 선물을 해줄 여력도 없었다. 생일이라고 케이크도 마련하여 줄 생각도 시간적 여유도 없었다. 우리 부부의 생일조차 모르고 지났으니, 그 때는 안 됐다는 생각도 하지 못했다. 등교할 때 문 앞에서 학용품값 달라고 울상이 되어 하는 말도 제대로 들어주지 못한 것이 대부분이다. 새로이 유행하는 호기심 있는 물건을 사서 주지 못한 것은 고사하고, 혹여 아이들이 요구하거나 관심을 가지고 말을 꺼내면 일언지하에 거절한 것뿐이다. 첫아이이며 장남인 아이가 세발자전거 가게 앞에서 자전거를 잡고 울며 떼를 쓰는 것을 야단쳐 데리고 와야만 했다는 말을 들었을 적에 가슴이 쓰리고 아팠지만, 자전거를 구입하여 줄 그런 여력 또한 없었다.

우리 부부는 이 세상에서, 부모로부터나 어느 친지에게도 도움을 받지 않았다. 맨손 적수공권으로 둘이서 건강과 인내로 모든 것에 분수를 지키면서 앞만을 바라보고 미련할 정도로 참고 살았다.

필요한 용돈을 제때에 주지 못하였을 때에 '왜 남처럼 돈을 못 주느냐'는 항의를 들을 때에 주지 못한 부모의 마음도 대단히 아팠다. 너무나 융통성 없고 요령 없었지만, 그러했기에 36여 년간 국가의 봉급을 받는 공직을 수행할 수 있었다. '미안했다'는 말 한마디로 시간이 흘러간 지금 혼자 지껄여 본다.

가난하게 산 것은 시간이 흘러 오히려 아름다운 추억이다. 가장 후회하는 것은 '대화 없는 생활'이다. 지금에 와서 되돌려 놓을 수 없다.

너희들 얼마나 허전하였느냐. 아비의 바쁜 직무 때문이란 것은, 시간이 흐른 뒤에 보았을 때에 다 잡다한 순간의 일이 아닌가. 아무것도 아닌 허상에 헤매다 가는 것이 인생이란 것을 몰랐다고나 할까. 그래도 책무를 다하려고만 노력한 아비를 너희들은 자랑스럽게 생각한다는 말을 퇴임 후에 들었을 때 감사함을 느낀다. 오히려 내가 너희들의 이해에 감사할 뿐이다.

가장 무정한 아비를 잘 이해해 주는 것이 너희들 남매이다.

천일 계획

아이들 4남매가 전부 중고등 대학생이고, 나는 경찰의 경정 계급일 때의 일이다. 우리 집 형편으로 학업의 진도를 위하여 과외나 다른 지원을 하여줄 형편이 안 되는 상황에서 공부 열심히 하란 이야기만으로는 부족했다. 자녀들에게 최선을 다하기를 바라며, 자기의 현재 상황을 알도록 함과 동시에 자극을 주기 위하여 '학산가 천일계획'을 만들었다.

천일계획을 아이들에게 설명하고, 각자 자기 이름을 서명 날인하도록 했다. 이런 문안을 만든 목적은 가장 어려운 시기에 당면한 우리 가정을 제한된 생활비로 생활하여야 하는 현실을 직시하고, 가족 구성원이 동조 단합을 유도하기 위함이었다.

학자금과 생활비의 부족으로 연금대출금과 두 자녀에게 한하여 국가에서 대출하여 주는 학자금이 아이들의 학업을 계속하도록 했다. 대출금은 봉급으로 상환하다가 정년퇴직시에 지급하는 퇴직금에서 일괄 공제하므로 천일 계획의 뒷마무리가 완료되었다. 그간의 상조회비는 수령하는 수당으로 쪼개어 겨우 체면치레를 했다.

심리적 압박을 주는 학산가의 천일 계획은 대부분 이룩되었다. 나는 객지다. 마음만으로도 나를 지원 협조해 줄 분은 없다. 약점만 있으면 밟고 올라서는 공직의 진급 사회에서 어느 지휘관이나 항상 불만의 눈으로 보는 수사부서, 그런 중에 강원도에서는 전무하게 수사부서에서 처음으로 총경으로 진급을 했다. 흐르는 피가 순간순간 멎는 수사 경찰의 생활을 겪고 진급하여, 짧은 기간이나 경찰의 꽃이란 총경 계급을 달고 근무해보았다.

아내도 그 난관을 참고 아이들을 돌보며 부족한 살림을 잘 이끌었다. 장녀는 지금 재활의학과 전문의사가 되었다. 남편은 카이스트 출신 박사 과학자이다. 차녀는 남편 따라 미국에 가서 어문학 석사과정을 마치고 유학 온 학생이 교실에서 교수의 말을 알아듣지 못하는 유학생을 지도한다. 남편은 철학박사이다. 막내딸도 석박사 과정을 이수하고, 대학에서 강의한다. 막내사위도 박사 과학도로 연구에 골몰한다. 우리 학산가를 이어갈 장남만이 아비의 기대에 미달이다. 그러나 IMF 시대를 거치며 놀지 않고, 자영업을 하는 것으로 자위한다.

학산가鶴山家

정선 사북 광산촌에서 71년 제7대 대통령선거와 제8대 국회의원선거가 끝나고 8월 다시 도경 경비주임으로 발령을 받았다. 발령 후 이임 인사 다니는 걸 좋게 생각하지 않는 나는 어느 업소에도 이임인사를 가지 않았다. 사북소장으로 있는 동안 젊은 사람이 잘하였다는 말을 들었다. 떠날 적에 찾아와서 주는 전별금은 받았다. 춘천으로 온 후에도 전별금을 우편으로 송금한 분도 있었다.

이 전별금과 그 동안 저축한 돈으로 같은 동리에 차가 접근할 수 없는 보리밭 234평을 사서 채소를 가꾸어 먹다가, 25년의 긴 세월이 흘러 도시계획에 의하여 도로 개설로 지금의 학산가의 터전이 되었다. 그간 돈 서러움에도 밭을 팔지 않고 우직하게 지켰다.

택호는 강릉의 전통 있는 학산리 출신이므로 학산가로 정했다. 이 가옥은 나의 혼을 넣은 집이다. 밖의 붉은 벽돌은 고향 학산리의 앞 둔지의 강원요업 제품을 가져왔고, 시멘트는 같은 지역의 공장 제품인 한라시멘트만을 썼다. 집 뒤에는 선비를 상징하는 오죽이 자란다. 원래 춘천은 추운 곳이므로 대나무는 자라지 않는 곳이다. 고향 학산 형님 댁의 뒤꼍에 오죽烏竹을 분에 담아와 심은 것이다. 대나무는 젊은 사람이 심지 않는다는 말이 있으나 나는 관계없이 이식했다. 첫해는 월동하기 위하여 집으로 보온을 했다. 일 년에 소금 한 줌씩을 대나무 주변에 뿌려준다. 어느 해 겨울 몹시 추어 대나무가 다 죽은 줄 알았으나 이제는 뿌리에서 새순이 오르고, 일년 자란 대 줄기가 영글어 그 색깔이 검게 되는 오죽의 기백이 고향집에서 춘천 나의 학산가로 이어졌다.

학산가는 정남향의 집이다. 다른 건물이 건축되어 앞이 훤히 트이지 않았으나, 집 네 방향 주위에 햇볕이 드는 집터이다.

집 주위에 여러 본의 나무가 지금 한창 자란다. 이들은 모두 작은 나무를 화분에 심어 가져와 수십 년을 기른 것이다. 집 뒤에서 자라는 정통성을 상징하는 주목은 정선 사북에서 근무할 때 묘목을 얻어 화분에 담아온 것이고, 앞쪽에 타원형으로 얕게 기르는 주목은 철원의 명성산록에서 나온 삽목한 묘목이 자라 이제 아름다움을 뽐낸다. 다만 양반을 상징하는 대추나무만은 집 옆 과학관을 지을 때 그 자리에 있던 것이다. 공사 중에 버리는 것을, 담배를 사주고 옮겨 심은 것이다. 집안에 있는 회양나무, 산수유, 두충나무, 장미는 재배농장에서 몇 해를 두고 구입한 것이다. 지구자 나무는 가리산록에서 어린나무를 채취해 옮겨 심은 것인데 이제 활착되었다. 마가목은 정선 갈왕산에서 씨앗을 채취해 파종한 지 2년 만에 발아되어 자라는 것으로 아는 여러분에게 나누어 줄 수 있는 기회를 만들어 준 나무다. 담 안의 공간은 작은 수목의 전시장이다.

학산가의 당면한 실정은 신축 가옥의 은행 대출 부채를 상환하는 것이다. 퇴직할 때 지급 받는 일시금도 학자금과 연금대출금을 공제했으므로 정년퇴직자로 대부분이 가지고 있는 기천만 원의 비상금도 없다.

학산가의 희망은 나의 평생의 유업으로 남기고 싶다. 우리 자녀가 항상 모일 수 있는 보금자리로, 계속하여 대를 잇는 터전으로 가꾸고 싶다. 손비 처리 자립 가능할 때에 원룸 방의 한두 칸부터 장학금 형식으로, 머무는 학생이 무료로 사용할 수 있도록 하여, 장학재단 정신의 학산가로 키우고 싶다.

나의 손자와 손녀가 학산가에서 태어났다. 나의 이 소박한 생각이 대를 이어 승계되어 학산가가 사회의 빛이 되고, 희망의 결실이 이룩되는, 영원한 전당이 되길 기원한다. 나의 후손은 학산가에서 인간의 정이 흐르는 삶을 살기 바란다.

직승기直乘機

진고개泥峴.

북한의 대남공작은 8 · 15부터 6 · 25까지는 남로당을 지원하는 인민항쟁과 무력침공 시기였다. 4 · 19를 전후하여 평화통일을 외치면서 남조선 원조 제공 운운하는 선전 공세를 전개했다. 당시는 북쪽이 대한민국보다 경제면에서 앞선 때란 것은 후일 알았다.

61년 5 · 16까지는 6 · 25동란으로 궤멸된 남로당을 재건하여 후방교란을 획책하고, 저들은 61년 제4차 전당대회에서는 70년까지 결정적 시기에 공산통일을 이루려는 목표를 설정했다. 그런 목표 달성을 위한 고조된 혁명 기운을 펼칠 선전공세를 전개하면서 공산혁명을 이행할 지하조직이 6 · 25를 거치는 동안 괴멸되고 없음을 통탄하여, 남한출신 1명을 포함한 3인조를 매년 녹음기에 침투시켜 지하당 재건을 시도하며, 사회혼란 조성과 탐색전을 전개했다.

62년 7월 26일 무장한 3명이 카키복 국군 복장에 1명은 국군 대위 계급에 권총을 착용하고 다른 2명은 칼빈 소총으로 무장하고 양양군 현남면 하월천리 1반 홍○○(33세)에게 6 · 25때 월북한 오모와 엄모의 집 위치를 문의한 일이 있었다. 또 자기는 월북한 고호성이라고 하며 경찰에 신고하지 말라고 한 일이 있고, 야간에는 그 부근에서 쌀이 도난당하였다. 양곡이 없어진 것은 대남 공작원이 양식을 위해 보급투쟁을 한 것으로 사료되어, 북의 대남 공작원 침투 사건이 자명했다. 주변 인접 지역에서 이에 대한 대응조치가 이루어졌다.

평창경찰서의 공비 토벌전에 나는 젊으므로 당연히 차출되어 오대산록 진고개(1,072m) 길목에 6·25에 전투경험이 있는 염광옥 순경과 신임인 고을하와 나를 포함한 3명이 특별히 배치되어 잠복근무를 담당했다.

우리를 진고개에 배치한 경찰서장은 박장원씨다. 박 서장은 경찰의 태백지구 전투사령부의 수색 중대장으로 지리산지구 공비토벌에도 참여한 유능한 지휘관이었다. 그분은 공비토벌 작전에서 승리하려면, 공비보다 더 정확히 근무하고 주민의 피해를 방지하고 보호하여, 지역주민의 지지를 받아야만 승리하고, 살 수 있다는 신념을 가지신 분이다. 박 서장은 수색중장으로 겪은 경험으로 「망각의 단층, 전장과 여선생」이란 실화소설을 집필하신 분이다.

박 서장은 진고개 정상에서 공비 출현시 대응할 적절한 지점에 잠복호 위치를 직접 선정하시고, 호를 파고 호 위를 완전히 위상하여 쉽게 눈에 보이지 않도록 한 후, 우리 3명이 가지고 있는 실탄을 점검하여 각기 15발만을 가지고 근무하도록 하고, 배치지점을 떠나갔다. 실탄을 적게 가시도록 통제한 것은 고요한 신, 외로운 잠복호에서 하루종일 무료할 때에 산 짐승이 지나가면 사격을 하게 되고, 이런 사격 행위는 주간에 잠복하고, 야간에 활동하는 게릴라에게 위치를 알리는 격이 되어, 상황에 따라 적에게 선제공격을 당하여 죽임을 당할 수 있다는 이유였다. 중요한 것은 소수의 게릴라전의 승패는 1, 2, 3발 사격으로 끝나는 것이므로 실탄을 적게 가지고 근무하는 것이 철저한 근무라고 강조하셨다.

진고개의 잠복호에 9일간 근무했다. 진고개는 한문으로 니현泥峴이다. 오대산 기슭의 소로 길로 강릉의 연곡면과 평창군의 도암면(지금의 대관령면)의 경계지점으로 그 이름과 같이 습기 많은 고개이다. 지금은 포장된 자동차도로가 개설된 지역이다. 삼국사기에 신라군이 말갈 및 고구려 연합군과 니하泥河에서 격전한 내용이 있다. 그 니하가 이 진고개에서 내려간 물이 흐르는 연곡천 주변을 말하는 것으로 나는 생각한다. 이 지점에서 6·25 남침시에도 38선에서 1차 후퇴한 국군이 적을 방어하기 위해 격전을 치른 요새적 지형이기 때문이다.

영마루 아래는 해가 비치는 날인데도 진고개 부근은 보슬비가 내리거나 구름이 서려 항상 습기가 많고 가랑비도 자주 내리는 곳이다. 북에서 육로로 남하하는 잠입 루트로 반드시 이곳을 통과하는 곳이다. 과거에도 남침 게릴라들이 이곳을 경유하는 남침 루트였다.

처음 배치될 적에 우리에게 수시로 보급하여 줄 수 없어 식량으로 건빵을 배낭 가득히 넣어가지고 갔다. 평창경찰서의 모든 경찰력과 동원된 군부도 대부분 대관령 부근과 차항 싸리재 일원에 배치되었다. 우리만을 박서장이 요충지에 배치했다. 게릴라의 행동 징후가 남하하는 듯했다. 우리에게는 무전기도 없다. 통신 수단은 전연 없고, 외로운 척후병과 같은 최전방의 잠복호였다. 2~3일에 한 번씩 진고개 독립가옥의 약초 캐는 50대 후반의 분이 당귀밭에 오는 양, 바소쿠리에 주먹밥을 만들어 보자기에 싸 가지고 와서, 우리와 만나서 대화하며 전달하는 것이 아니고, 바소쿠리를 당귀 밭에 눕히는 척 하면서 주먹밥을 굴려주면 우리는 눈으로 인사하고 굴러오는 주먹밥을 받아먹었다. 음식을 적게 먹으므로 대소변도 조절이 되었다. 해진 후에 잠복호 밖에 나가서 용변을 보고 흙으로 덮어 흔적을 남기지 않았다.

호 바닥은 갈잎을 깔았다. 낮에는 호에서 자면서 쉬고, 밤에는 30분씩 교대로 전방의 동태를 책임 감시했다. 지원 받을 곳도 없고, 우리

3명이 외로이 진고개에서 스스로를 지켜야 했다. 이슬비 내리는 날의 낮에 있었던 일이다. 밤에 신경을 쓰고 낮에 쉬는 시간에 깜박 잠들었다가 바스락 소리에 살펴보니, 큰 독사 한 마리가 호에 들어와서 갈잎을 깐 바닥에 몸통을 숨긴 채 머리만을 내어 밀고, 무서운 혀를 날름거리며 우리를 올려보고 있다. 칼빈의 개머리판으로 독사의 머리를 누르고 오른손으로 독사의 목을 꼭 잡아서 밖으로 가져가 껍질을 벗겨 토막을 내어 나누어 날로 먹었다. 건강상 고등학교 휴학 중에 뱀을 잡아 약으로 많이 먹어본 경험이 있었다. 내가 먼저 먹으니 동료도 따라 같이 먹었다.

적의 동정이 가까이 나타나므로 우리 3명만으로 대응하기에는 부족하고, 또 3명이 너무 지쳤다고 생각하였는지 경찰서 보안과장(지금의 생활안전과장)이 책임자가 되어 2개조의 경력을 인솔하고 진고개로 와서 우리와 교대하였다.

그 후 나는 김진종 순경과 같이 한 조가 되어 오대산 월정사에 사복요원으로 배치되어 사찰寺刹 침투에 대비하는 임무가 주어졌다. 이때에 승려와 똑같은 생활을 하는 기회를 가지게 됨으로써 스님의 생활상과 전통 있는 월정사의 덕망 높으신 스님들을 알게 되었다.

우리가 있던 요충지 진고개에 배치된 요원들은 1개 분대씩 교대 근무한 지 2일째 되는 날 아침 동이 훤히 밝았다. 주로 야간에 활동하는 게릴라가 나타나지 않는다고, 근무지를 비우고 전원이 독립가옥으로 아침 먹으러 내려갔다. 잠복호의 우리에게 주먹밥을 굴려 전달하여 주던 약초채취자(성함을 잊었다)는 아침 밝은 날이니 별일 없이 안전하다고 믿고, 그 지점 당귀밭에 갔다가 8시경 무장공비에 잡혔다. 그들은 토벌부대의 병력 배치 상황을 묻고 남하하는 길 안내로 납치했다. 약초 채취하는 분은 노인봉 중턱까지 안내하여 주고 와서 그 상황을 신고했다. 현남면 하월천리에 나타났던 3명은 이렇게 요충지 진고개를 무사히 통과해 남하했다.

우리와 교대한 요원들이 왜 야간에만 근무하고 요충지를 비웠는지 참으로 아쉽다. 목 차단을 철저하게 지키지 못한 책임간부와 대원은 박 서장에 엄한 추궁을 받았다. 우리를 교대시키지 않고 계속 잠복 근무하도록 하였으면, 우리는 24시간 잠호에 은신 근무하였으므로 그들을 먼저 발견하고 전공을 세웠거나 전사했을 것이다.

그 토벌 작전은 침투자들이 도암면 횡계리 술바위 지역 국도를 야간에 횡단하다가 잠복 근무하던 군에 발견되어 1명은 교전 지점에서 부상당한 채 검거하고, 잔여자는 그 후 인근 산에서 사살과 생포로서 침투 무장공비 토벌작전은 8월 하순 종료되었다.

대對 게릴라전에 승리는 진압하는 측도 게릴라가 되어야 한다는 원칙에 의하여, 직접 대응전에 참여하여 요충지에서 마치 비트에 숨은 게릴라처럼 철저하게 근무하여 본 경험은 후일 나의 경찰생활에 큰 도움이 되었다.

63년 7월 2일 밤 10경 강릉시 강동면 산성우리 도로에서 지방 청년 5명이 수상한 2명을 검문하며 배낭을 보자고 하니, 그들은 권총을 발사하고 도주함으로 또 여름 녹음기에 해변으로 침투한 상황이 발견되었다.

7월 4일 밤10시경 정선군 임계면 골지리 구멍가게에 손전등 약과 건빵 과자를 사간 2명이 수상하다고 신고하여 임계파출소 최선관 순경이 현지 확인 출동 중에 조우하여, 저들이 먼저 총을 발사하므로 북의 무장 침투조로 확인되었다. 도주하던 2명이 평창과 정선의 경계지점인 평창군 진부면 막동리 독가촌 권모씨 집에 보급품을 구하려고 침입한 것을 추적 소탕하던 국군 5명과 정선경찰서원 3명이 합동으로 집을 포위했다. 자수를 종용하는 중에 그들은 불응하고, 불시에 사격을 하므로, 그 교전에서 함종식咸鍾植 순경이 63년 7월 19일 15시 30분경 현장에서 장렬히 순직하고, 무장공비는 일망타진했다. 함 순경은 나와 경찰에 같이 응시하여 정선경찰서 배치된 장래가 촉망되던 동료였다. 후일 내가 정선경찰서장이 되어 확인하여보니 8·15 해방 후부터 그 많이 순직한 동료들의 고혼을 위로하는 위령탑이 없으므로 임계면 반천리에 고 함종식 경사를 포함한 순직 경찰과 애국 민간인의 영혼을 모시는 위령탑을 건립했다.

63년도 녹음기의 무장게릴라의 침투는 정선경찰서 함종식 순경의 순직 사건 외에 강릉의 강동, 사천 방동리, 연곡면 신왕리를 거쳐 양양 서면을 경유하여 남설악을 경유하여 인제 북면 용대리 백담사 2km 거리의 원명암 부근과 오세암 부근에서 육군 65연대 수색대에서 2명을 사살함으로 종료되었다.

64년은 9월과 10월에 양양 서면과 홍천 내면, 인제 기린 일원에 저들의 무장조의 출현이 있었다.

65년은 6월 23일 삼척 원덕에 해병대 복장을 한 침투조 발견으로 시작된 소탕전은 정선 평창을 경유하여 북상하던 3명이 은신한 것을 주민이 신고함으로, 기린파출소 소진섭 순경이 지방청년 김용묵과 주둔 야공단 병력과 같이 출동하여 7월 22일 12시 반경 인제군 기린면 상억동에서 그들 2명을 생포하고 1명을 사살했다.

이것 외에도, 원주 횡성 홍천에 출현하였고, 10월 21일 8시20분경에는 강릉 삼산 파출소장 최승시 경사가 의용 소방대원 2명과 같이 연곡면 퇴곡리에서 무장 공비 1명을 사살함으로 65년 대 게릴라전은 종료되었다.

공비토벌 전투에 유공 경찰관은 1계급 특진과 관계된 민간인에게는 표창과 포상으로 생명을 걸고 자기 고장의 방위에 진력한 분들을 격려

했다.

자경대自警隊

대남 적화 통일을 획책하고 남한의 사회 혼란을 야기하기 위하여 월북자를 밀봉 교육시키어 대남 공작 요원으로 활용하는 계획은 시간이 가면서 변화되었다. 처음은 6·25동란에 월북한 자를 교육 후에 단신 침투시키어 요인 포섭 남로당 재건과 남한의 사회혼란을 획책했다.

5·16후에는 남한을 무력 적화통일을 위한 결정적 시기를 조성하기 위하여 남한의 정치 경제 사회의 혼란을 야기하려는 수단의 한 방편으로 대남 공작이 다방면으로 이루어졌다. 백두대간의 거대한 산맥을 가지고 있는 강원도는 저들의 무장침투 공작요원으로 매년 녹음기에는 산간 오지가 불안했다.

60년대 상반기까지는 북한의 결정적 시기 조성의 탐색기간으로 남한출신 1명을 포함한 3인조 무장요원을 휴전선을 통하여 침투하거나 해안선을 통하여 침투시켰다가 북상했다. 그중 얼마나 성공적으로 임무를 완수하고 복귀한 공작원이 있는지는 후일 한국이 통일되고 나면 알 수 있을지 모르나 한국동란을 겪은 산간 오지의 주민은 평온을 희망하였고 수상한 사람의 동태를 보면 빠짐없이 신고했다.

60년대 후반기에는 북쪽에서 결정 시기의 조성 촉진을 위하여 무장공작요원을 대량 남파했다. 그들의 공작기간은 녹음기에서 낙엽기落葉期까지 연장되고, 침투 공작요원도 3인조에서 공작안내요원 포함 7~8명으로 확대되었다. 강원도의 민생치안은 온순한 주민성향에 의하여 원만히 이루어지고 있었으나, 산악지로 침투하는 북의 대남 무장공비로 인하여 매년 홍역을 치렀다.

6·25전 3천여 명의 공산 게릴라요원이 대한민국의 전복을 위해 남

파되어 숱한 토벌 경험이 있는 강원경찰은 어느 현역병 부대 못지않게 잘 대응했다. 대공행동대로 젊은 경찰관을 차출 유격 교육을 실시 후 침투 예상 취약지점에 분대별로 배치 대응하였으나 제한된 숫자로 한계가 있었다.

도민의 안전한 생업을 보장하여야 하는 경찰은 부과된 치안책임을 수행하기 위하여 절대적으로 부족한 경찰력을 보충하기 위한 방편으로 1966년부터 지역의 청년 중 희망자를 선발하여 자경대를 조직하여 북의 침투 공작에 대응했다.

자경대는 강원도경에서 자체로 조직, 편성, 교육을 시키어 평소 관할 경찰서장이 직장하는 조직으로 유사시 지역 방위를 위하여 신고, 연락, 방위에 투입되는 무보수 지역 방위조직이었다.

66년 5월 24일 오후 1시반경 강릉시 홍제동 정충교가에 무장괴한 3명이 출현하여 신고에 의하여 경위 박용준 등 7명이 출동하여 접근 검문하려다가 교전으로 괴한 1명을 사살하고 2명은 도주하였으며, 경위 박용준씨와 경사 유세열씨가 순직했다. 양양 인제 관내에도 그들의 출현이 있었다.

66년 8월 6일에는 삼척군 원덕면 이천리 계곡에서 무장한 자들이 녹가촌에 침투하여 닭을 잡아먹는다는 신고에 의하여, 취약지 파견소에 근무하던 순경 박재구는 그들을 미행했다. 그들이 더위를 식히려고 무장한 총기를 두고 목욕 중에 순경 박재구는 동행한 지역의 자경대원과 같이 포위하여 소총 일정으로 위협하여 침투한 공작원 4명을 쉽게 생포했다. 그들은 자수 의사로 하산하던 중이므로 순순히 검거에 응했다. 공작원의 팀장 김석용은 지식을 갖춘 양식 있는 식자층의 인물로 부질없는 공작의 소모품이 되는 것을 한탄하다가, 같이 나온 공작원도 뜻이 같다는 것을 알고 자수를 결심했다.

자수에 방해되는 무장 안내원 3명을, 김석용이 '루트 개척하며 북상하라. 이는 당명이다'라고 하여, 떠내 보내므로 자수하는데 방해를 제거한 것이다. 목욕을 하다가 체포당하는 순간이 검거 형태이므로 검거라고 보고하여, 검거냐 자수냐의 논란이 있었으나, 자수할 의사를 존중하여 자수로 처리된 사건이다.

동해시 쌍용양회 동해공장 기공식 상황을 파악하고 북상하던 3인조 공작원은 66년 9월 1일 강원도 도청 소재지 춘천시 소양로 1가에 출현하여 파출소장 문주학 경사가 불심검문 하니 도주함으로 비상 배치하여 은신한 그들을 수색 격투하여 2명을 생포하고 1명을 사살하였으며, 민간인 한 명이 크게 중상을 입은 것도 있었다.

67년 6월 3일 아침 5시 30분경 삼척시 원덕면 임원리 유영준씨는 미역 채취 중 해안에 좌초된 목제 30톤급의 이상한 선박을 발견 신고했다. 이 배에는 기관포와 로켓포 등 75종이 남아 있는 간첩 공작선으로 밝혀졌다. 또 여러 사람의 발자국이 상륙 도주한 흔적도 있었다. 즉각 삼척경찰서와 인근 경찰서의 경찰이 동원되고 군부도 작전에 임하였다.

삼척 원덕의 상황에 따라 여타 인근 지역에서도 자체 경계 강화 활동이 이루어졌다. 67년 6월 14일 10시경 영월군 상동읍 내덕1리 고심골에서 마을 자경대원 기세진과 김광수는 38번 국도를 지나는 낯선 2명을 검문했다. 검문 당한 그들은 '조재 사는 사람인데 왜 이렇게 조사가 심하느냐?'고 항의하니 지나가도록 했다. 그들이 200미터가량 지나갔을 때에 기세진 대원은 아무래도 이 지방사람 같지 않고 복장이나 태도로 보아 수상하다고 생각했다. 기세진은 혼자 지나간 그들을 따라갔다. 앞서 가던 자들이 지체하므로 자연히 그들을 앞서게 되었다. 기세진은 앞서게 되어 오히려 감시 당하는 격이 됐다. 괴한은 방금 검문한 자가 따라오므로 먼저 가도록 하면서 자기들의 신분을 수상이 여기고 감시하는 자라고 간파했을 것이다. 괴한은 앞서가는 기세진을 권총으로 사살하고 옆 산으로 도주하므로 자경대원이 처음으로 순직한 사건이 발생했다.

자경대원의 순직으로 영월경찰서는 관내 요소요소에 차단경력을 배치하고 모든 곳에 수상한 자의 신고를 독려했다.

다음날 6월 15일 밤10시 15 분경 영월군 상동읍 내덕 2리 지랭이골에 수상한 자의 출현 신고에 의하여 관할 파출소장 경사 어윤철과 자경대원 4명이 출현지점으로 접근 중, 다가오는 자를 '누구냐?'고 수화할 때, 괴한이 먼저 권총 사격을 가해오므로 자경대원 박수환이 우측 손바닥의 관통상을 입고, 일제히 응사하여 1명을 사살했다.

연이은 적정으로 동원된 군이 출동, 합동작전이 이루어졌다. 6월 28일 상동읍 덕구리 자경대원 서동업의 집에 4명이 침입하여 가족을 인질로 잡고, 그들의 부상당한 동료 1명의 치료하며 급식과 휴식을 취했다. 이때 서동업은 이웃동리 김 모씨 집의 소상 날인데 산골 동리에서 모두 모이는 것이 풍습이므로 참석하지 않으면 시기적으로 의심을 받게 된다고, 공비들에게 설명하여 '신고하지 않는다'는 약속을 하고, 가족을 인질로 두고 집을 나왔다. 그는 자경대원으로 교육받은 대로 곧바로 사실을 동리 자경대장 김덕연에 신고했다. 김상회 서장이 지휘하는 경찰은 군과 합동으로 서동업의 집을 29일 새벽1시경 포위했다. 귀가해 집에 있던 서동입은 약속대로 5시경 작전개시 직전에 가족을 먼저 밖으로 대피시키고, 무장공비들이 감지하지 못하게 나오다가 시간이 지체되어, 그는 교전하는 유탄에 생명을 조국에 바치게 되었다. 무장 공비 4명은 사살되었다.

목조 공작선 좌초로 시작된 소탕전은 동해안 각 시군과 영 넘어 정선, 영월, 평창, 원주, 횡성, 인제까지 이어졌고, 북상조가 휴전선에 접근 시기인 8월부터는 DMZ에서는 북측의 의도적인 기습 소란이 있었다.

11월 3일 평창군 진부면 신기리에 잔비 1명이 하산, 자수했다. 자수한 김태욱은 6월 3일 임원진에서 공작선 좌초로 토벌 작전이 시작되기 전, 5월 28일 0시 30분경 강원도 삼척 임원진 벼랑 밑으로 8명이 상륙했다. 이들은 원래 경북 축산이나 죽변에 상륙하려고 하였으나 경북 일원에서 군의 작전이 있다고, 북의 정찰국 무전지시에 의하여 상륙지점을 변경하여 임원으로 상륙한 것이다. 그들의 임무는 경남북 경계지점 가야산에 혁명 거점을 구축 확보 후 북으로 무선 보고하고, 대구 시내에 침투하여 경찰서를 습격 후, 해안 복귀시는 포항부근 해안으로, 도시로 탈출 복귀시는 열차로 서울에 잠입하여 서부전선으로 복귀, 부득이하면 백두대간을 통하여 북으로 복귀하게 계획되었다.

이들이 상륙 후, 가야산으로 접근 중, 삼척 임원에 공작선 좌초로(67. 6. 3) 동료들이 상륙한 사실은 한국방송을 듣고 알았다. 그들은 영덕 부근 통고산에서 국군과 교전으로 현장에서 2명이 사망하고 분산되어 산맥 따라 북상 중 삼척 노곡에서 끝까지 동행하던 무전사와 분리되어 단신으로 은신 북상하다가 하산, 자수한 것이다.

67년 잔비의 소탕은 11월까지 이어졌고, 전과는 공작선에서 하선하였다고 최초 추측하였던 수를 훨씬 넘어 사살 39명, 생포 5명, 변사체 발견 8구였다. 이 작전으로 군인도 사망과 부상이 10여 명 이상이 있었고, 경찰은 1명 사망, 부상 1명이었으나 자경대원 포함하여 민간인이 3명이 사망하고 2명이 부상했다.

자경대는 무장공비의 침투 대응전에서 신고, 연락, 검문과 경찰력 강화에 크나큰 공헌을 했다. 자경대원은 마르크스 레닌 공산주의의 허구를 알고 경찰에 협조했다고 단정할 것이 아니라, 그들이 살고 있는 내 고장의 안전을 위하여 헌신했다.

이 시기에 평창경찰서 하리파출소장으로 근무하던 나는 보다 넓은 시야로 근무하는 상부기관을 희망하여 67년 7월 22일자로 강원도경 정보과 정보 3계(지금의 대공업무 담당 보안과)로 이동되었다. 경찰에 들어와 방법업무와 수사 업무만을 경험한 나에게 당시의 안보安保 업무가 어떤 것인지 직접 보고 경험하게 되었고, 자수 간첩 김태욱도 직접 만나 면담할 수 있었다.

향토방위법이 향토예비군법으로

자경대는 이런 향토방위의 절대로 필요한 배경에서 강원도 경찰국이 무장 침투조의 방어를 위하여 66년부터 조직 운영하였으나 막상 순직자가 발생하니 행정지시로 운영하는 자경대 운영에 한계가 왔다. 현실적으로 꼭 필요한 향토방위 조직체인 자경대의 법률상 뒷받침이 없었다. 강원도에서 보고하고 당시 박정희 대통령이 자경대원의 활동상에 크게 관심을 표하여, 향토방위법안이 경찰 의견이 반영되어 국회 내무위에 심의를 마치고, 본회의에 상정되어 연말 통과가 기대되었으나 당시 국회의 사정으로 지연되고 있었다.

향토방위법안은 무장유격대의 침투로 인한 위해지역 내에서 향토방위 목적으로 20세 이상 40세 미만의 남자로 편성하여 경찰서장이 최일신에서 운용하는 것을 골자로 한 법안으로 전문 25조 부칙 2조로 되었다. 정부 제안으로 67년 12월 5일 제 62회 정기국회에 상정된 것을, 같은 달 19일 국회의원 김수환 김대중 이민우 정일형 장준하 등 36명이 수정 안을 발의하여, 정치적 이용을 방지하는 조항을 삽입해 68년 초에 국회본회의 통과를 기대하는 중, 1월 21일 북한의 124군부대 김신조 일당의 청와대 기습사건이 발생했다.

68년 1·21사태 다음다음 날 1월 23일 미국의 해군 정보선 프에블로

Pueblo호가 원산 앞바다에서 북한에 납치되기도 했다. 이 사태 직후 춘천 캠페이지의 미군사 정보요원이 여론을 수집하려는지 사무실에 왔다. 그에게 억한 감정으로 '미국은 종이호랑이'라고 하여도 감정 없이 듣는 그들은 냉정하고 이성적인 정보요원이었다. 미국은 엔터프라이즈호를 동해로 급파하고 긴장이 고조되는 듯 하다가 많은 시일이 흐르며 협상으로 승무원이 석방되었다.

핵 항공모함 엔터프라이즈호가 와서 시위만을 하고 군사행동을 하지 않고 떠난 것은 당시 월남전에 발목이 잡힌 상태인 미국의 한계였을 것이다. 또 북은 막강한 유격전 부대를 창설 훈련한 상태이며, 대한민국은 후방 방위체제가 미흡하여 응징하지 못하였는지도 모를 일이다. 그러나 미국은 후일 몇십 년이 경과하여 북한이 한반도 비핵화의 약속을 위반 핵을 개발하고, 장거리 미사일을 개발, 미국을 사정권에 두게 된 때, 전에 적절히 대응하지 못한 점은 후회했을 것이다.

68년 1월 21일 김신조 일당이 청와대 기습 기도로 북쪽에서 대한민국의 예비군을 창설하도록 계기를 만들어 주었다.

국민의 감정이 북한의 무력침공에 대응할 국가의 안위와 향토방위에 지대한 관심이 집중되었을 때, 내무부장관이 조직 운영하는 '향토방위법'은 68년 5월 1일 정부의 요청으로 철회하고, 보다 강력한 전 예비군을 의무적으로 참여하며, 국방장관이 관장하는 '향토예비군 설치법'이 68년 5월 29일 법률 2017호로 국회에서 통과되어 현재에 이르게 되었다.

향토예비군의 조직편성 교육운영이 처음은 관할 경찰서장이 일차 책임자로 되었다. 자경대 업무를 담당하던 나는 자동적으로 강원도 향토예비군 편성 운영 업무의 실무자가 되었다.

자경대와 달리, 의무적 조직으로 임해야 하는 작전에 필요한 조직이므로 별도의 경찰의 담당 부서가 생길 것이 예상되었다. 군부와 관련된 향토예비군 업무를 기피하려 했고 같은 사무실에서도 과거 자경대 업무처럼 상호 협조하려고도 하지 않았다. 향토예비군 편성업무를 담당하던 나는 매일 새벽 한시가 넘어야 집에 들어 갈 수 있었다. 강원도경의 실무자인 나는 혼자 사무실에서 밤낮으로 팩스도 없고 전자계산기도 없던 그 시절 각 시군의 예비군 편성상황을 파악하기 위하여 전화기로 입씨름하기 10여 일이 지나서 천종근 강원도경국장이 구민회 경감을 '향방계' 창설 요원으로 지명하여 주셨다. 그때부터 구경감과 같이 밤늦게까지 야근이 지속되었다. 마지막 통계산출은 혼자하고 나갈 터이니 먼저 퇴근하라고 하여도 구경감은 퇴근하지 않하고 옆에서 일을 도와주시곤 했다.

구민회 경감은 연세대 재학 중에 자유당시절, 경찰에 투신 간부 후보생 경위로 근무 중 경감으로 승진의 기회가 있었다. 당시는 2급 경찰서장을 경감이 할 때이므로 가치 있는 계급이었음에도 집안 어른들이 나이에 비하여 분에 넘쳐 부당하다고, 정부 고위층에게 이야기하여 진급대상자를 경위로 계속 일하도록 하여, 진급 기회를 놓치고, 후일 시험 승진하여 경기도에서 강원도로 전입하신 분이다.

야근시에 밤늦게까지 각 경찰서와 전화로 입씨름하고 나면 허기지고 탈진 상태이다. 당시 500원을 주고 퇴근하는 사환에게 부탁하면 소주 작은 병 하나와 오징어 한 마리를 사다 주고 간다. 밤 1시 늦게 집으로 가기 전에 소주 한 병을 물 컵에 따르면 두 잔이다. 오징어를 씹으며 구 계장과 나와 한 잔씩을 마시고 집에 가서 잤다. 구 계장과 나는 교대로 소주를 사서 밤에 소주 한 컵씩을 먹고 잔 날이 많았다.

나는 가족의 보호아래 집에서 춥지 않게 자고 아침에 국이라도 먹고 출근하는데 비하여, 하숙집에서는 밤늦게까지 하숙 손님이 보이지 않으니 안 오는 줄 알고 연탄을 아끼려고 방에 불을 넣지 아니하여 구경감은 찬 방에서 잠을 잔 날이 많았다. 계속되는 야근에 영양보충도 못했다. 정식 편제 없이 지시로 시작하는 일개의 계가 정식 편제로 구성되는 것은 상당기간이 걸리었다. 그렇게 건강하던 구 경감이 쓰러지고 병이 났다. 이 소식을 들은 천종근 국장이 야식비하라고 구 경감님에게 얼마의 돈을 주어도 반드시 공동 야근 식비로 사용하지 한 푼도 개인이 쓰지 않는 분이었다. 나도 춘천이 객지이고 아는 이도 전혀 없고 능력도 없었다. 그렇게 야근하다가 병을 얻은 구민회씨는 그 후 경기도 연고지에 돌아갔으나 건강이 악화되었다. 경찰에 청춘을 바치고도 자유당 시절은 일찍 진급할 기회도 친족의 제지로 진급하지 못하고, 후일은 야근하다가 건강을 잃어서 경찰 지휘관에 이르지 못하고 타계하시었다. 이 이야기를 기록하면서 구민회 선배님의 영혼에 다시 한 번 명복을 빕니다.

결정적 시기를 만들려고 하는 북측의 의도인지 그 기간 유난히도 안보상에 많은 문제가 일어났다. 동해와 서해에서 조업하던 우리 어선이 북의 쾌속선에의해 납치되어 가는 것도 많았다.

경찰은 예비군 편성 교육훈련으로 한 해를 마감할 때에 또다시 북에서 예비군의 전술적인 능력을 측정이나 하려는 듯, 울진 삼척지구에 대규모 게릴라 부대를 침투시켰다.

울진 삼척지구에 대규모 게릴라 침투

북에서 남파하는 무장 공작조가 녹음기에 침투시켰고, 북의 283부대에서는 침투 인원이 66년까지는 3인조였고, 67년은 7~8명의 소조로 증가하여 침투시키었다. 68년은 낙엽기 동계에 대담하게 침투했으며, 1·21 청와대 기습사건은 북의 공작 특수부대인 124군부대원 31명을 서부전선을 통하여 침투, 서울 세검정 자하문 초소까지 한국군의 복장과 국군 '특무부대'로 위장하여 접근했다.

종로경찰서장 최규식 총경이 검문 중 순직으로 청와대 기습의 목적을 이루지 못하고, 발각되어 28명이나 사살되고 1명은 생포되었고 후에 알려진 바로는 한 명은 귀환에 성공했다고 한다. 이런 실패한 공작이었음에도 북측에서는 육로로 침투하여 서울까지 접근의 효과가 있다고 판단하였는지, 산맥에 낙엽이 들고 추위가 엄습할 때에 해상을 통하여 124군부대는 또 다시 68년 10월 30일 울진과 삼척의 경계지점 고포에 대담하게 게릴라 부대를 침투, 상륙시켰다.

당시의 해안경계는 주민이 많은 항 포구는 경찰이 담당하고 기타의 작은 항 포구와 해안은 군에서 책임경비할 때이다. 경상북도 울진과 강원도 삼척의 경계지점인 고포는 군이 전담해 경비할 때인데, 당시의 근무자들이 철저히 경계근무를 하지 않고, 침투징후마저 허위 보고한 직후이다.

68년 10월 30일과 11월 1일 강원도 전방의 휴전선(DMZ)에는 평상시보다 유난히 소란했다. 같은 양일간에 동·서해를 통하여 납북어선을 송환하여 관심을 다른 곳으로 돌리었다. 당시 녹음기에 매년 침투하던 283부대는 복귀할 때이므로 내륙 산간에 침투는 상상하지도 못하던 때이다.

68년 11월 3일 울진군 북면 주인리 고수농에 7개의 독립가옥이 산재하여 살고 있는 촌락에 시복 차림의 3명이 나타나서, '우리는 주민등록을 하러 왔으니 사진을 찍으라'고 하며 부락민 46명을 제일 큰집 마당에 모이게 한 후, 무장 요원이 추가로 나타나 그 주변에 경계병으로 세우고

1) 남북이 통일만 되면 잘 살 수 있다.

2) 얼마 안 되어 남북 통일이 된다. 여성 동맹에 가입하라고 하면서 불온 책자와 붉은 표지의 입당원서를 배부하여 기재 후에 손도장을 찍

게 하고, 밥을 지어 달라고 하여 좁쌀 한 말 분의 밥을 지어먹고, 남은 밥을 각자가 나누어 휴대하였다.

이때 출타했던 전병두(36세)가 부락민이 모여 있으므로, 바로 들어오지 않고 서성이며 동정을 살피다가 경계병에 발견되어 잡히어 왔다. 이들은 전씨를 마을 부락민이 보는 앞에서 묶어 놓고 배신하고 도망친 놈이라고, 칼로 흉부를 찌른 다음 돌로 때려죽인 다음에 '배신자는 이렇게 죽인다'고 하여 공포로 떨게 하고 전 부락민을 한 집에 감금하고, '내일 아침까지 밖으로 나오지 말라'고 한 후에 부락민 7명에게 위조 화폐를 33,000원을 나누어주는 공작 활동을 하고, 11시 반경에 인근 매봉산 방향으로 도주했다.

내일 아침까지 밖으로 나오지 말라고 하였으나, 주민들은 덕구 광업소를 통하여 오후 2시경 울진경찰서 북면 지서로 신고하므로, 경찰의 갑종사태 발령과 이어 군에서 을종사태가 선포되어 모든 작전이 군부통제 하에 실시되었다.

나는 강원도 예비군 실무자로 장성경찰서(지금의 태백경찰서) 설치된 강원도경찰국 전방지휘 요원으로 출동했다. 당시의 예비군은 편성되어 제식훈련과 사격훈련 지역의 취약지 배치훈련 등을 하였으나, 무기는 군의 잉여무기인 MI과 칼빈으로 소총도 대원 전부에 공급된 것이 아니고, 상징적인 숫자만이 대원수에 비례하여 배부하였으므로 산간오지에는 필요량이 절대 부족한 상태였다. 각 시군별로 구분된 완장만이 동원 예비군에 배부했다.

전방지휘소가 있는 경찰서 상황실에는 작전, 예비군, 보급, 통신 등 필요한 요원이 차출되어 근무하였다. 지휘부에 도착한 밤은 긴장 속에 상황 파악과 작전명령 하달 상황판 정리 등으로 꼬박 밤을 새우며 일했다. 다음날도 같았다. 그 다음날도 우리 필수 요원에게는 세수할 곳도 양말 갈아 신을 장소도 없다. 잠깐 시간, 연탄난로 옆 의자에서 끄

덕 잠을 자는 상태였다. 경찰서에서는 경찰국의 참모 이상의 숙식에는 관심을 가지고 갖은 편의를 제공하며 잘 보이려고 하면서도, 실무자의 숙식에는 관심밖이다. 난롯가의 생활도 지속적으로 지탱하기에는 힘들었다. 4일째가 되어 실무자들이 더 지탱할 수 없다고 건의하여, 발을 씻고 방에서 4시간씩 잘 수 있었다.

직승기直乘機

최초의 생포자가 생겼다. 68년 11월 9일 오후 5시 반경에 태백시 장성읍 철암1리 머릿골 양춘자 집에 불을 쬐러 들어온 군복의 사나이가 있다는 신고로 철암파출소 경찰관 1명과 예비군 6명이 출동하여 그를 검거하여 경찰 전방 지휘부가 있는 장성경찰서로 연행했다. 당시까지 언론에는 중앙정보부가 발표한 침투공비의 수를 15명 내외라고 하였다가 늘어서 30여 명이 침투되었다고 보도된 상태였으며, 그들의 기도하는 목적이 무엇인지 침투 규모가 얼마인지 모를 때이다.

경찰서장실에서 생포된 간첩을 심문했으나 밤11시가 되도록 아무런 성과도 없었다. 간첩의 심문은 전략심문으로 조사하는 내용이 있으며, 경험한 자가 아니면 그들의 바른 대답을 들을 수 없다. 서장실에는 경찰국 김보찬 정보과장(당시의 경찰은 대공관계도 정보과에서 관장)과 김모 안기부요원, 장상동 경찰서장, 군 연대장, 36사단 정보참모 등 합하여 5명이 한 명의 생포자를 상대하였으나 아무런 소득이 없었다.

김 정보과장은 내가 정보 3계에 있을 때 모시던 분이다. 그분은 내가 수사 조사요원 출신임을 아는 분이고, 또 3계에 근무하였으므로 나를 서장실로 들어와서 심문을 하여 보라고 했다. 그러나 나는 당시 예비군 관련 상황파악과 작전상황판 정리 등 산적한 일을 두고 그를 심문하러 가려면 나의 소속과장인 육사8기생 출신 도 경비과장 윤종한씨의 승낙을 받아야 했다. 경비과장은 정보과장이 몸달아 하여도 나에게 '너의 일이나 하라'고 했다. 당시의 나의 계급은 경사이다. 나의 일을 다해 놓고 경찰서 정보과에 가서 전략심문 양식을 가지고 윤 경비과장에 '오늘 할 일은 거의 되었으니 전략 심문하는 곳에 가 보겠다' 고 하여 승낙을 받았다. 당시 장성경찰서 박수균 정보과장은 공비토벌 경력을 인솔 출동해 하장면 방면에 있었으므로 야간에 움직일 수 없다. 치안국에서는 직통 전화로 도 정보과장을 찾아 그들의 임무가 무엇인지 보고하라고 독촉이 심하였다.

나는 전투복의 경사 계급장을 떼고 서장실에 들어갔다. 체포된 간첩은 의자 뒤로 손을 젖친 채 양손에 수갑을 채우고 5명이 생포자를 둘러싸고 앉아서 묻고 있었으나 답변은 건성으로 형식적이다.

옆에 서서 그들이 하는 이야기를 듣다가, 내가 한마디 묻겠다고 하며, 그에게 물었다.

'동무, 이름이 무엇입니까?' 하니 정○○라고 답변을 했다. 그 이름은 현재까지의 물음에 대답하던 이름이다. 나는 다시 물었다. '지금 말한 이름은 공작명이니 본명을 말하시요!' 하고 다시 물으니, 그는 나의 얼굴을 쳐다본다. 본명을 말하라고 다시 물으니 그는 '정동춘'이라고 자기 이름을 바로 진술했다.

여태까지 신문하시던 분들은 공작명이 있는지도 모르고 물었다. 김 정보과장이 심문하던 분들의 중앙에 앉았다가, 일어나서 나에게 여기 앉으라고 의자를 양보하고, 옆의 쪽 의자에 옮겨 앉았다.

'동무들은 원산 초대소에서 수용되었다가 공작선에 타지 않았느냐? 초대소 내의 책상에 조선노동당사, 김일성 선집, 다음으로 모택동 선집이 비치되어 있지 않느냐? 타고 온 공작선의 갑판 위에는 고기 잡는 그물을 두어 어선으로 위장하고, 배의 선실이 앞뒤가 막히지 않았느

냐?’

나는 이어서 자기들의 출발지점과 타고 온 공작선의 모습을 내가 알고 먼저 말을 하니 비로소 답변하기 시작했다.

이렇게 하여 최초의 생포자 정동춘의 1차 전략심문을 담당하여 그들의 기본임무와 부과임무 및 침투상황, 침투 인원들을 최초로 파악했다. 나도 간첩의 전략심문은 처음이고 이것이 마지막이었으나, 정보 3계에 있으며 전국적으로 침투 간첩의 전략 심문이 하달되는 것을 받아서 수사의 조사와 다른 점을 비교하며 흥미 있게 읽어 본 것이 중요한 전략심문을 할 수 있었다.

모든 경찰정보는 상부로만 보고되는 상부 지향적 행태에서, 전략심문만은 그 내용이 하달되어 그를 읽어본 것이 중요한 시기에 일할 수 있는 힘이 된 것이다.

그들의 기본임무는

1) 경북과 강원도의 경계지구의 산간 마을을 혁명기지화하고,

2) 불가능할 때에는 귀환 노정(도중)에서 동일한 임무 수행하고,

3) 귀환 중, 전도유망하고 정보가치 있는 자를 대동 납북하고,

4) 남조선의 내부 모순을 격화시키어 인민들이 들고 일어나도록 하며,

5) 군사 정치 경세의 정보수집과 변질자 및 익질자를 처단하라!

등이다. 정동춘는 나에게 본명을 말하고도 바로 모든 것을 진술하지 않고, 남에서 체포되면 죽인다는 세뇌교육이 얽매여 계속 망설이고 주저했다.

내가 담당하여 기본임무 등을 진술 받아 상부에 보고하도록 해 드리고 나서, 도경 정보과장의 승낙을 받아 심문할 분위기를 만들었다. 마

음을 안정시키려고 진땀을 흘리는 그에게 콜라를 한 컵 주었다. 그는 처음 보는 색깔과 톡 쏘는 맛에 놀라 마시지 않았다. 새로운 병을 보는 앞에서 따서 두 컵에 부어 나와 같이 한 잔씩을 먹자고 하며, 내가 먼저 마시니 그는 내가 먹는 것을 보고 나서 따라 마셨다. 그리고 북의 '시럽'에 비하여 너무 자극적이란 말을 했다. 이어 모든 관계자를 밖으로 나가도록 한 후에 앞뒤 사무실 문에 경계병만을 두고 전략심문 내용을 철야 조사했다.

울진 북면에서 양민을 학살한 것은 자기들의 조원의 행위가 아니라고 부인했다. 자기들의 공작선이 공해상에서 정체했을 때에 선실 밖의 공기를 마시며 휴식하라고 명하여, 공작선의 갑판에 나가니 자기들 외, 다른 1개조 15명이 앞의 선실에서 나왔으므로 같은 배에서만 30명 타고 있었다고 한다. 떨어져 저편 해상에 쉬고 있는 또 하나의 공작선이 있었는데, 그 배에도 같은 인원이 탑승했으면 같은 날에만 침투 자가 60명이 될 수 있다는 계산이 나온다. 자기들보다 먼저 상륙한 공작조가 있다고 공해상에서 공작선 안내자에게서 들은 것이 있다. 그러면 30명씩 두 번에 60명이거나, 60명씩 두 번 120명이 상륙했을 가능성이 있다고, 전략심문 후에 구두로 침투 예상인원을 보고했다. 중앙정보부 발표가 30명인데 60명이나 120명이라고 하면 국민이 놀라고, 확실한 것도 아닌 추산 숫자이고, 하룻밤의 조사 결과는 사실과 다를 수 있다며, 입밖에 발설하지 말라고 엄한 경고를 받았다. 그러나 침투한 게릴라의 총수가 120명이란 것이 시간이 지나면서 확인되었다.

정동춘이 15명 조원에서 단신 이탈하게 된 것은 야간에 행동하고, 주간에 소나무 밑에서 조원이 쉴 때, 자기의 책임 경계시간에 피곤하여 깜박 잠이 들었다가 헬기소리에 놀라서 깼다.

경계 근무자가 사주를 주시하다가 육상으로 접근하는 적이나 공중의 헬기를 먼저 보고, 조원에 알리며 안전 조치할 책무가 있음에도, 잠을 잔 것은 혁명과업을 완수할 당성에 충실하지 않았다고, 그들의 격식대로는 당연히 비판받을 만한 중대한 것이다. 정동춘은 조장에게 일차 질책을 받았고, 조의 감시책인 정치담당 부조장이 다음에 '비판'토록 한다는 말에 겁을 먹고, 단신 이탈하여 주택가에 밥을 얻어먹으러 왔다가 검거되었다고 했다.

직승기直乘機는 헬기를 지칭하는 북한의 말이다. 그는 헬기가 오는 것을 경계 근무시에 피곤하여 졸은 인연으로, 저들의 우매한 공작의 소모품으로 전사하지 아니하고, 자유가 있는 대한민국 국민으로 새 삶을 얻게 된 것이다.

정동춘은 해방둥이로 북한 현역으로 근무하다 선발되어 특수 훈련을 받고 남파될 때에 처음으로 소위 계급장을 달았으므로, 그 계급도 소모 계급 공작계급이다. 살아 돌아갔을 때에 군관이 되는 것이다. 검거될 때까지 야간에 행동하고 주간에 은신하며 산 위에서 보고 느낀 것은 예비군 때문에 꼼짝할 수 없다는 것이다. 색깔을 넣은 완장을 찬 예비군이 이 골에도 보이고, 저 골짝에도 보이니 도저히 자기들 생각대로 움직일 수 없고, 얼마나 많은 수인지 행동에 위축을 받았다고 한다. 예비군이 필요하다는 것을 북의 침투로 평가 인정받은 것이다. 이들의 침투로 예비군은 정치적으로 시비의 대상이 될 수 없는 내 고장을 내가 지키는, 산짐승의 길목을 알고 올무 놓는 수렵꾼같이, 필요한 곳에 효과적으로 근무하는 전술적 가치 높은 향도방위군이란 확고한 평가를 저들이 받게 해 주었다.

북상하는 무장공비의 위치에 따라 경찰의 전방지휘소는 11월 13일부로 강릉경찰서로 이동했다. 모든 본부 요원이 열차로 떠났으나, 뒷처리를 하고 오후에 경비과장 윤종한씨와 김수덕 경사와 나는 과장의 짚차 편으로 상사미, 하장, 골지리, 임계, 고단, 삽당령을 거치며 취약지구의 예비군 근무상황을 보며 강릉을 갔다. 차에는 당시 담배 한 보루 30갑인 아리랑을 가득히 사서 실었다. 뒤에 앉은 우리는 담배에 파묻힌 격이었다. 도로에서 근무하는 예비군을 만나면 고생한다고 격려하고 근무인원에 해당하는 담배를 주면서 갔다. 삽당령 아래 송현리에 도착했을 때에는 겨울의 해가 막 지고 어둠이 올 때이다. 근무 예비군이 있어 물으니 1개 분대가 교대로 근무한다고 하여 격려 후 담배를 주고 1km거리의 삽당령 정상에 이르니, 당시 비포장도로인 정상을 차량이 다니지 못하게 체인이 쳐 있었다. 정차하고 클랙슨을 울리니 잠복호에서 군인이 나와, 일몰 후부터 통금이어서 체인을 치고 근무한다는 것이다. 수고한다고 격려하고 1개 소대가 근무한다고 하여 담배 한 보루를 주고 강릉전방지휘소에 도착했다.

다음날인 11월 14일 밤 10시 반경 삽당령 서편 송현리 예비군 근무지를 7~8명이 지나가므로 '누구냐?'고 수하하니 '우리는 아무것도 아니다'라고 하면서 근무자 쪽으로 다가오므로 위협을 느낀 근무자가 총을 발사하니, 그들은 도로 따라 삽당령 방면으로 도주했다.

도로상에 체인까지 치고 근무하던 군인이 하루 사이에 다른 곳으로 이동하였는지, 무장공비들은 삽당령을 무사히 차도 따라 넘어 강릉 방면 왕산 쪽으로 접근했다. 군 ○○연대에서 통신음어 및 장비를 수령하여 귀대중인 지프차는 밤11시 반경 두리봉 밑 커브길을 회전하는 찰나 전조등 불빛에 차량을 향하여 사격을 가하려는 공비들을 보이는 순간, 6·25참전 경험이 있는 인솔 하사관은 차량우측으로 탈출했다. 차량을 운전하던 운전병과 탑승한 음어 수령 담당병사는 무참히 살해되었다. 수령하던 음어와 통신기기도 피탈 당했다. 음어자재는 중무장하고 호송하지 아니하여 피해를 본 교훈이다.

삽당령에서 강릉방면 첫 독립가옥인 구화동의 임시초소 앞 국도를 15일 0시 30분경 통과하는 자들이 있어 경찰 예비군 합동초소에서 '누구야?' 하니 저들이 '나야' 하며 계속 통과했다. 근무자는 야음에 '나야'

하며 도주하는 자들을 추격하려다가, 저들이 발사하는 총탄에 예비군 최종성(28세)이 전사했다. 이어 우군의 응사에 공비들은 앞으로 도주했다. 전방 커브길 돌담에 이미 배치되어 있던 예비군 잠복조가 접근하는 적을 근접거리에 이르렀을 때 사격하여, 현장에서 1명, 그 지점으로부터 80m 거리에 또 하나의 시체를 두고, 공비들은 피를 흘리고 산으로 도주한 흔적이 있었다. 사살된 공비에게서 62종의 물품을 노획하여 확인한 결과 우군의 12월부터 사용할, 방금 전에 호송중 피탈 당한 음어자재도 있었다.

사살된 공비 윤철만의 일기에 의하면, 이들은 11월 1일 초대소에서 출발하여 11월 3일 침투했다. 그들이 울진군 북면 주인리 고수동에 7가구를 모아 놓고 혁명당 농민농맹 부녀회를 조직했다. '악질 특무처단 1, 신고대상 처단 1'이라고 한 것은 전병두를 무참히 살해하고 울진 북면 우체부 강대희를 살해, 매장한 것을 말한 것이다. 또 11월 5일에도 조우한 민간인을 처치했다고 기록되어 있다. 사살되기 한 시간 전에는 삽당령 도로에서 통신음어 수령 귀대하던 사병을 무참히 살해한 자들이다. 이들은 그때까지 우군과 교전이 없어 와해되지 않은 15명 한 조의 척후로 앞서 행진한 자들이다.

공산당은 거짓말쟁이

강원경찰의 전방 지휘소가 강릉경찰서 상황실에서 산하 각 경찰서의 적정과 상황을 신속하게 수집해 대비할 점을 작명으로 경찰서에 하명하며, 내무부 치안국과 인근 군부대에 전파하며 밤을 지샐 때이다.

12월 10일 이른 아침에 평창경찰서 임시 지휘소 진부지서에서 보고하는 전통을 받았다. 노동리에서 일가족 5명이 살상되고 어린 학생이

'나는 공산당이 싫다 했다'고 잔인하게 죽인 시체 발견상황의 보고다.

받은 전통은 강릉경찰서장실에 있던 강원도 경찰국장 천종근 국장에게 즉시보고 되었으며, 같이 있던 중앙지 기자들이 우르르 상황실로 몰려와 법석을 떨면서, 현장으로 취재하러 가는 것을 보았다.

잔인한 살해가 이루어진 노동리는 진부에서 서편 싸리재를 넘으면 속사리이고, 속사리 웃마을이 노동리이다. 1,563m의 오대산과 서편에 있는 1,577m의 계방산 사이의 계곡 따라 이루어진 산간 오지마을이다. 지금은 행정구역 개편으로 평창군 용평면에 속했으나, 당시는 진부면에 속했다.

잔인한 살상은 1968년 12월 9일 초저녁에 노동리 계곡에 있는 이석우씨 집에서 일어났다. 목조 귀틀집에 1개월 이상 산을 헤매며 북상하던 15명의 조원이 흩어지고 남은 5명이 침입했다. 7명 식구 중에 할머니와 가장 이석우는 아랫마을 이사하는 집에 이삿짐을 날라주러 갔으며, 어머니와 이승복 4남매가 작은 귀틀집 방 호롱불 밑에서 책을 보며 놀고 있을 때다. 몰골이 피폐한 이들은 침입해 먹을 것을 요구하며, 공부하고 있던 어린 이승복 군에게 말을 걸어, '공산당이 좋으냐?'고 물었다.

이들은 산골 귀틀집의 가난해 보이는 아이들이니 당연히 자기들 편이라고 생각했을 것이다. 그러나 속사초등학교 계방분교 2학년인 이승복 9세 어린이는 '공산당은 거짓말쟁이 나는 공산당이 싫어요!'라고 대답하는 순간 악귀로 돌변한 이들은 어린 이승복 군의 안면을 구타했다. 이군의 어머니는 아들을 감쌌다. 옥수수를 까고 있던 형 학관은 동생을 때리는 인민군을 밀쳤다. 흡혈귀로 변한 이들은 잠자는 아이들까지 닥치는 대로 마구 찔렀다. 공산당이 싫다고 한 이승복 어린의 입을 단도를 찔려 귀밑까지 찢었으며, 전 식구는 난자당하여 살해됐다. 살해 후 이승복과 남동생 승수와 여동생 승자의 3남매의 시체는 외양

간 뒤 시궁창에 쳐 넣고, 이승복의 형 학관과 어머니 주대하는 퇴비더미에 파묻었다.

이삿짐을 날라 주고 집에 돌아오던 아버지 이석우는 집에 도착하며 수상한 느낌으로 살펴보니 인민군이 보이므로 뒷 돌담을 넘어 도주해 죽음을 면했다.

생명은 모질다. 이승복의 형 학관은 36곳이나 난자당했으나 치명상을 입지 않았다. 죽은 줄 알고 저들은 퇴비더미에 밑에 묻었으나, 정신이 들어 이웃집에 기어가 생명을 구했다. 공산당이 싫다고 한 이승복의 말에 의해 일가족이 난자당하여 죽은 이야기는 이승복 형 학관마저 죽었으면 영원하게 그 잔악한 진상이 세상에 알려지지 않았을 것이다. 유일한 목격자 학관은 당시의 충격으로 평생을 정신과 치료를 받으며 살고 있다.

나는 후일 이승복 생가를 가 보았다. 집은 77년 화전민 이주대책으로 철거할 때 헐리어 집터를 알리는 돌담과 고야나무 만이 남아 있었으나, 그 후 다시 원래의 집과 같이 복원되었고, 마당보다 더 높은 앞밭가의 자연수 용출 우물물만 무심하게 계속 솟아오르고 있었고, 81년 8월 31일에 강원도 교육위원회가 세운 이승복 생가를 알리는 비석이 서 있었다. 그 비석에는 아동문학가요 장학사로 있던 김원기 선생이 쓴 추모시가 새겨 있다.

'공산당은 거짓말쟁이
나는 공산당이 싫어요'
그 용맹 그 외침 산울림 되어
계방산을 흔들고
태백산을 울리고
공산당의 가슴 서늘케 울렸나니

꽃송이 채 꺾여간 어린 넋이여
자유의 기둥이여.

그보다 먼저 북상하던 한 조는 삼척군 하장면 중봉산 독립가옥에서 밤에 그들의 용어대로 보급투쟁에서 된장과 옷을 훔쳐갔다. 날 밝은 낮에 보급 투쟁하여온 장을 보니 장이 빨갛다. 먹어보니 무척 맛있다. 또 군복 사지 하의를 보고, '이것은 산골에 파견되어 있는 밀정(스파이)이다. 그러지 않고서 어찌 고급 장을 담가먹는가, 또 군관이 입는 군복이 아닌가, 이들을 처단해야 한다'고 다음날 밤에 다시 그 집에 가서 일가족을 몰살하였다.

이런 사실은 북상하던 그들의 일기를 기록한 소지품에서 밝혀진 내용이다. 이들은 산골에서도 고추장을 담가 먹는 것을 몰랐다. 또 당시 군에 갔다 온 사람은 사지 군복바지 하나쯤은 누구나 집에 가져간 것을 몰랐다. 이렇게 남한의 실정을 모르고, 산속에 살던 일가족을 밀정으로 오인해 몰살한 것이다. 그들은 그들의 혁명과업에 반대하고 지장이 있는 자는 누구나 가차 없이 처단하란 지시를 받았기 때문이다.

이승복이 공산당이 싫다고 한 것은 이념의 허실을 알고 한 말이 아니다. 선생에게 배운 대로 용기 있게 말했을 뿐이다 그 때의 선생은 이승복 같은 영민한 어린이를 길렀다.

지금의 전교조 선생은 어떤가. 우리들의 귀여운 자녀들을 민족과 통일이란 환상적인 말을 앞세워 새로운 이념의 허수아비 도구로 만들어 우리의 전통성을 비하하고, 북의 체제를 미화하고 공산침략으로부터 나라를 지켜준 미국을 미워하게 만들었다. 선진국에서 시들어진 이념의 잔재를 뒤집어쓰게 하여 몽롱한 정신으로 뒷걸음치게 한다고 생각한다. 바로 이 전교조 선생은 자유대한에서 자유를 만끽하며 자라서 그 자유스러운 분위기를 이용해 자유 대한민국의 정통성을 희석시키고 있다. 오늘의 현실을 생각하면 참담하고 오한을 느끼게 한다. 이렇게 사실인 이승복군의 죽음을 의식화된 층에서 현장취재하지 않고 허위보도라고 대도시에서 사진을 전시하며 아우성치던 소란도 법원의 심판으로 겨우 사실임을 확인해야 하는 딱한 우리의 실정이다.

경찰 단독 작전

장성경찰 전방지휘소에 대간첩대책본부장 유○○ 중장이 방문할 때의 일이다. 사무실에 들어서면서 첫마디가 '경찰은 작전은 안하고 보고만 하느냐'고 군에 비하여 신속하게 상황보고가 빠른 것을 시비조로 말했다. 경찰은 군에 비하여 보고체계가 간단하고, 또 당시 경찰은 비화기로 비밀에 속하는 사안도 평문으로 송수신하는 장점을 설명했다.

유 장군은 상황보고를 받는 중에 경찰 단독의 전과와 피해를 묻기도 했다. 울종 사태로 강원경찰의 내륙의 105전투경찰 중대가 군 116연대에 배속되어 적과 교전이 없으므로 단독전과가 없으나, 각 경찰서의 행정 경찰이 도내 166개 예비군 지역 중대의 10만여 명과 64개 직장중대 700개의 직장 소대 2만9천여 명의 직장 예비군 계선 조직을 통제운용하는 실정이므로, 경찰과 예비군의 합동전과일 수밖에 없다고 설명했다. 그는 또 경찰관의 전사자가 몇이냐고 묻고 갔다.

전방지휘소의 지휘통신망에는 당시 내무장관이 직접 도경국장에 독려와 격려하는 전화가 많았다. 장관이 경찰국장에게 '왜 경찰은 전사자가 없느냐? 경찰 단독 전과가 없느냐?'의 물음이 있은 직후 68년 12월 13일자로 치안국 작전지시로 충북의 108전경 중대, 경북의 121전경 중대와 122전경 중대를 강원도경국장에 배속하고, 강원도에서는 적정이 지나갔거나 먼 거리의 춘천 원주 삼척 고성 영월 횡성에서 직원을 차출하여 임시 편성중대를 만들고, 도경 수사계장인 이원기 경감이 중대장이 되어 경찰 작전구역을 정하여 단독 작전에 임하게 되었다.

처음 경찰 작전구역으로 군에서 협조 받은 지역은 평창군 진부면 수항리 부근의 고산 지대이다. 집결한 경력이 14일 평창군 진부에 도착하였을 때는 오후 늦은 시각이고, 시간당 엄청난 눈이 내리고 있었다. 치안국 상황실에서는 강원도경 경비과장을 전화로 불러 빨리 책임 구역으로 경력을 투입하라고 호통이다.

날은 어둡고 몹시 추웠다. 임시 편성한 강원 중대는 국가에서 지급한 방한 장구도 없이 각자가 준비한 것뿐이다. 계속 폭설이 내렸다. 윤종한 과장은 전화기 옆에서 전화를 받지 않고, 본부요원인 우리들에게 시간당 강설량을 치안본부 상황실에 계속 보고하라고 했다. 치안국 상황실에서는 계속 보고하는 강설량이 1m에 가깝다고 하니 강설량은 보고 받지 않으면서 경력 배치만을 호통을 쳤다. 6·25동란을 전투하며 경험한 윤종한 과장은 경력배치하지 못하는 상당한 이유인 현지의 기후, 강설량을 계속 보고하며, 다음 날을 맞았다.

이때 평창 대화면 신리에서 잠복근무하던 예비군이 3명의 괴한에게 누구냐 고하니, C. I. D에 있다고 하고 도주한 것이 있었다. 그들의 북상 방향에 군 병력을 이동해 배치하려면 상당한 시간이 필요했다. 강원 도경에서 진부에 대기상태인 경찰력을 군부의 협조하에 적정이 없는 수항 방면에 배치하지 않고, 평창군 봉평면 방면에 배치하도록 하여, 비로소 경찰단독 책임 작전이 이루어졌다.

12월 15일 11시 반경 평창 봉평 창동리에서 산 쪽으로 나타난 눈의 발자국을 추적하던 강원 임시 편성 중대에서 소나무 밑에 은신한 적을 발견 경사 변현기 등이 교전하여 2명을 사살하고, 경북 122 전경대에서 1명을 사살해 경찰 단독전과를 올렸다. 이 교전에서 122전경대의 젊은 경찰관 1명이 전사하고 1명이 적 수류탄 파편에 부상을 당했으며, 민간인 1명도 부상을 당했다. 경찰 단독 작전도 이런 전과 이후에

12월 21일 충북과 경북의 전경대가 원대 복귀하므로 종료되었다.

북에서 8개조 120명이 침투시키었으나 어느 조도 그들의 임무를 완수하고 복귀한 것은 없다. 기적적으로 1~2명 귀환했는지는 후일 통일이 되면 밝혀질 것이다. 심산 어느 곳에 사체가 은익된 것이 있을 것을 제외하고, 파악된 것은 생포자는 정동춘을 포함하여 7명이고, 사살 시체 확인된 것이 107구이다. 게릴라전의 대응부대가 전술상으로 몇 배의 피해를 입는 것이 원칙이나, 이 침투조의 소탕에서는 예비군이 사망 7명, 부상 5명을 포함하여 군경 예비군 민간인의 총 피해가 사망 49, 부상이 60명이다. 이렇게 참혹한 북의 무력침투 실패 후에 무모하게 124군부대의 대량 침투는 없어지고, 소수의 공작조 침투로 전술이 바꾼 것이 아닌가 생각한다.

도민증이 갱신되었을 때다. 이를 입수하기 위한 북측에서는 당야공작(하룻밤 공작)을 69년 3월 16일 0시에 8명이 대담하게 강릉 주문진항으로 침투시켰다. 주문진 어선통제소를 습격하여 근무자 염○○ 순경을 무참히 살해하고, 숙직자와 사환을 포박했다. 육군대위와 중사로 위장한 이들은 강남여인숙에서 숙박자의 주민등록증 4매, 공무원증 1매, 선원증 1매를 회수 후 귀환하려 했으나, 이것도 포박 당했던 순경 이웅재의 지기를 발휘한 반격 탈출과, 근무 예비군과 군경의 신속한 대응조치로 귀환 도주하려던 그들이 타고 있던 방파제 30m거리의 고무보느를 일세사격을 하여, 침투 공작원 전원을 사살 수장하므로, 서들은 또 다시 참담한 실패를 맛보아야 했다.

경찰에서 예비군을 관장하던 임무도 71년 7월 1일자로 군부에서 직장하도록 하므로 종료되었다. 처음 시작할 때에는 경찰의 조직력으로 예비군의 골간이 편성되었으나, 경찰서장이 관장하는 예비군의 업무에 각 시군 별로 중령 또는 소령이 파견되어 마치 경찰의 상부기간인 듯 행세하는 부작용과 마찰도 있었다.

당시는 북쪽은 월등한 군사체제와 무기를 갖추며 보다 좋은 결정적 시기에 침략전을 획책하려 했으나, 주한 미군의 전쟁억지 능력으로 재차 전면전을 못하였을 것이며, 예비군 편성 운영으로 대한민국의 향토 방위 능력이 강화된 후에는 침략의 기회를 놓쳤다고 후회를 했을 것이다.

7. 4 공동성명 이후

이렇게 수없이 대한민국의 혼란을 야기하려는 와중에서도 한민족의 무궁한 영원성은 면면히 이어지고 발전하고 있다. 72년 5월 2일부터 5월 5일까지 고위층의 뜻에 의하여 이후락 중앙정보부장이 평양을 방문하고, 북의 박성철 부수상이 김영주를 대신해 같은 해 5월 29일부터 6월 1일까지 서울을 답방하여 72년 7월 4일 남쪽의 이후락, 북쪽의 김영주 명의로 다음과 같은 3개항의 남북 공동성명이 발표되었다.

> 첫째, 통일은 외세에 의존하거나 외세의 간섭을 받음이 없이 자주적으로 해결하여야 한다.
>
> 둘째, 통일의 서로 상대방은 무력행사에 의거하지 않고 평화적으로 실현하여야 한다.
>
> 셋째, 사상 이념 제도 차이를 초월하여 우선 하나의 민족으로서 민족적 대단결을 도모하여야 한다.

이 발표문에 대하여, 청와대 대변인과 문공부 장관을 역임한 김성진 씨는 『박대통령 입 9년이란 제목으로 남기고 싶은 이야기들』에서 합의하여 온 문안은 북의 대남선전선동의 색채가 풍기는 것 같다고 문안 표현을 흡족하지 않게 생각했다고 한다. 그러나 그때 박대통령은 북에 유일 독재체제에 대응할 유신체제를 계획하고 있으므로 그냥 두었다고 한다.

또 많은 시일이 흘러 91년 12월 13일 남북고위회담으로 정원식 국무총리와 북의 연형묵 정무원총리 명의로 전문 25조로 된 남북화해, 불가침, 교류 협력의 남북기본 합의서 발표로 대화의 장을 이어갔다.

그러면서도 대남 적화야욕을 버리지 않고 있는 저들의 속셈은 끊임없이 적화야욕을 전개하고 있음을 잠수함 공작사건으로 보여주고 있다.

강원도에 또다시 대규모의 소탕전이 있은 것은, 울진 삼척 경계 지점 고포에 124군이 대규모로 침투한 후 4반세기가 훨씬 경과한 뒤인, 96년 9월 18일 야간에 북한의 대형 잠수함이 강릉 안인진리 대포동에서 공작요원과 접선하다가 암초에 좌초되므로 그 공작요원과 잠수함 승조원이 상륙하여 육지로 북상을 기도하는 과정에서의 소탕 작전이다.

잠수함이 좌초된 곳은 白頭大幹백두대간의 산맥이 면면이 이어와 바다를 만나 용트림하며 우뚝 선 해발 339m의 괘방산 아래 해변이다. 이 안보의 취약지구에 북한에서 잠수함을 침투 공작 중 좌초된 것이다. 신이 보호하는 국운이 있어 잠수함의 좌초로 우매한 탁상공론 위정자를 일깨웠다. 이곳은 옛날 이 지역을 지키는 성城이 지금도 남아 있어 성재라고 구전되어온다. 산 위에는 옛날 전쟁의 위급을 알리는 봉수대가 있다. 이 곳 남쪽 고려성지高麗城址 아래편 정동진과 옥계 금진리 어간 암벽 지대에는 50년 6월 25일 새벽 3시경에 북괴의 특수전부대가 상륙하여 남북으로 잇는 유일한 국도를 차단하여, 삼척 주둔 국군 21연대가 38선 방어 담당의 국군 10연대를 지원하지 못하도록 한 전술적 요충지다.

예비군이 창설된 지 28년의 세월이 흐른 후, 북쪽 공작 잠수함으로 침투한 북한 공작요원의 검거 작전에 투입된 예비군의 장비 보급 등은 세월의 발전만치 옛날에 비하여 현격하게 좋아졌다. 나는 정선경찰서장의 직무를 담당하며 이 검거 작전에 참여하고 예비군의 활동상황을 보았다.

현역도 예비군도 차량이 통하는 도로변으로 차량만을 견제하려고 배치한 전시용처럼 느껴졌다. 그들이 상륙한 지점에서 북상을 기도하리란 것은 불문가지의 사실이다. 단 전술적으로 남쪽 방향으로 우회하는 행위는 있을 것이다. 상륙지점에서 임계와 강릉간의 삽당령 길 국도변으로 집중배치하고, 옥계에서 임계로 연하는 백봉령을 우선적으로 집중 배치한 상태이다. 침투공비가 연결된 산맥 따라 칠성산 만덕봉을 지나 해발 1,055m의 석병산 쪽으로 오르면 임계면 임계리 4리 '평양말 계림마동'이란 자연부락으로 접하게 된다. 이곳으로 다니는 옛날 소로 길이 있던 곳이다. 평양말은 지금은 주거주민은 없고, 영농철에 출입영농하는 곳으로 사람이 살지 않은 독립가옥이 몇 동 있다.

나는 정선경찰서에서 젊고 영리한 김석우 경사를 분대장으로 1개 분대 경력으로 평양말에 배치하며, 대유격전의 잡복근무 요령을 교양하고, 인간의 활동하는 흔적을 보이지 않고 24시간에서 48시간 잠복근무 할 보급과 장비를 갖추어 투입했다. 다음날 아침 군 작전 지휘본부를 방문하니 여전히 국도변으로 증원경력을 증가배치하고, 침투 우려되는 평양말 계림마동 경찰관 배치지역에 대하여는 생각하지도 않고 있었다.

그래서 상황발생지로 부터 지도를 놓고 도주 예상로를 연대장에게 설명하여, 경찰을 배치했던 평양말에 상당수의 군을 배치하도록 하고, 최전방 취약 요충지에 있던 우리 경찰은 철수시켰다. 그 후 칠성산으로 수색하던 군이 그들과 조우교전이 있었으나, 평양말까지 오지 않고 영동쪽 왕산면에서 도로를 건너 북상했음이 밝혀졌다.

예비군 지휘권이 군으로 일원화한 후에 직접 관장하지 아니한 탓인지, 예비군의 두발, 복장, 해이된 행동을 보면서, 옛날의 자경대원들이 우리 마을을 우리가 지키겠다고 자진, 참여하던 기개에 비하여 과연 더 향상된 점이 무엇인가 생각해 보았다.

이 침투 공작선의 좌초로, 변함없는 무력 적화통일을 기도하고 있는 북한 당국의 실체를 백 마디의 웅변보다 더 잘 설명하여 주었다. 아집과 당리당략에 눈이 어두운 우리의 지도급 위치에 있는 정치인들이 또다시 우를 범하지 않도록 깨우쳤으면 했다.

김대중 국민의 정부에서는 정치와 경제를 분리하여 북한에 햇빛이 들도록 한다는 정책을 추진하고 있다. 정주영 현대 명예회장이 98년 6월 16일 1차로 소 500마리를 이끌고 방북한 기간 중에도(후에 500마리를 더 보냄) 98년 6월 22일 오후 4시 북의 잠수함은 양양군 조산 해안을 침투 공작을 마치고 귀환하다가 꽁치 그물에 잠수함의 스크류가 걸리어 발각되었다. 또 강원도 동해시 어달동 해변에 잠수복에 침투 장비와 권총 수류탄 등으로 무장한 사체 한 구가 조류에 밀려와 발견되었다. 98년 12월 17일 밤 11시 15분경에는 전라남도 여수 돌산앞 바다에 신형 반 잠수정이 침투 공작활동을 하다가 육해공군의 합동작전으로 격침되었다.

북의 김일성 부자는 세습으로 정권을 이어 가면서 그들의 체제유지를 위하여 남한을 교란하여야만 하고, 세뇌교육을 받은 하수인들은 살아서 적화통일과 공산혁명을 이룩하여야 한다고 지금도 맹신하고 있다. 북은 일관된 그들의 통일전선 전략에 의하여 남한을 배제하고, 우방 미국과 회담을 희망하며 실리를 챙기는 정책을 지속적으로 추진하고 있다.

6·25동란은 1개월 내에 남한을 해방한다는 그들의 통일전선 전략이

었다면, 그로부터 50여 년이 흐른 지금 저들은 전 세계에서 가장 많은 유격부대를 보유하고 있다. 1주일 내에 대한민국을 전복할 모든 훈련을 다하고, 결정적인 시기만을 기다린다면, 과연 지각 있는 대한민국의 지도급 인사들은 어떻게 해야 할까. 생각만 해도 오싹 오한을 느낀다.

이에 대응한 우리 지도자들은 당근으로 동토에 봄이 오기를, 햇볕이 들기를 기다리고 있다. 하지만 김정일 주변의 열성 당원과 군부의 수구세력은 자기들의 기득권을 고수하려고 계속 충성을 다하며 북한 지역을 옥죄어 통제하고 있다. 이런 상황에서 남쪽은 당근만을 계속 제공하고 있다. 훈풍이 일어날 계기를 어떻게 유도할 것인가? 우리 지도자의 능력이다.

북쪽 김일성이 70년대까지 북쪽이 이남보다 국민소득이 높다고 자위할 때, 5·16군사혁명으로 우리나라를 이끌어 나간 박정희 대통령은 경제도 월등히 발전시키고, 자주국방의 기틀을 공고히 했다. 세상은 오묘하여 '독재자 박정희'라고 하던 분들이 차례로 국정을 맡아 운영했다. 과거에 독재자를 비방하므로 오늘의 대통령 자리에 이르렀다. 그러므로 그보다 훨씬 나은 업적을 남기기를 바랬다. 그러나 그들은 선동과 반항에는 능수지만 국민의 힘을 집약해 발전과 도약에는 무능했다. 단 전임자들을 폄하하는 데는 능했다

이런 중에 2000년 6월 15일 평양에서 김대중 대통령과 김정일 국방위원장과 회담 후 7·4공동선언과 남북기본합의서 이행을 토대로 한 '남북공동선언'이 발표되었다.

공동선언 전문 5개항은 다음과 같음을 참고로 기록한다.

1. 남과 북은 나라의 통일 문제를 그 주인인 우리민족끼리 서로 힘을 합쳐 자주적으로 해결하기로 하였다.

2. 남과 북은 나라의 통일을 위한 남측의 연합제안과 북측의 낮은 단계 연방제 안이 서로 공통성이 있다고 인정하고 앞으로 이 방향에서 통일을 지향시켜 나가기로 하였다.

3. 남과 북은 올해 8 · 15일에 즈음하여 흩어진 가족, 친척방문단을 교환하며 비전향장기수 문제를 해결하는 등 인도적 문제를 조속히 풀어나가기로 하였다.

4. 남과 북은 경제협력을 통하여 민족경제를 균형적으로 발전시키고 사회. 문화. 체육. 보건. 환경 등 제반분야의 협력과 교류를 활성화하여 서로의 신뢰를 다져 나가기로 하였다.

5. 남과 북은 이상과 같은 합의사항을 조속히 실천에 옮기기 위하여 이른 시일 안에 당국사이에 대화를 개최하기로 하였다.

김대중 대통령은 김정일 국방위원장이 서울을 방문하도록 정중히 초청하였으며 김정일 국방위원장은 앞으로 적절한 시기에 서울을 방운 하기로 하였다.

김대중은 한풀이 대통령 출마로 당선되어 대한민국의 정체성과 경제를 마음대로 요리한 분이다. 그는 박정희 대통령의 모든 일에 극별 반대한 분이다. 특히 일본 등 해외에서 미국조야에 대고 '주한미군 철수하고, 한국에 대한 원조를 중단할 것을 촉구하고, 해외망명정부를 추진하거나 북한의 연방제통일방안을 지지한 것'으로 전해졌다. 그래서 일본에서 강제 납치되어 온 적이 있다. 그런 분이 방북해 6 · 15공동성명을 발표했다. '낮은 단계의 연방제안이 서로 공통성이 있다'는 말은 무엇인가. 또 나라의 주인인 국민에게 6 · 15공동성명의 추진에 대해 동의를 구한 사실이 없고 선전만 했다. 이것은 권력을 쥔 자들이 자기의 이익을 위해 호도하는 협상이고, 권력을 연장하려는 술수밖에 되지 않는다고 생각한다. 그러나 그가 앞서가는 분인가 그반대인가 올바른 평가는 후일 역사가에 의해 내려 질 것이다.

그리고 김대중 정권을 승계한 노무현대통령이 육로로 방북해 2007. 10. 4 북측과 공동으로 6·15공동선언 구현과 남북관계 발전 평화와 공동번영을 위한 8개항을 발표했다. 이 모든 것이 전쟁 없는 진정한 평화로 이어지며, 정권의 연장 술수가 아닌 참된 주인인 백의민족을 위한 것이 되길 기원한다.

6·25 이전에 백두대간을 통하여 남으로 침투하여 남한의 혼란을 야기하다가 사망한 그 많은 게릴라들, 6·25동란 휴전 후에도 끊임없이 침투하여 그들이 말한 결정적 시기 조성을 획책하다 비명에 간 젊은이들, 그들은 과연 자기들이 인간성을 망각한 자에 의해 허울 좋은 이념理念의 도구로 전락하여 하나밖에 없는 이생의 생명을 허무하게 버리게 됐다는 것을 아는가.

평온한 우리 사회를 혼란의 도가니로 만들려는 야욕의 이념 도구道具로 전락해 날뛰는 저들을 제지하여, 우리가 살고 있는 현재의 안전을 지키려고, 하나밖에 없는 생명을 대한민국 조국에 바친 젊은 영령은 자유민주주의를 지킨 수호신이다. 이들은 신이 점지한 인간의 생명을 우리란 공동체의 자유와 안녕安寧을 위해 바쳤다.

38선 경비를 49. 8. 31일까지 경찰이 했으며, 경비에 참여했던 분의 특별기고문입니다.

38선 경비경찰과 포로 신세

김 길 성

38선 경비

북위 38도선은 제 2차 세계 대전이 종료되기 직전 연합군들이 패망할 일본군 무장해제를 위해 설정한 책임 경계선이다.

38선 이남을 책임진 미군은 1945년 8월 15일 일본이 무조건 항복 1개월 후에 서울에 진주했고 지방에는 더 늦게 주둔했다. 소련군은 해방과 동시에 들어와 38선을 넘어 미군책임지역인 동해안의 중심도시인 강릉에서는 좌경 인사를 중심으로 치안에서부터 행정조직과 사회적 모든 분야에 걸쳐 좌경 일색으로 조직 정착시킨 후에 38선 이북으로 돌아갔다. 경찰관으로 새로 임용하여도 발령에 의해 부임하는 순경을 인정하지 않고 강릉경찰서 유치장에 감금하는 사례까지 일어났다. 그로 인해 미군 진주 후에 강릉지역은 좌우익 충돌과 극한 대립 현상으로 치안의 혼란상이 상당기간 지속되었던 것은 역사적 사실이다.

필자는 1948년 12월, 20세로 순경으로 임용되어 고향인 38선 경비경찰서인 주문진경찰서에 배속되었다. 당시 북쪽에서는 38선 경비는 38보안대라는 군인이 담당했고, 남쪽에서는 38선 지역 치안책임인 춘천과 인제 주문진경찰서에서 담당했다. 주문진경찰서의 관할은 당시 강릉군의 주문진읍과 연곡면, 38도선 이남지역인 양양군의 현남면과 현북면의 일부와 서면의 서림리가 포함되었다.

주문진경찰서의 38선 경비지서는 동쪽으로부터 잔교, 대치, 명지, 장리, 서림지서가 최일선 지서로 담당했고, 이로부터 6km 후방에 제2선 지원개념의 어성전 지서가 설치, 운영되었다.

1949년 1월 말까지는 큰 충돌은 없다가 49년 2월 2일 잔교지서의 38선에서 북측의 불의의 기습으로 이달호 순경이 순직하고, 이어진 교전으로 심일섭 순경이 전사했다. 전사한 이들은 경위로 추서됐다. 이로 인해 남북 간의 관계가 극도로 악화되었고, 한 지서에 경비경찰 20명 내외였으나, 이 교전 후 50명으로 증원, 배치되었다. 그리고 38선상에 교통호와 잠호도 설치되었다. 그 후 잔교지서는 약 3km 후방인 북분리로 청사를 이동하고, 장리지서는 원일전리로 이동했다. 38선은 작고 큰 충돌로 인한 부분 전투는 수없이 지속되었고, 필자가 근무한 장리지서의 당상동 5호 초소는 북쪽 초소와 50m거리도 되지 않아 다른 지역에 비해 충돌이 더 빈번하였다. 이때 우리 경찰의 장비는 일본군이 남기고 간 99식 소총이며 38선 근무기간을 6개월 교체식이었다.

작전의 필수요소인 교통망은 잔교지서는 주문진 본서간은 자갈길이나 국도이고, 인구에서 대치리와 어성전리에 이르는 교통은 숲속을 굴곡과 경사지가 대부분으로 신설한 1차선 산간도로이고, 명지와 장리지서는 어성전 가는 길에서 갈라져 도보로만 통행할 수 있었다. 특히 서림지서는 공비가 남하 북상 루트인 벽실령을 어성전에서 부터 2시간 이상 걸어서 가야 되고, 차량으로는 강릉을 경유해 대관령을 넘어 진부면 속사리들 경유 홍천군 내면 광원리를 거쳐야 갈 수 있었다.

통신망은 무선은 없고, 유선으로 주문진 본서에서 남애, 인구, 장교지서가 하나의 통신설로이고, 또 하나의 선은 대치, 장리, 명지, 어성전,

서림이 같은 선로에 연결되었다. 전화선 두 가닥 전선 중 한 가닥만 소나무와 잡목에 매달려 있고, 한 가닥은 지서 청사 밖의 땅에 묻어서 소위 '아스식'으로 설치되어 본서에서 각 지서를 일제히 호출할 때에는 일제신호라고 하여 단성 1회와 장성 1회(돈쓰)이고, 하나의 지서만을 호출할 때에는 사전 약정된 부호대로 단성 2회, 단성 3회, 단성 4회 등을 사용했다.

본서를 부를 때에는 우선 송수화기를 들고 통화중인 여부를 확인한 후 장성으로 전화기의 핸들을 돌리면 본서 교환이 응답했다. 이렇게 중요한 작전 통신망이 녹슨 한 가닥 철사줄에 의존하고 있으니 고장은 으레 있는 것으로 인식되었다. 작전에 중요한 요소인 통신망이 이렇게 열악한 상황에서 적정을 보고하고 작전지시를 받아 대처했으니 당시의 고충은 이루 말할 수 없다.

38선 경비 지서의 건물이 한 동리에 하나씩으로 지서 건물은 초가집에 흙벽으로 일반농가와 다를 것이 없고, 약 20여 평 건물 안에 책상 3~4개를 놓고 사무를 집행하며 실내조명은 석유램프이며 비번직원의 숙소는 지서 숙직실이다. 내가 근무한 장리지서의 근무체제를 보면 경위 1, 경사 2, 순경 47~48의 50명이고, 당 비번 2교대로 25명이 38선상 고지의 잠호 5~6곳에서 24시간 근무하고 비번은 지서에서 대기하다가 숙직실에서 취침했다.

그러나 상황이 발생하면 전원이 일선에 나가서 전투에 임한다. 전투복은 다른 복장이 없고 여름이나 겨울이나 일반 경찰관의 제복을 착용하고 전투에 임했다.

이렇게 이해가 되지 않을 정도의 환경과 상황에서 임무를 수행하다가 1949년 8월 31일 24시를 기해 1주일간 군경 합동근무 후, 국군에 임무를 경계근무를 인계했다. 이로 인해 잉여된 경찰들이 철도 경찰로 전출되었고, 가장 어려웠던 시절에 지휘한 주문진 경찰서장는 경감 김

영춘으로 그 후 경무관으로 진급하여 지리산 공비토벌 전투에서 산화하셨다.

포항 방어전투에 참여

장리지서에서 38선 경비를 마치고 삼산지서로 이동되어 근무하다가 6·25 발발 2개월 전인 1950년 4월에 강원도 전투경찰 제 9대대 제 3중대 근무를 발령 받아 오대산 일대에서 공비토벌 작전을 하고 있던 중 6 · 25동란이 발생했다.

동란 후퇴 중 우리 중대가 7월초에 충북 제천에 도착하였을 때, 윤명운 강원도경찰국장은 충성을 애원하는 훈시 후에 영월화력 발전소 사수를 하명했다. 그 명을 받아 선발대로 진입하던 8대대 1중대가 녹전에서 24명의 동료가 희생된 녹전 전투가 있었다. 전황의 불리로 다시 정부가 있는 대전으로 집결하여 강원도와 경기도 일부 경찰력으로 치안국 제 1대대와 제 2대대로 편성해 충남 대천의 서부전선에 배치되었다가 인민군의 정규군과의 전투에서 중과부적으로 철수해, 강원도 경찰국이 소재한 경북 경주로 집결 재편성하여 포항에서 육군 제3사단에 배속되었다.

소대단위 경찰조직이나 작전은 사단장인 김석원 장군이 진두지휘했으며 한국최후의 보루를 월여 이상을 M1소총에 하룻밤에 실탄 500발 이상을 사격하며 포항 도립병원 북쪽 고지를 사수했다. 같은 고지에서 전투하던 울진경찰서 경비주임 이상우 경위 등 5명이 전사하는 순간을 겪었고, 또 인민군이 탱크 2대를 선두로 초항시내로 진입하여, 이에 대항하는 시가전에도 참전했다. 이렇게 밀고 밀리던 포항 전선은 아군의 인천 상륙작전 성공으로 인민군이 후퇴함으로 끝이 났다. 강원경찰은 경주에 집결하여 원 소속별로 복귀하는데 우리 전투 경찰 9대대는 10일여 간 걸어서 패잔 인민군을 소탕하면서 춘천에 도착했다. 내가 소속된 3중대는 화천경찰대로 배치되었다가 필자는 원 소속경찰서인 주문진 경찰서로 발령 받아 연곡면 유등지서에 배치되었다.

무장공비에게 잡힌 포로

9·28 수복 후 삼산지서 관할인 산맥 쪽 퇴곡리와 삼산리는 치안력이 미치지 못하고, 6·25때 부역한 좌익분자와 무장세력이 소금강과 청학동을 거점으로 그 일대를 사실상 지배하고 있었으므로 삼산지서는 수복하지 못했고 유등지서도 수복하지 못하고 행정리에, 운영할 때다.

그러던 중 11월 30일 새벽 2시경 유등리 독립가옥에 무장공비 2명이 출현했다는 주민 신고를 접했다. 이인화 순경을 분대장으로 순경 민경재 이형규 김정권과 필자 포함 5명이 출동, 하천을 따라 약 한 시간 출동하는 중에 연곡천 양쪽 남북 능선에서 집중사격을 받아 비로소 기만 신고로 포위당한 것을 인식하고, 지형을 이용해 적의 사격을 피하여 지서로 돌아왔다. 불이 켜진 사무실로 들어서던 우리 5명은 지서를 이미 점령한 무장공비에 대응할 사이도 없이 잡혀 무장해제 되고 공비의 포로가 되었다. 포박당하여 4km되는 퇴곡리까지 끌려갔너니 날이 밝고 동리 주민과 수많은 공비가 왕래했다.

정치부장이란 자가 우리 5명을 심문하고 5m 간격으로 논바닥에 무릎 꿇려 앉히고 사격조를 7~8m 거리에 일렬로 배치, 대기시켰다. 이제 죽는구나 생각하고 있는데, 퇴곡리 이장 K씨와 먼 거리에서 눈이 마주쳤다. 필자가 1949년 9월부터 1950년 4월까지 그 동리를 관할하는 삼산지서에 근무하였기에 이장과 잘 아는 사이다. 퇴곡 이장 K씨가 '저 얌전한 김 순경을 죽이면 나중에 우리 동리에서 당신들을 도와 준 분들은 다 죽게 된다'고 그들에게 호소했다는 말은 후일 들었다. 우리를 심문하던 정치부장은 여수 순천에서 반란을 일으킨 국군이었고 인민군을 따라 북상했다가 중공군이 지원되었기 때문에 그 전위대로 남쪽으로 가는 중이라고 주민과 대화하는 것을 들었다.

총살 집행이 유보된 우리는 다시 포박 당한 채 아침 9시경 신발은 그들에 빼앗기고, 맨발로 한손은 포로 5명을 한 줄로 포박한 채 그들이 약탈한 쌀 한가마니씩을 짊어지고 길도 아닌 8부 능선을 가니 발바닥은 끌테기에 찔려 피가 흐르고 제대로 걷지 못하니 총 개머리판으로 지게 위에 노출된 양어깨를 짓찧었다. 감당하기 힘든 고통을 받으며 하루종일 간 것이 약4km거리의 삼산리 횟골 어느 민가에 도착했다. 한 방에 우리 5명은 같이 수용되었고, 집 주위에는 입초를 2중으로 배치되었다.

2일간 먹지 못하고 잠을 자지 못했으나 인생의 마지막 순간이라는 처참한 생각으로 눈만 말똥말똥할 때, 새벽 3시경 강 건너 목재작업장의 김 선생이 자기 집에서 기제사를 지내고 필자가 잡혀 있다는 소문을 듣고 제사음식을 가지고 찾아왔다.

입초 상태를 물으니 여러 날 행군 피곤해서인지 그 자리에서 잠들었더라고 하여, 급히 뒷산으로 올라 철갑령 정상으로 도주했다. 정상에서 밤을 새고 밝는 날 내려다보니, 그들은 편의복에 무장을 하고 약 500명으로 추산되었다. 약탈한 쌀을 빼앗은 소등에 실고 오대산 진고개 방면으로 행군하는 것을 보았다. 우리는 철갑령 동쪽 능선을 타고 수차골을 경유 하루종일 걸어서 저녁 7시경에 유등지서로 돌아오니, 서장 정복희 경감과 수많은 동료가 생환한 우리를 맞아 주었다.

그 후 나를 포함해 경찰관 5명을 살리도록 호소한 퇴곡리장 K씨를 포함해 6·25동란기에 저들에게 동조, 부역한 분들도 경찰에서 최대한 혜택을 베풀었다.

57년이 경과한 지금 그 당시를 회상한다. 그렇게 혹독한 사선을 넘어야 살 수 있은 인생인가. 더 이상 민족의 비극이 없기를 바란다.

김남석 두 번째 수필집

직승기가 구한 인생

1판 1쇄 발행 | 2007년 10월 15일

지은이 | 김남석

발행인 | 이선우

피낸곳 | 도시출판 선우미디이
등록 | 1997. 8. 7 제2-2416호
100-846 서울 중구 을지로3가 104-10
신성빌딩 403 ☎ 2272-3351, 3352 팩스: 2272-5540
sunwoome@hanmail.net

값 10,000원

※ 잘못된 책은 바꿔 드립니다.

※ 저자와의 협의하에 인지 생략합니다.

ISBN 89-5658-163-0 03810